21世纪经济与管理精编教材·金融学系列

中小企业投融资管理

Investment and Financing Management of Small and Medium-sized Enterprises

杨 宜 ◎ 主编　　张 峰 ◎ 副主编

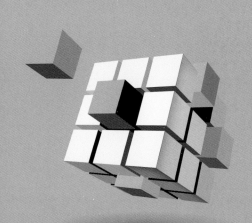

北京大学出版社

PEKING UNIVERSITY PRESS

图书在版编目（CIP）数据

中小企业投融资管理／杨宜主编．—北京：北京大学出版社，2016.1
（21世纪经济与管理精编教材·金融学系列）
ISBN 978-7-301-26769-1

Ⅰ．①中… Ⅱ．①杨… Ⅲ．①中小企业—投资管理—高等学校—教材②中小企业—企业融资—管理—高等学校—教材 Ⅳ．①F276.3

中国版本图书馆CIP数据核字（2016）第009791号

书　　　名	中小企业投融资管理
	Zhongxiao Qiye Tou-rongzi Guanli
著作责任者	杨　宜　主编　张　峰　副主编
策划编辑	徐　冰
责任编辑	赵学秀
标准书号	ISBN 978-7-301-26769-1
出版发行	北京大学出版社
地　　　址	北京市海淀区成府路205号　100871
网　　　址	http：//www.pup.cn
电子信箱	em@pup.cn
新浪微博	@北京大学出版社　@北京大学出版社经管图书
电　　　话	邮购部 62752015　发行部 62750672　编辑部 62752926
印　刷　者	河北滦县鑫华书刊印刷厂
经　销　者	新华书店
	787毫米×1092毫米　16开本　印张12.25　290千字
	2016年1月第1版　2021年8月第7次印刷
印　　　数	14501—16000册
定　　　价	32.00元

未经许可，不得以任何方式复制或抄袭本书之部分或全部内容。
版权所有，侵权必究
举报电话：010-62752024　电子信箱：fd@pup.pku.edu.cn
图书如有印装质量问题，请与出版部联系，电话：010-62756370

前　言

中小企业投融资一直是困扰理论和实务界的世界性难题，尤其是中小企业融资问题，长期探讨，仍存在困难。近年来，中型企业的投融资问题有所缓解，小微企业投融资问题越来越引发人们关注。究其原因，主要是传统融资方式均要求融资方提供抵押质押担保，而中小微企业却难以提供，导致融资无果。但是，随着金融创新的不断涌现，尤其是互联网金融的兴起，为中小微企业投融资提供了新的渠道和方式。虽然互联网金融不尽完美，但是各界对其寄予了厚望，只要各方积极创新并加以科学监管和风险防范，中小微企业投融资难题有希望逐渐解决。

北京联合大学金融学专业是国家级特色专业建设点，中小企业金融服务是本校金融学专业的特色方向之一，"中小企业投融资管理"也是本校金融学专业的特色模块课程之一，本教材是在多位主讲教师授课讲义的基础上编写而成。内容既包括了内部融资、债权融资、股权融资、项目融资、基金融资等典型的中小企业融资方式，也介绍了新兴的互联网融资模式，还重点关注了融资风险管理和投资管理问题。本教材适用于金融学、工商管理、财务管理等经济管理类专业的本科学生，也可供高校师生、银行从业人员和中小企业经营者使用。

本书由北京联合大学商务学院院长杨宜教授担任主编，北京联合大学管理学院金融与会计系副主任张峰副教授担任副主编，北京联合大学金融专业部分老师参加了编写工作。具体分工如下：第1章由杨宜教授撰写；第2、3、8章由张峰副教授撰写；第4、5章由赵睿教授撰写；第6、7章由邢秀芹老师撰写；第9、10章由李雅宁副教授撰写。最后，由杨宜、张峰负责全书的统稿工作。

由于作者经验及水平有限，恳请得到读者的批评、指正。

编者
2015年10月

目录 Contents

- **第一章　中小企业投融资概述** / 1
  - 第一节　中小企业的概念和界定标准 / 2
  - 第二节　中小企业投资 / 4
  - 第三节　中小企业融资 / 7
  - 第四节　中小企业投融资与金融市场 / 12

- **第二章　企业内部融资** / 18
  - 第一节　留存盈余融资 / 19
  - 第二节　应收账款融资 / 22
  - 第三节　票据贴现融资 / 27
  - 第四节　资产典当融资 / 30

- **第三章　债权融资** / 35
  - 第一节　银行贷款 / 36
  - 第二节　债券融资 / 41
  - 第三节　信用担保融资 / 45
  - 第四节　融资租赁 / 51
  - 第五节　商业信用融资 / 58

- **第四章　权益融资** / 61
  - 第一节　权益融资概述 / 62
  - 第二节　天使投资 / 64
  - 第三节　风险投资 / 71
  - 第四节　私募股权融资 / 77

- **第五章　上市融资** / 82
  - 第一节　上市融资概述 / 83
  - 第二节　境内上市融资 / 86

第三节 境外上市融资 / 89

◆ 第六章 项目融资 / 104

第一节 项目融资概述 / 106
第二节 项目包装融资 / 112
第三节 项目融资模式 / 116

◆ 第七章 中小企业专项扶持基金 / 127

第一节 政策性融资与中小企业专项扶持基金体系 / 129
第二节 中小企业发展专项资金 / 131
第三节 科技型中小企业技术创新基金 / 134
第四节 中小企业国际市场开拓资金 / 139

◆ 第八章 互联网融资 / 143

第一节 互联网金融的内涵与结构 / 145
第二节 互联网融资的方式 / 148
第三节 互联网融资的风险管理 / 156

◆ 第九章 中小企业融资风险管理 / 161

第一节 融资风险概述 / 163
第二节 中小企业融资风险的表现形式 / 165
第三节 中小企业融资风险管理措施 / 167

◆ 第十章 中小企业投资管理 / 173

第一节 中小企业投资管理概述 / 174
第二节 中小企业投资项目管理 / 177
第三节 中小企业对外投资 / 181
第四节 中小企业投资风险管理 / 184

第一章

中小企业投融资概述

学习目标

- 掌握中小企业投融资的相关概念
- 了解中小企业投融资的特点
- 了解中小企业投融资的风险及防范措施

案例导读

晋城市环安瑞能工贸有限公司成立于2007年7月,注册资金100万元,是一家集电子产品及矿用机电设备、网络工程、技术服务为一体的中小企业。以小煤矿为主的煤炭产业曾一度是晋城市支柱产业,但因其自身规模小、安全生产水平低、资源浪费严重、环境破坏程度大等问题日益突出,省委省政府在全省大力开展煤炭资源整合,以促使煤炭产业科学发展、安全发展、和谐发展。借煤炭资源整合之力,公司领导经过多方考察,与北京煤科总院、重庆煤科院、天地常州自动化研究所、镇江中煤电子有限公司、中国矿业大学建立了合作,引进了产量检测系统、瓦斯监控系统、井下视频监控系统等多个项目,并先后与兰花集团东峰煤矿、北岩煤矿、莒山煤矿建立了战略合作关系。

为提升公司产品质量,2012年1月环安瑞能与行业领军企业——南京北路自动化系统有限责任公司建立合作关系,引进其先进的矿井监控系统及技术服务,但按照要求环安瑞能公司需预交30%的现金作为前期技术指导费。同期由于每年年底煤矿企业进入全年安全收官期,煤矿企业对安全配套措施的重视,使得瑞安环能承接的工程量急速扩增,需要垫付资金极大增加。技术指导资金和垫付资金成为企业进一步扩大的绊脚石,如何解决?

针对环安瑞能公司的结算方式(40%的工程款为银承),兴业银行为其提供了银承贴现、票易票、存单质押开立银承等业务,盘活了公司的资金,共解决企业资金需求213.8万元。

> 同时为多方位解决企业的融资需求,兴业银行创新推出"增级贷""积分贷"等特色融资产品,其中"增级贷"产品,在抵押贷款业务办理中,如借款人提供机器设备、存货、专利权等增信因素,可适当提高抵押率;"积分贷"产品,是针对已在兴业银行取得授信并已启用的小企业客户,配套启用的一种临时性额度,无需另行提供担保,具体额度根据其在兴业银行结算账户中上季度日均存款测算积分,并结合客户经营情况、分层分类结果及资金需求核定。
>
> 晋城市环安瑞能工贸有限公司成功解决了资金紧张问题,其产品KJ101N型矿井监控系统、变频系统等设备,极大地提高了煤矿上的安全系数,受到合作企业一致好评。截至2013年年初,公司总资产及产值较上年实现翻番,公司的发展迈上了一个新的台阶。

你是不是有下面的疑问

1. 何为中小企业？中小企业有什么特点？
2. 在我国,中小企业融资困难的原因有哪些？
3. 环安瑞能是如何解决融资困难的？

进入内容学习

第一节 中小企业的概念和界定标准

一、中小企业的概念

中小企业是指规模较小的或处于创业阶段和成长阶段的企业,包括规模在规定标准以下的法人企业和自然人企业。具体地说,一是指那些没有较大规模、企业人数不多的企业;二是指尚处于向较大规模方向发展过程中的企业。中小企业有广义和狭义两种理解。广义的中小企业,是指除国家确认为大型企业之外的所有企业,包括中型企业、小型企业和微型企业。狭义的中小企业则不包括微型企业。微型企业是指雇员人数在8人以下的具有法人资格的企业和个人独资企业、合伙企业以及工商登记注册的个体和家庭经济组织等。

二、中小企业的界定标准

中小企业是企业规模形态的概念,是相对于大企业比较而言的。对于中小企业的界定,国际上所设定的参照标准一般有三个因素:一是实收资本;二是企业职工人数;三是一定时期(通常为一年)的经营额。

知识链接

我国的中小企业划分标准自中华人民共和国成立以来曾做过六次更改:第一次是20世

纪50年代，主要是以企业职工人数的多少，作为企业规模的划分标准。第二次是1962年改为按固定资产价值数量作为划分标准。第三次是1978年，国家计委发布《关于基本建设项目的大中型企业划分标准的规定》，把划分企业规模的标准改为"年综合生产能力"。第四次是1984年，国务院《国营企业第二步利改税试行办法》对中国非工业企业的规模按照企业的固定资产原值和生产经营能力创立了划分标准，主要涉及的行业有公交、零售、物资回收等国营小企业。第五次是2003年国家颁布的《中小企业标准暂行规定》，根据企业的职工人数、销售额和资产总额，并结合行业特点，划分中小企业的规模。

第六次即最新一次是2011年6月18日，由工信部、国家统计局、国家发改委、财政部联合颁布并实施的《中小企业划型标准规定》。中小企业划分的最新标准，是在进一步落实贯彻《中华人民共和国中小企业促进法》的基础上，努力解决中小企业融资瓶颈而制定的。相较于之前的标准，此版标准主要有三大亮点：第一，概念创新，首次提出微型企业的概念，将改变过去由于划分标准过于宽泛，从而导致扶持政策的针对性和有效性较差的局面。微型企业已成为吸纳就业的重要渠道，在当前就业压力如此巨大的形势下，理应针对微型企业制定优惠的财税政策、搭建便捷的融资渠道。第二，体制创新，将个体工商户纳入企业范畴，可归入微型企业的范围加以管理，享受到政府对中小企业的优惠政策；第三，行业划分细致，操作性强，既方便统计部门收集收据，摸清中小企业的经济运行情况，又有利于商业银行进一步开展中小企业的信贷业务。

按照现行中小企业划分标准进行统计的情况看，我国中小企业的基本情况与世界一些国家的确认标准相比，实际的人数规模相对偏高，但资产、资本和营业规模相对偏低，这反映了我国中小企业多为劳动密集型的基本国情。由于中小企业主要是以企业规模为标准划分的，而企业规模与企业制度类型是相关联的，因而个人业主制企业和合伙制企业相对应的是中小企业，股份制相对应的是规模较大的企业。从股份公司的类型来看，股份有限公司比有限责任公司的规模更大。通常，股份有限公司大都为大企业，而有限责任公司中的很大一部分可以划归到中小企业。

典型案例

哈尔滨市中小企业成经济发展主力军

近几年，哈市中小企业呈快速增长趋势，其总量和对全市社会经济的贡献不断增加，成为促进哈市社会经济发展的主力军。截止到2014年6月，中小企业户已占全市企业户数量的99.9%以上，在中小企业从业的人员已达116.9万。中小企业在成为哈市吸纳就业的主渠道的同时，还是哈市的主要税源企业。

近年，哈市开展了对中小微企业的认定工作，明确了可以享受扶持中小微企业政策的受益主体，加大了扶持中小企业发展的政策宣传，组织了符合条件的中小微企业享受营改增、提高税收起征点、政府购买服务等方面扶持。同时，哈市还建立了中小企业公共服务平台网络，争取国家、省级专项资金支持，开展创业培训辅导、管理咨询、维权保障、融资融债等服务活动。另外，哈市还减少了审批，并下放事权，营造中小微企业良好的发展环境。这些措施推动了全市中小微企业较快发展。

在全市上下共同推动下,近几年,哈市中小企业户数以年均2.1%的增长速度在增加。截至2013年,哈市规模以上工业企业增加到1 122户,资质以上建筑中小企业增加到445户,限额以上批零业中小企业增加到657户,中小企业占全市企业户数已达到99.9%以上。中小企业从业人员116.9万人,已经成为哈市吸纳就业的主渠道。2013年,中小企业创造国、地税收入均占到全市68%以上,成为哈市的主要税源企业。

据了解,为进一步助推哈尔滨市中小企业可持续、健康发展。哈市近期出台《关于进一步扶持中小企业发展的若干政策》,该政策在中小企业创业兴业、技术创新、开拓市场、加快成长以及缓解中小企业融资难等方面都制定了相应政策,着重在引导中小企业转方式、调结构、上水平、可持续上对中小企业发展给予了更多政策性扶持,给全市创新、创业者以鼓励和支持。

资料来源:《哈尔滨市中小企业成经济发展主力军》,2014年6月18日《黑龙江日报》,http://hlj.people.com.cn/n/2014/0618/c220027-21451758.html。

第二节 中小企业投资

一、中小企业投资的概念及分类

中小企业投资,是中小企业将自己拥有的货币资金转化为资本的行为过程,是当期投入一定数额的资金而期望在未来获得回报。

根据投资资产形态的不同,投资分为实物投资、资本投资和证券投资。实物投资是以货币投入企业,通过生产经营活动获得一定的利润。资本和证券投资时以货币购买企业发行的股票和公司债券,间接参与企业的利润分配。

根据投资方向和范围的不同,投资分为对内投资和对外投资。对内投资是指把资金投放在企业内部,为对内扩大再生产购置各种生产经营用资产,即购置固定资产、无形资产和其他长期资产。对外投资是指企业以现金、实物、无形资产等方式或者以购买股票、债券等有价证券方式向其他单位的投资,是对外扩张的行为。从理论上讲,对内投资的风险要低于对外投资,对外投资的收益要高于对内投资,随着市场经济的发展,企业对外投资机会越来越多。

根据生产经营关系的不同,投资分为直接投资和间接投资。直接投资是指把资金投放于生产经营环节中,以期获取利益的投资。在非金融性企业中,直接投资所占比重较大。间接投资又称证券投资,是指把资金投放与证券等金融性资产,以期获得股利或利息收入的投资。随着中国证券市场的完善和多渠道筹资的形成,间接投资将会越来越广泛。

二、中小企业投资的特点

第一,中小企业投资的产业结构较初级。中小企业投资的第二产业项目,生产效率低下、加工程度粗糙、产品附加值低;中小企业投资的第三产业项目,较多集中于传统的服务性行业,如批发零售业、修理业等初级化的服务行业,而一些新兴服务业如金融保险业、咨询业等,则发展非常缓慢。

第二,中小企业投资的区域分布较分散。中小企业进入的领域较广,只要是产业政策允许的行业和产业,中小企业都能迅速进入,但是地域分布比较分散,难以进入激烈竞争的大市场。

第三,中小企业投资的专业化分工水平较低。中国企业产业分工不明确,无论是大企业还是中小企业,都是"大而全"、"小而全",专业化分工水平较低。

三、中小企业投资的风险

1. 利率风险

利率风险是指由于利率变化导致中小企业投资损失的可能性。随着国家金融政策、宏观政策和市场行情等因素的变化,利率会发生升降,会导致中小企业投资收益的不稳定性。

2. 汇率风险

汇率风险是指由于币种之间的汇率变化导致中小企业投资损失的可能性。中小企业在对于一些跨币种结构性外汇理财产品进行投资的时候应该时刻警惕汇率风险。

3. 购买力风险

购买力风险是指由于货币购买力下降引起中小企业投资损失的可能性。通货膨胀是指因货币供给大于货币实际需求导致货币贬值,引起物价持续上涨的现象。在高通货膨胀时期,货币贬值,同等价值货币的购买力会减少。通货膨胀一旦在中小企业投资到期之前发生,就会引起中小企业投资所获的现金购买力下降。

4. 政策风险

政策风险是指国家宏观经济政策的变化导致中小企业投资损失的可能性。比如中小企业由于没有考虑到国家某些政策限制而盲目地进行一些违背国家政策的投资,最后企业可能在还没有实现投资回收的时候被国家要求停产。所以,中小企业在打算对特定企业投资时,应该对国家相关政策进行认真的研究。

5. 市场风险

市场风险是指由于市场供求变化导致中小企业投资损失的可能性。一些中小企业看见市场某种产品获利很好,于是跟风对这种产品的生产进行投资,最后导致该产品供过于求,价格下降。同时,生产该产品的原料也由于产品的大量生产而供不应求,价格上升。这样,一方面产品价格下降,一方面原料价格上升,导致投资这种产品的中小企业利润下降,一些企业甚至很难回收自己的投资。

6. 技术风险

技术风险是指由于某种生产技术变得落后而导致中小企业投资很难获得预期收益的可能性,具体有两方面的含义:一是技术的成熟度和可靠性经不起市场的检验,导致收益下降;二是围绕这个技术投资的收益预先难以确定。

7. 经营管理风险

由于中小企业管理问题以及企业决策者的自身素质较低导致中小企业在进行投资时决策失败引起企业投资损失的可能性。经营管理风险的另一个表现在于中小企业不注重自身商标的保护,导致最后丧失自己的商标使用权;由于设备原材料供应出现问题、组织生产不合理、新技术试验失败、贷款回收不及时、产品推销不力等,都会导致中小企业的利润不确定。中小企业决策者管理水平低,缺乏财务、管理知识,会增加中小企业的投资风险。

8. 财务风险

财务风险是指由于中小企业举债经营给企业财务成果带来的不确定性。举债经营简单地说就是指,企业在一定量的自有资金基础上,为了扩大再生产,通过向外筹集资金如发行长期债券、向银行长期借款等,以保证企业正常生产经营活动对资金的需要。企业的举债经营会对自有资金的盈利能力造成影响,还有可能导致中小企业自身陷入财务困境,面临破产的风险。中小企业的举债经营伴随着财务风险。

四、投资风险的防范措施

1. 注重投资组合

投资对象不同,投资的风险也不同。为了减少投资风险,企业应把资金分布在不同的投资项目上,进行不同的投资组合。因为每个投资项目的风险不同、收益不同,多个项目的组合,就有可能在盈亏相抵后还有利润。

2. 改进投资决策方式

大多数中小企业的成长方式往往是创始人靠自己的能力在市场中多年打拼而换来的。这些企业的"老板"往往认为自己有过人的判断能力、领导能力和决策能力。当中小企业还处于家庭作坊式生产时,这种"一言堂"的决策方式可能有效。但当企业逐渐成长壮大时,这种方式不仅不会产生效果,甚至会给企业招来较大风险。为了控制投资风险,中小企业必须改变决策时一意孤行的做法,充分听取大家的意见和建议。

3. 建立和不断完善财务管理系统

中国大多数中小企业,财务管理系统在机构设置、财务管理规章制度等方面存在各种各样的问题,由此产生了中小企业的投资风险。为防范投资风险,应设置高效的财务管理机构,健全财务管理规章制度,配备高素质的财务管理人员,强化财务管理的各项基础工作,使财务管理系统有效运行。

4. 编制详细的投资预算

做出投资决定之前,应该根据投资对象和投资方案编制详尽的预算,并做到方法科学、内容全面。投资施行过程中,也要严格预算控制。

5. 加强中小企业业主和员工素质的培训

中小企业业主和员工往往缺乏财务和管理知识,政府和有关部门应该充分认识到这个问题,帮助中小企业业主和员工提高投资决策水平。同时,中小企业应有丰富管理知识和经验的专职经理人员;在生产管理上,应有专门的技术人员,制定生产计划,使生产有条不紊地进行。

6. 改善中小企业投资的外部环境

政府应采取直接资助、利息补贴、税收优惠等方式给予扶持,并注意拓宽中小企业融资渠道,解决中小企业投资的资金短缺问题。

第三节 中小企业融资

一、中小企业融资的概念及分类

企业融资方式从融资主体角度可以分为三个层次:第一层次为外源融资和内源融资两部分,第二层次是将外源融资划分为直接融资与间接融资,第三层次则是对直接融资与间接融资作进一步的细分。

1. 内源融资

所谓内源融资,是指企业依靠其内部积累进行融资并将其用于投资。内源融资包括三种具体形式:资本金(除股本),折旧基金转化为重置投资,以及留存收益转化为新增投资。所谓外源融资,则是指企业通过一定方式从该企业外部融入资金用于投资。一般说来,相对于外源融资,内源融资可以减少信息不对称问题及与此有关的激励问题,节约企业的交易费用,降低融资成本,也可以增强企业的剩余控制权。因此,内源融资在企业的生产经营和发展壮大中的作用是相当重要的。但是,内源融资能力及其增长,要受到企业的赢利能力、净资产规模和未来收益预期等方面的制约。

自筹资金是一种重要的内源融资方式。它包括的范围非常广泛,主要有业主(或合伙人、股东)自有资金;向亲戚朋友借用的资金;个人投资资金,即天使投资;风险投资资金;企业经营性融资资金(包括客户预付款和向供应商的分期付款等);企业间的信用贷款(有些国家对此是禁止的);中小企业间的互助机构的贷款;以及一些社会性基金(如保险基金、养老基金等)的贷款,等等。

2. 外源融资

在企业融资理论中,外源融资一般又分为直接融资和间接融资,这也是企业融资工作中最经常运用的两个概念。在实际工作中,人们经常对这两个概念产生误解和发生混淆。

直接融资是指以债券和股票的形式公开向社会筹集资金的渠道。显然,这种筹资方式只有公司制中小企业才有权使用,而且,一般公司制中小企业的债券和股票只能以柜台交易方式发行,只有极少数符合严格条件的公司制中小企业才能获得公开上市的机会,或进入"第二板块市场"进行融资活动。

间接融资是指企业通过银行等金融中介机构筹集资金的方式,主要包括各种短期和中长期贷款。贷款方式(金融产品)主要有抵押贷款、担保贷款和信用贷款等。

直接融资与间接融资的区别,不仅仅在于有无中介机构,关键是要看中介机构在其中所扮演的角色。在直接融资中,通常也有中介机构的介入,但中介机构的作用仅仅是沟通,从而收取佣金,它本身不是一个资金供给或需求主体,不发行金融凭证。而在间接融资中,中介机构本身就是一个资金供给或需求主体,需要发行金融凭证,并将资金从最终供给者手中引到最终需求者手中。直接融资与间接融资的这种划分,只是一种理论上的抽象,在现实中要复杂得多,并且随着全球金融创新的发展,这两者的区别越来越模糊。内源融资与外源融资方式关系如表1-1所示。

从总体上看,中小企业的资本构成主要以自筹资金为主(自筹资金的比重相对大企业要高得多)。其中,以美国中小企业的自筹资金的比重最高,一般要超过 60%;欧洲国家,如法国、意大利等自筹资金的比重在 50% 左右。在自筹资金中,又以业主(或合伙人、股东)自有资金的比重最大;亲戚朋友借用的资金次之。其次,是直接融资或间接融资。美英和德国等自由主义意识较重的国家一般是直接融资的比重高于间接融资的比重;而法国、意大利、日本和韩国等国家则呈现出间接融资比重高于直接融资比重的现象。最后,政府的扶持资金比重最小,一般仅占企业总资产的 5%—10%。其中以中央集权制国家,如日本、韩国、法国等国家政府扶持资金比重相对较高;德国、意大利、英国等国家居中;而美国政府对中小企业的直接资金扶持的比重最低。

表 1-1　内源融资与外源融资方式关系表

资金性质	融资渠道或融资方式		来源
自有资金	资本金		内源融资
	折旧基金		
	留存利润		
借入资金	发行股票	直接融资	外源融资
	发行债券		
	其他企业资金		
	民间资金		
	外商资金		
	银行信贷资金	间接融资	
	非银行金融机构(融资租赁)资金		
	商业信用		

根据各国中小企业资金来源的结构情况,可以将它们分为三种类型:一是以业主(或合伙人、股东)自有资金为主,注重直接融资的作用,强调企业的自主意识的自由主义类型,以美国和英国为典型;二是以家族融资为重要渠道,注重间接融资的作用,强调社会和政府作用的集体主义类型,以意大利和法国为其典型的代表;三是介于以上两者之间的类型,如德国、日本和韩国等。

3. 政府资金扶持

政府的资金支持也是中小企业资金来源的一个重要组成部分。综合各国的情况来看,政府的资金支持一般能占到中小企业外来资金的 10% 左右,具体是多少则决定于各国对中小企业的相对重视程度以及各国企业文化的传统。各国对中小企业资金援助的方式主要包括税收优惠、财政补贴、贷款援助、风险投资和开辟直接融资渠道等。

现实中的资金供求矛盾总是存在的,并推动着外源融资的发展。外源融资的发展,可以提高全社会对储蓄资源的动力和利用能力,优化社会资源的配置效率,有利于分散投资风险。内源融资与外源融资既存在竞争的关系,也有互补的关系。内源融资是外源融资的保证,由内源融资的发展所导致的企业净资产的增加,有利于克服外源融资中债务融资的逆向选择和道德风险问题,进而有利于债务融资的发展。此外,外源融资的规模和风险要以内源融资的能力来衡量,其积极作用的发挥也必须建立在一定的内源融资基础之上。因此,任何企业都有一个内源融资与外源融资的合理比例问题。

二、中小企业融资的特点

从中小企业的自身因素和外部环境对其影响来看,中小企业大多都是由低门槛进入市场,经营规模一般不大,面向市场经营的灵活性很高。但其自有资金较少,负债率较高,技术水平较落后,管理粗放,抵御风险能力软弱,资信水平不高,缺乏抵押担保。中小企业的这些特点,使得其在融资方面形成了融资难度大、融资成本高、融资风险大等明显的特征。

1. 融资难度大

(1)直接融资渠道相对有限。对于大型企业而言,通过资本市场直接融资往往是筹集企业生产经营所需大批资金的重要方式。但是,中小企业依靠传统资本市场直接筹资具有很大障碍:现行的上市政策决定了中小企业很难争取到发行股票上市的机会,在发行企业债券方面,因发行额度小也难以获得批准。

(2)银行信贷融资难。企业信用状况直接影响银行信贷资金的安全。一般来说,中小企业由于其资产数量少,生产经营规模小,产品市场变化快,人员流动性大,技术水平落后,经营业绩不稳定,抵御风险能力差,亏损企业偏多,加上部分中小企业财务管理水平低下,信息缺乏客观性和透明度,信用等级较低,资信相对较差,银行从信贷安全角度考虑不愿对中小企业发放贷款。另外,对于从事高新技术风险经营的小企业,银行更不愿意向其放贷。

2. 融资成本高

(1)中小企业贷款成本较高。中小企业的贷款额往往比较小,周期短,但是手续繁杂,增加了贷款成本。另外,由于银行向中小企业提供贷款时会承受较高的风险,为此理所当然地要求从中小企业那里获得补偿。

(2)通过信用担保增加了融资成本。中小企业获得银行信用贷款的难度较大。为了获得贷款,中小企业往往是通过信用担保机构提供信用担保后获得银行的信贷支持。在办理信用担保手续过程中,需要支付有关的手续费和担保费,从而增加了中小企业的融资成本。

(3)非银行金融渠道融资成本较高。由于资金严重短缺,中小企业很多时候依靠典当业、民间亲朋好友借贷,甚至有时不得不转向成本高昂的高利贷为企业筹集资金,付出较高的资金成本,侵蚀企业利润。

3. 融资风险大

融资风险主要是指中小企业不能按期支付债务本息的风险。与大型企业相比,中小企业具有较高的融资风险,其风险高的原因主要在于:

(1)由于中小企业难于筹集到足够多的长期资金,而更多地用短期资金来满足企业的资金需求,甚至包括部分长期资金需求,因而需要频繁偿债和举借新债,从而显著地增加了企业到期不能偿债的机会,使企业面临较高的融资风险。

(2)一旦发生资金周转失灵,中小企业缺乏应急能力。对于一个大企业而言,当遇到现金周转不畅、资金短缺时,比较容易采取应对措施。例如,从有关金融机构获得短期贷款,或让供应商给予更为宽限的付款期等。但是对于中小企业而言,越是资金周转不畅,短期融资的难度越大。

(3)由于融资成本较高,从而使企业背上了沉重的包袱,同样使企业承受到期不能支付债务利息的风险。

三、中小企业融资的风险

市场经济总是机遇与挑战、利益与风险结伴而行的。融资对企业发展来说，无疑是一把双刃剑，正确的融资对企业来讲是护身的武器，错误的融资对企业来讲则是一把自杀的利器。因此，中小企业就要尽量规避融资的负面效应，在融资之前理性地掌握和识别融资的种种风险，以趋利避害。

中小企业融资风险，主要是指由于多重不确定因素的影响使其在融资过程中因为各种原因出现债务负担的增加、融资成本的增加、经营效率低下而出现融资成本高于投资利润率，无力偿还贷款利息等现象。一般来说，中小企业融资的风险主要体现在以下五个方面。

1. 政府经济金融政策变化导致的融资风险

大多数中小企业生产经营的稳定性较差，政府经济金融政策的任何变化，都有可能对其生产经营、市场环境和融资形势产生一定的影响。如投资于产业政策限制的行业，其直接融资和间接融资的风险都较大，如果企业经营得不到正常的资金供给，企业就难以为继。又如，在货币信贷紧缩时期，市场上资金的供应减少，中小企业通过市场筹资的风险增大：一是筹集不到资金；二是融资成本提高、融资数量减少。这些直接影响了企业资金链的连续性，并增大了中小企业的经营风险。因此，中小企业需要根据政府经济金融政策的变化做出敏锐的反应和及时的调整。

2. 经营性亏损导致的融资风险

企业融资的目的就是提高企业自身的素质，增加盈利能力。但融资风险的不确定性决定了融资行为可能致使企业经营性亏损，并由此产生融资风险。这种融资风险形式包含两种情况：一是企业资金全部是自有资金，经营亏损就会造成自有资金的垫支，增加了企业的财务风险，造成企业资金周转失灵；二是企业的资金有一部分是外部融资得来，如果经营管理不善，产生了亏损，企业只好用自有资金垫支融资的本金和利息，难免就要赔本经营，形成财务风险，陷入资金难以为继的泥潭。

中小企业对经济环境的依存度较大，除了对国家产业政策和金融政策有着较强的敏感性外，还受到市场的冲击。经营风险的增大又使中小企业的经营稳定性遭到破坏，进而更难满足市场融资的条件，融资更加困难。

3. 资金运用不当导致的融资风险

企业生产经营的过程其实就是一个永不停息的资金流量的过程，企业融资就是为了使资产在"资金—原材料—产品—销售收入（现金）"的这一过程中得到增值，在这一过程中企业的财务收支每时每刻都会发生，企业的债务也会发生在生产经营的各个不同的阶段。当企业集中付款和偿债同时进行时，企业的经营收益小于负债利息，就有可能产生企业融资风险；或者企业融资得来的资金用错了方向，将短期融资作为长期资金营运，财务管理跟不上，现金流量减少，使企业经营发展面临危机；或者企业将四处借来的资金分别投入到太多的项目上去，一些漂亮的厂房拔地而起，机器设备以及后续投入所需的资金，还不知道在什么地方，最终无力支付巨额融资利息时，企业的信用也因此会全面崩溃。如果这种风险不能很快地控制住，便会使企业失去信誉，影响企业形象，使企业从此一蹶不振。

4. 管理效率低下所导致的融资风险

因管理理念落后,内部管理基础工作缺乏和管理环节薄弱,人员素质普遍不高,对市场的潜在需求研究不够,产品研制的技术力量有限,对市场的变化趋势预见性不足,开业率和废业率双高,等等,使得中小企业的直接融资和间接融资都面临诸多融资障碍。

5. 信用危机所导致的融资风险

有的中小企业会计信息不真实、财务做假账、资本空壳、核算混乱,有的中小企业抽逃资金、拖欠账款、恶意偷税,信息内部化、不透明,不但增大了金融机构和其他投资者向中小企业贷款和投资的成本,也给中小企业的融资带来困难,使中小企业的融资存在很大的不确定性。

四、融资风险的防范措施

(1)提高企业财务工作人员、资金运作人员业务素质,强化日常财务管理,防范融资风险。

(2)加强企业投资融资项目的审核与管理。第一,完善组织结构,建立经济业务处理的分工和审核制度,特别是建立严格规范的财务工作体系,规范企业管理。第二,加强资金运作项目的可行性评价,避免盲目投资和盲目融资,关注融资成本、融资顺序与融资方式。第三,加强企业信用管理,完善财务工作中对偿债工作的监督与控制,健全各类融资活动的后续跟踪管理。第四,建立并实施融资风险预警管理机制。将企业融资风险的预警过程中所涉及信息的采集与管理、分析与加工等程序常规化,明确员工在信息收集、信息传递过程中的责任和义务。

(3)建立与企业发展阶段相适应的融资方式。在企业发展的不同阶段,利用不同的渠道融资。由于企业的财务状况、生产能力、信用水平、社会认可的程度等不同,需要从不同的金融市场来帮助企业融集资金。

拓展阅读

创新中小企业融资渠道 互联网金融成利器

"融资难"和"融资贵"像一对"魔咒"一直困扰着我国实体经济的发展,尤其是在中小企业、"三农"等领域,问题更是突出。

2015年,互联网金融第二次被写入国务院政府报告,李克强总理提出"互联网金融应服务实体经济,倒逼传统金融机构,两者融合发展"。从2014年开始大规模崛起的互联网金融,因开辟了中小企业的融资新渠道,成为金融创新的大热点。

探寻融资难题的成因,小微企业有自身的原因:经营风险大、缺乏抵押物,尤其在经济下行阶段,确实让不少银行"市场化"地选择了退避三舍。但真正追究起来,融资不畅是造成小微企业融资困难的根本原因。而互联网金融是在互联网技术发展和中小企业融资难双重挤压下催生的互联网技术和传统金融的创新,天生具有"破冰"中小企业融资难的基因。

P2P、众筹融资等互联网金融融资模式的出现,打破了传统的以资本市场直接融资与商业银行间接融资为主的融资方式,为中小企业的融资拓展了新的路径。

- 多渠道聚合资本为中小企业提供充足资金:从实践来看,以阿里巴巴、京东等为代表的互联网企业有很好的资金渠道整合能力,可以整合商业银行、证券机构、风险投资商,以及其他民间资本等多渠道资本,拥有相对丰富的资金来源,掌控大量的短期资金来满足中小企业的资金需求。
- 信息技术支撑中小企业实现快捷融资:金融的互联网化融资模式弱化了传统金融业的分工和专业化,减少了由于市场信息不对称造成的资源浪费,也降低了融资过程中的交易成本,减轻了企业的融资负担,实现了中小企业的快速融资。
- 平台融资降低中小企业融资门槛:在互联网金融模式下,资金提供者可以通过贷款者的消费、收入等历史信息或通过第三方获取借款者的信用信息,大大降低借款者和投资者之间的信息不对称性,进而降低中小企业的融资门槛。

资料来源:根据和讯网资料整理。

第四节 中小企业投融资与金融市场

一、金融市场的概念

金融市场是资金融通市场。所谓资金融通,是指在经济运行过程中,资金供求双方运用各种金融工具调节资金盈余的活动,是所有金融交易活动的总称。资金融通一般分为直接融资和间接融资,前者是资金需求者直接通过金融市场向社会上有资金盈余的机构和个人筹资;后者则是指通过银行所进行的资金融通活动,也就是资金需求者采取向银行等金融中介机构申请贷款的方式筹资。两者之间的主要区别不在于是否有银行等金融机构参与进来,而是看金融机构是否发行资金的债权债务凭证。

金融市场是交易金融资产并确定金融资产价格的一种机制。具体地,金融市场是指资金供应者和资金需求者双方通过信用工具进行交易而融通资金的市场,是实现货币借贷和资金融通、办理各种票据和有价证券交易活动的市场。

金融市场有广义和狭义之分。广义的金融市场泛指一切金融交易,包括金融机构与客户之间、金融机构与金融机构之间、客户与客户之间的金融活动,交易对象包括货币借贷、票据承兑和贴现、有价证券买卖、黄金和外汇买卖、办理国内外保险、生产资料等产权交换等;狭义的金融市场则限定在以票据和有价证券为交易对象的金融活动,即股票和债券的发行和买卖市场。一般意义上的金融市场是指狭义的金融市场。

二、金融市场的分类

金融市场是由许多功能不同的具体市场构成的。对金融市场可以按不同标准进行分类。

1. 有形市场与无形市场

从市场活动的特点看,可以分为有形市场与无形市场。有形市场是指有固定交易场所和固定组织结构的市场。无形市场是没有固定交易场所和固定组织结构的市场。

2. 短期资本市场与长期资本市场

以期限为标准,可以把金融市场分为短期资本市场与长期资本市场。短期资本市场又称货币市场,是指融资期限在一年以内的金融市场,包括同业拆借市场、票据市场、大额定期存单市场和短期债券市场;长期资本市场又称资本市场,是指融资期限在一年以上的资本市场,包括股票市场和债券市场。

3. 发行市场与流通市场

以功能为目标,金融市场分为发行市场与流通市场。发行市场又称为一级市场,主要处理信用工具的发行与最初购买者之间的交易;流通市场又称为二级市场,主要处理现有信用工具所有权转移和变现的交易。

4. 资本市场、外汇市场和黄金市场

以融资对象为标准,金融市场分为资本市场、外汇市场和黄金市场。资本市场以货币和资本为交易对象;外汇市场以各种外汇信用工具为交易对象;黄金市场则是集中进行黄金买卖和金币兑换的交易市场。

5. 现货市场和期货市场

以交割时间为标准,金融市场可以分为现货市场和期货市场。现货市场是指买卖双方成交后,当场或几天之内买方付款、卖方交出交易标的的交易市场;期货市场是指买卖双方成交后,在双方约定的未来某一特定的时日才交割的交易市场。

6. 地方性金融市场、全国性金融市场和国际性金融市场

以地理范围为标准,金融市场可以分为地方性金融市场、全国性金融市场和国际性金融市场。

三、中小企业投融资与金融市场

简要说来,金融市场具有这样的作用:第一,它为金融资产的持有者提供变现机会,变现能力的大小是金融资产最重要的特征之一;第二,它能减少金融资产的交易费用,还能减少收集各种金融资产未来所得的情报费用,以及投资者活动的情报费用。针对中小企业投融资而言,金融市场具有如下作用。

1. 金融市场是中小企业投融资的场所

金融市场上有很多种筹集资金的方式,并且比较灵活。中小企业需要资金时,可以到金融市场选择适合自己需要的方式筹资。而当中小企业有了剩余的资金,也可以灵活地选择投资方式,为其资金寻找出路。

2. 中小企业通过金融市场使长短期资金互相转化

中小企业持有的股票和债券是长期投资,在金融市场随时可以转手变现,成为短期资金;远期票据通过贴现,变为现金;大额可转让定期存单,可以在内容市场上卖出,成为短期资金。与此相反,短期资金也可以在金融市场上转变为股票、债券等长期资产。

3. 金融市场为中小企业投融资提供有意义的信息

金融市场的利率变动,反映资金的供求状况;有价证券市场的行市反映投资人对企业的经营状况和盈利水平的评价。这些都是中小企业经营和投资的重要依据。

> 知识链接

多层次资本市场概述

（一）多层次资本市场的含义

对于多层次资本市场，不同学者有不同的看法。有学者认为，中国资本市场应当包括证券交易所市场、场外交易市场（OTC 市场）、三板市场、产权交易市场和代办股份转让市场等几个层次。也有学者认为，多层次是指资本市场应有交易所市场、场外市场、区域性市场、无形市场等多个层次的市场构成。还有一种说法则认为，多层次的资本市场是指能够为满足不同投融资市场主体的资本要求而建立起来的有层次性的配置资本性资源的市场。

所谓多层次的资本市场体系，是指国内主板市场、创业板市场、产权交易市场、风险投资市场以及各类资本产品投资市场，借助海外及我国香港地区二板市场、海外交易市场所组成的满足多样化的市场主体，适应不同规模、不同所有制结构以及不同行业特点的开放的、网络式的分层次的资本市场组合。

为适应全方位全球化和可持续发展战略需要，随着市场化取向达到一定程度，中国中小企业将进入新的发展阶段，对资本市场的效率和功能提出了更高的要求，中国资本市场单一的层次结构严重制约了资本市场的效率与功能发挥，造成了中小企业融资难的普遍现象，完善多层次资本市场体系，服务中小企业的可持续发展日益迫切和重要。

（二）中国多层次资本市场框架结构

1. 继续发挥主板市场功能

上海证券交易所和深圳证券交易所依然是中国大中型企业上市融资的主要市场，但这个市场需要有相当一段时间的调整，同时也需要在发展思路和战略上进行反思。从总量与规模上看，沪深市场依然是未来中国多层次市场体系的主要组成部分。

2. 积极推动二板市场发展

从市场的需求和决策层面的情况看，中小企业市场是中国多层次市场体系不可或缺的重要组成部分。经济发达国家风险投资的成功运作离不开多层次的资本市场，特别是二板市场的成熟发展，促进了新经济的兴起。二板市场的定位是为具有高成长性的中小企业，特别是高科技企业提供上市融资的便利，以促进科技产业的扩张与发展；同时也为投资于这些高风险、高收益企业的风险资本提供了一条正常的退出通道。活跃的创业板市场（二板市场）是较好的风险投资退出渠道，政府应从各项政策与制度上大力支持。创业板市场是多层次资本市场的重要组成部分，要在借鉴和吸取海外创业市场发展经验教训的基础上加快推进中国创业板市场建设。

3. 健全场外交易市场

场外交易市场主要指"代办股份转让系统"、地方产权交易市场和"条块结合"的场外交易市场体系等。"代办股份转让系统"的特点是股份联系性交易、具有 IPO 的功能、设置一定的挂牌交易标准等。地方产权交易市场的发展十分迅猛，其主要原因是地方中小企业的发展缺少金融服务的支持，更没有资本市场的支撑。因此，中国三板市场体系的建设应采取"条块结合"模式，既有统一、集中的场外交易市场，又有区域性的权益性市场。

4. 拓展金融衍生品市场

中国资本市场发展到今天,对金融衍生品市场的需求已显得越来越迫切。金融衍生工具在规避风险、提高资本利用效率等方面发挥的作用不可替代。加入世界贸易组织后,中国的经济体系将由市场的力量和全球贸易来确定。引入金融衍生品对于加快中国经济发展具有举足轻重的意义。

(三) 多层次资本市场与中小企业融资

第一,多层次资本市场是中小企业获得外部股权融资的主要渠道,它将大幅改善中小企业的资本形成,改善它们的公司治理结构。第二,将中小企业和大量民营企业推向市场,有利于民营企业的规范经营与发展,促进广大的民营企业改造完善的公司治理结构,建立现代化企业的运作模式。第三,将促进资本与中小企业的融合,推动科技创新与高新技术成果产业化。从发达国家的经验看,大多数中小企业尤其是成长中的科技企业的融资方式都是首先进入非证券资本市场,通过交易,增加了资本的流动性,反过来又吸引更多的投资者进入市场交易,形成良性循环。第四,多层次资本市场还为资本提供了便捷的退出通道,从而提高资本与中小企业更大规模、更高效率的融合,进而促进中小企业迅速发展。

典型案例

民生银行小微金融新突破——商贷通

一直以来,国内小微企业都面临着融资难的困境,本轮经济周期调整使得资金供求关系矛盾更加突出。近年来,在中国银行界中出现了一种针对小微企业贷款的新模式,而首位吃螃蟹者正是全国性股份制商业银行民生银行。

毫无疑问,以小微企业为代表的民营经济已经成为国民经济的半壁江山。中小企业尤其是小微企业(指个体工商户、私营企业主)作为中国经济最为活跃的经济实体,为中国经济持续发展做出了令人瞩目的贡献。截至2014年3月,小微企业对GDP的贡献超过60%,税收占比50%,同时完成了65%的发明专利和80%以上的新产品开发。

然而如此繁荣的市场景象背后,是中小企业贷款难这个不争的事实。其中中小企业中的小微企业贷款,则在以往基本就是银行贷款业务最不愿意主动去碰的盲区死角。而随着我国金融市场的发展及对外开放程度的提高,我国商业银行的信贷业务同样面临着前所未有的竞争和挑战。

"中小企业长期面临金融服务结构单一,融资瓶颈狭窄的困境。加之商业银行的转型过程中,缺乏必要的技术支持手段,受本次经济周期调整的影响,资金供求关系矛盾更加突出。民生银行在过去几年中,通过内部机制建设,组织机构职能调整,专业团队培养,为应对转型做好充分准备,'商贷通'应运而生,成为民生银行'蓝海战略'的突破口。"中国民生银行零售银行部小微企业金融部总经理周斌如是说。

民生银行的商贷通业务,旨在为中小商户提供快速融通资金、安全管理资金、提高资金效率等全方位的金融服务产品业务。民生银行商贷通业务的快速发展,为破解小微商户融资困局带来了希望,帮助中小商户把握瞬息变化的生意和稍纵即逝的商机,实现了规模经营的小微企业贷款业务,更有望成为打通中国经济微循环的重要力量。

小微企业客户具有户数众多、客户分散等特征。"商贷通"目标市场选择的基本原则在于运用"大数法则"测算出特定行业的风险概率,甄选"商贷通"业务进入的行业,迅速地找到有效客户群体,并对其进行批量营销,实现"商贷通"业务在特定行业的受众群体量规模化、风险可控的目的,实践了大量极富创新性的信贷解决方案——先后推出了互保、联保和信用担保等11种抵押担保方式,解决了小微企业在融资过程中担保难的矛盾;并从小微企业的"三品"(人品、产品、抵押品)入手,衍生出观察识别客户经营过程中的"三表"(水表、电表、报关表),以及"三流"(人流、物流、现金流)等一套符合其经营特征的非财务指标,再整合政府、工商、税务、民间社团、商会,甚至电厂、水厂等外部资源,从而解决小微企业经营信息不透明、信息不对称的问题。

目前针对这块业务,民生银行成立了专门服务中小企业的中小企业金融事业部,在零售银行部下设了小微企业金融部,其中成立小微企业金融部更是在所有银行中独树一帜。且在目前所有国有银行和股份制银行对小微企业尚未重视之际,民生银行却将为小微企业量身定制的、具有充分灵活性的小微企业金融服务方案"商贷通"作为业务发展的重中之重,颇显其业务之全面、战略眼界之独到。

周斌同时表示,民生银行是唯一的一家在企业的战略上,"它定义为我们要做民营的银行,我们与民营企业同根、同源、同生长,我们要做小微企业的银行,就是要做小型和微型企业的银行。民生银行的这个定位,结合到我们小微的实战上来看,是一个很现实的选择"。

截至2014年5月,中国民生银行累计向小微企业发放贷款超过14 000亿元,小微贷款余额从不足百亿元快速攀升至目前的4 000多亿元,服务各类小微客户超过210万户,成功帮助小微商户企业主解了燃眉之急,以实际行动践行了"做小微企业银行"的战略承诺。在大批拥有小微企业的产业领域里,都可以看到商贷通活跃的身影。南京核心企业供应商应收账户融资模式、昆明"动产(茶叶)质押+市场管理方监管保购"动产融资模式、泉州品牌核心厂商的跨区域代理商的产业链融资模式、武汉超市供应链模式、广州"商铺租金按揭"模式、杭州电子市场模式,以及北京后海餐饮和苏州常熟招商城等,这些都已经成为民生银行商贷通的标志性项目。

资料来源:根据中国民生银行网站资料整理。

复习思考题

1. 中小企业的含义是什么?
2. 中小企业投融资具有哪些特点?
3. 中小企业投融资的风险有哪些?
4. 如何防范中小企业投融资的风险?
5. 金融市场的含义是什么?如何分类?对中小企业投融资有何作用?

参考文献

[1]陈文等. 网络借贷与中小企业融资. 北京:经济管理出版社,2014.

[2] 丁晓莉. 我国中小企业融资问题研究与对策分析. 北京:中国经济出版社,2013.
[3] 何广文. 中小企业投融资. 北京:中国人民大学出版社,2012.
[4] 宋羽. 中小企业融资:现实和思考. 北京:经济科学出版社,2012.
[5] 苏峻. 中小企业融资研究. 北京:经济科学出版社,2011.
[6] 索玲玲等. 中小企业投融资与风险管理. 北京:北京交通大学出版社,2013.
[7] 姚益龙. 中小企业融资问题研究. 北京:经济管理出版社,2012.
[8] 张文彬. 小微企业信贷融资问题研究. 北京:经济科学出版社,2012.
[9] 赵爱玲. 中国区域中小企业融资及担保体系研究. 北京:科学出版社,2014.

第二章

企业内部融资

学习目标

- 了解企业内部融资的各种渠道和方法
- 理解各种企业内部融资方式的优缺点
- 掌握各种企业内部融资方式的操作要点

案例导读

我国中小企业融资状况

改革开放三十多年以来,广东的民营经济发展迅速,一直在全国的发展水平中遥遥领先。从广东民营中小企业的发展情况来看,其融资具有三大特点:第一,以自我融资为主,即依靠内部积累,外部融资比较小。第二,融资渠道狭窄,银行信贷是民营中小企业的主要渠道。第三,民间借贷发展迅速,成为民营中小企业资金来源的重要补充。有关数据显示,广东民营中小企业内部融资的比重占60%,而中国的民营企业内部融资比重更高,达到90.5%。广东省与全国民营企业融资结构有共同之处,就是主要依靠内部融资。

2013年上半年,中小企业协会会长李子彬带队到十余个省市调研后表示:"现在中小企业共有1 400万家,大概其中有10%的中小企业能够从银行等金融机构获得融资,这些获得融资的中小企业已经出现'融资难、融资贵',而其余90%连银行的大门都进不了,更不用说'难、贵'的问题。"

案例详情链接 →

广东民营中小企业如何选择融资,中国融资网(转引自新华网),2007年3月30日;中小民营企业"融资难、融资贵"的成因与对策,经济学家周报,2014年8月3日。

你是不是有下面的疑问 →

1. 我国中小企业为什么内部融资比重大?
2. 我国中小企业为什么融资难、融资贵?
3. 企业内部融资的方式有哪些?
4. 企业内部融资有何优缺点?

进入内容学习 →

内部融资是指企业将其储蓄(折旧和留存盈利)转化为投资和通过盘活企业自有资产获得资金的过程。企业内部融资具有原始性、自主性、低成本性和抗风险性等特点,是企业生存与发展不可或缺的重要组成部分。与外部融资相比,内部融资的优点主要表现为:不需要实际对外支付利息或股息,不会减少公司的现金流量;资金来自公司内部,不发生融资费用,成本远低于外部融资。企业内部融资的主要方式包括留存盈余融资、应收账款融资、票据贴现融资和资产典当融资等。

第一节 留存盈余融资

留存盈余融资的核心就是制定有效的股利政策方案。

一、制定股利政策需要考虑的因素

股利政策受公司内部和外部多种因素制约。合理确定股利分配政策,就是在诸多因素的约束下,使股利分配既有利于公司的发展,又使股东满意。影响股利政策的因素主要有以下几方面:

1. 法律因素

(1)资本保全的规定。公司股利的发放必须维护法定资本的安全、完整,即公司股利只能从当期的利润和过去积累的留存收益中支付。

(2)资本积累的规定。要求公司在分配收益时,必须按一定比例和基数提取各种公积金。另外,在具体分配时要贯彻"无利不分"的原则。

(3)无力偿付债务的规定。如果公司已经无力偿付到期债务或支付股利将使其失去偿还能力,则公司不能支付现金股利,否则就是违法行为。

(4) 超额积累限制。如果投资者因接受股利而缴纳的所得税要高于进行股票交易的资本利得所缴纳的税金,公司就可以通过保留盈余使股票价格上涨的方式来帮助股东避税。

2. 股东因素

(1) 保证控股权。股利支付率高,必然导致保留盈余减少,这意味着将来发行新股的可能性加大,现有股东的控制权可能被稀释。另外,流通在外的普通股增加,最终会导致普通股的每股收益和每股市价下降,从而对现有股东产生不利影响。

(2) 取得固定收入。许多股东往往靠定期的股利维持生活,要求公司在一定时期内维持固定的股利,不希望把盈余全部保留。

(3) 逃避风险。有些股东认为通过保留盈余引起股价上涨获得的资本利得有风险,因此比较喜欢现在获得较少的股利而不喜欢未来较多的资本利得,要求支付较多的股利。

3. 公司内部因素

(1) 资产的变现能力。企业现金越多,资产的变现能力越强,流动性越强,支付现金股利的能力就越强。

(2) 投资机会。当企业预期未来有较好的投资机会,且投资收益大于投资者预期收益率时,往往采取低股利、高保留盈余的政策。一般的,成长中的企业所需资金超过其盈余,可能采用低股利或不支付股利的政策;而处于缩减期的公司就往往采取高股利或全股利政策。

(3) 融资能力。企业如果有较强的融资能力,随时能筹到所需资金,就具有较强的股利支付能力。这种借款能力可以用银行存款、发行债券等能力来表示。

(4) 盈余稳定状况。盈余相对稳定的公司能够比盈余不稳定的公司支付更高的股利。

(5) 融资成本。一般来说,将税后收益用于再投资,有利于降低融资的外部成本。很多公司在考虑股利分配时,首先将公司的净利润作为融资的第一选择渠道,特别是在负债较多、资本结构欠佳的时期。

(6) 公司现有经营状况。处于扩充中的公司一般采用低股利政策;盈利能力较强的公司可以采用高股利政策;经营上有周期性变动的公司一般采取固定股利加额外股利的政策,在经营周期的萧条阶段采用较低的固定股利,而在经营周期的高峰阶段采取固定股利加额外股利。

4. 合同限制因素

在公司债券与贷款合同上,通常有限制公司支付股利的条款。例如,除非公司的盈利达到某一水平,否则公司不得发放现金股利;或将股利发放额限制在某一盈利额或盈利百分比上。

二、企业常用的股利政策

(一) 股利政策分类

股利政策有多种分类方式,具体包括以下三种。

(1) 按股利支付比率高低可分为不支付股利的政策、低股利政策、高股利政策和全部发放股利的政策四类。

(2) 按股利发放是否稳定可分为稳定的股利政策、变动的股利政策、阶梯式的股利政策和正常股利加额外股利政策四类。

(3) 按股利支付方式可分为现金股利、股票股利(送股)、财产股利(用现金以外的资产支付股利,如公司所拥有的其他企业的债券、股票等)和负债股利(用应付票据或发行的公司债券支付的股利,该票据或债券一般带息,并有一定的期限)。

(二) 股利政策实务

实务中,各企业经常采用的股利政策有以下五种:

1. 剩余股利政策

剩余股利政策是指企业较多地将盈余用于增加投资者权益(即增加资本或公积金),只有当增加的资本额达到预定的目标资本结构(最佳资金结构)时,才将剩余的盈余用于向投资者分配。实行这种政策主要是考虑到未来投资机会的影响,即当公司面临良好的投资机会时,在目标资本结构的约束下,最大限度地使用留存收益来满足投资方案所需的自有资金数额。

采用剩余股利政策时,应遵循以下基本步骤:

(1) 确定公司的目标资本结构,即权益资本与债务资本的比率,在此资本结构下,加权平均资本成本将达到最低水平;

(2) 进一步确定为达到目标资本结构所需增加的股东权益数额;

(3) 最大限度地使用保留盈余来满足投资方案所需增加的股东权益数额;

(4) 投资方案所需股东权益已经满足后若有剩余盈余,再将其剩余部分作为股利发放给股东。

案例链接

某公司于2012年提取了公积金、公益金后的税后净利为800万元,2013年的投资计划所需资金为1 200万元,该公司的目标资本结构为权益资本占60%,债务资本占40%。则按照目标资本结构的要求,该公司投资方案所需的权益资本数额为1 200 × 60% = 720(万元)。

该公司2012年全部可用于分配股利的盈余为800万元,可以满足上述投资方案所需的权益资本数额并有剩余,剩余部分再作为股利发放。该公司2012年发放的股利额为:800 - 720 = 80(万元)。

实行剩余股利政策的根本目的在于保持理想的资本结构,使加权平均资本成本最低。如案例中,该公司如不按剩余股利政策发放股利,将可向股东分配的900万元全部留下用于投资(这样当年将不发放股利),或全部作为股利发放给股东,然后再去筹借债务,都会破坏目标资本结构,导致加权平均资本成本的提高,不利于提高公司的价值(表现为股票价格)。

2. 固定股利政策

固定股利是指公司在较长时期内都将按期支付固定的股利额,股利不随经营状况的变化而变动。固定股利有利于公司树立良好的形象,有利于公司股票价格的稳定,从而增强投资者对公司的信心。但是,这种股利政策会导致股利支付与公司盈利能力脱节。当盈利较低时仍要支付较高的股利,容易引起公司资金短缺,财务状况恶化。因而,该政策一般适用于正处在成长期的、信誉一般的公司。

3. 固定股利支付率政策

固定股利支付率政策是指公司确定一个股利占盈余的百分比,长期按此百分比支付股利。持该主张者认为,只有维持固定的股利支付率,才能使股利与公司盈利紧密地配合,体现多盈多分、少盈少分、无盈不分的原则,才算真正公平地对待每一位股东。但是,由于公司的盈利在年度间经常变动,因此每年的股利也随之相应变动,而股利通常被认为是公司未来前途的信息来源,如此极易给人留下一种公司盈利不稳定的印象,不利于稳定股票价格。

4. 稳定增长的股利政策

稳定增长的股利政策是指公司保持股利额逐渐低速上升,即使利润减少,股利也照样上升而并不减少。在此政策下,每股股利呈梯形上升趋势,因此这种股利政策又称为梯形上升股利政策。实行稳定增长股利政策的主要理由有:

(1)有利于向市场传递公司正常发展的信息,有利于树立公司良好的形象,增强投资者对公司的信心,稳定股票的价格。

(2)有利于投资者安排盈利收入和支出,特别是对那些对股利有着很高依赖性的股东更是如此;而股利忽高忽低的股票则不会受这些投资者欢迎,股票价格会因此而下降。

(3)可以消除投资者对于未来股利的不安全感。公司管理者相信投资者将对股利稳定的公司股票支付更高的价格,可以降低公司权益资本的成本。

稳定增长的股利政策的缺点在于股利的支付和盈余脱节。当盈余较低时仍要支付固定的股利,就可能导致资金短缺甚至财务状况恶化。

5. 正常股利加额外股利政策

正常股利加额外股利政策是指公司在一般情况下每年只支付固定的、数额较低的正常股利,在盈余多的年份,再根据实际情况向股东发放额外股利(又称"红利")。但额外股利并不固定,支付额外股利并不意味着公司永久地提高了规定的股利支付率。采用这种股利政策,公司在支付股利方面有较大的灵活性。这种以审慎原则为基础的股利政策受到不少公司的欢迎,特别是那些各年盈余变化较大且现金流量较难把握的公司。

但必须注意的是,一个连年采用正常股利加额外股利政策的公司,将冒着使股东们认为额外部分成为每年正常股利的组成部分的风险。这样,如果公司在某年忽然取消这种额外股利,就很可能造成公司信誉的恶化和公司股票价格的下降,潜在的投资者或债权人都可能因此而错误地判断公司的真实财务情况,这将影响公司的融资能力。

上面介绍的是在实际经济生活中常用的几种股利政策。其中,固定股利政策、正常股利加额外股利政策是普遍采用的为广大投资者所认可的两种基本政策。公司在进行股利政策的制定时,可以比照上述政策的思想,充分考虑实际情况,选择适当的股利政策。

第二节　应收账款融资

应收账款融资是指中小企业利用应收账款质押取得贷款,或将其出售以取得所需资金的融资方式,属于保理业务的一种。这种融资方式在商业信用盛行的发达国家是很常见的。

一、基本概念和适用对象

1. 应收账款质押融资的概念

广义的保理业务是指一项集贸易融资、商业资信调查、应收账款管理及信用风险担保于一体的综合性金融服务。由于目前国内商业银行对于保理业务融资的探索尚处于起步阶段,因此通常狭义的保理业务,就是应收账款的转让与出售。应收账款的转让,是指企业将其正常的应收账款转让给商业银行,由银行向企业支付贴现后的对价资金,企业承担回购责任的融资方式。应收账款的出售,就是通常所谓买断型应收账款保理,指企业将应收账款销售给银行,银行收取费用后支付对价给企业,并由银行独自承担应收账款的后续收款责任。

2. 应收账款质押融资的适用范围

在中小企业融资业务中,应收账款质押融资并非适合所有的企业,主要适合以下三类企业。

一是销售采用赊销方式,长期有真实、合法的一定金额应收账款余额的制造企业和贸易企业。由于合乎融资条件的应收账款的存在,因此企业可以此作为担保品,向商业银行提出融资申请。

二是需要优化财务报表结构的上市公司和非上市公司。尽管世界各国资本市场各具特点,但较低的负债率要求却是共同的。当企业为上市公司时,为了募集新股或者改善年度报表结构时,通常都有卖出应收账款的融资需求,这意味着商业银行要买断企业的应收账款。同样,由于各个资本市场监管部门通常要求拟上市企业必须达到一定的、较低的资产负债率,因此拟上市企业也相应产生了出售应收账款的融资需求。

三是与大型企业配套的中小型生产企业,如果企业流动资产项中应收账款所占比重较高,需要资金扩大再生产或扩张市场规模,通常可用大企业欠其应收账款进行融资。显然,大型企业具有良好的信誉,中小企业对其的债权作为融资担保品,足以使商业银行放心。因为应收账款质押融资,商业银行在很大程度上要考察应收账款债务人的信誉,否则即便没有任何瑕疵的应收账款,也可能由于拖欠、拒付而导致债务纠纷。所以,与大型企业配套的中小型生产企业,由于在与大型企业谈判中处于劣势地位,通常会有较大余额的应收账款,成为商业银行动产融资的潜在优质客户。

二、应收账款融资业务的特点

应收账款质押融资通常具有以下五个特点。

(1)对于应收账款本身具有严格的要求,如要满足以下条件:赊销贸易背景真实;卖方已经履行了对应商务合同确定的义务,并能够提供有关证明;债权凭证完整、有效及单笔金额在规定金额以上,如 50 万元;产品赊销不涉及各种纠纷;如为买断型保理,应收账款债务人具有良好的还款意愿,等等。

(2)买卖双方原则上无产权关联关系,否则双方可能进行虚假交易,从而产生骗取商业银行信贷资金的行为。

(3)应收账款债务人是商业银行重点调查的对象,一般要求其满足:具备法人资格的企业组织,否则应取得上级单位的授权;无不良信用记录;财务现金流充足,具有到期支付应收账款的短期偿债能力;经营管理规范,财务管理体系健全;具有相当的资产规模且净资产比重较大;最终产品具有良好的销售前景。

(4)商业银行通常明确规定,不接受以下几类应收账款:代销或者其他约定销售不成可以退货形成的应收账款;试用期商品形成的应收账款;交易双方偶然发生的交易行为,属于一锤子买卖的;销售商向供货商供应其他货物,可能引发债务抵消的;购销双方正在发生贸易纷争的;由于关联交易形成的应收账款;销售合同规定不得转让应收账款的;应收账款被第三方主张代位权的;销售合同本身由于违反法律而无效的;债权存在其他权利瑕疵;已经质押的应收账款。

(5)应收账款质押融资的现实意义很强。如应收账款质押融资,有利于企业将拖欠的债务通过贴现的方式,迅速变成企业的现金,使企业资金周转速度加快;特别是在买断型保理情况下,可以从资产负债表上将应收账款抹掉,实实在在地降低企业的负债率;对于缺乏资金但有好项目、为大型企业配套生产的中小企业而言,应收账款质押融资彻底解决了其融资难的问题,使这类中小企业能够扩张生产和销售规模,快速壮大起来。

三、应收账款融资的业务流程

在中小企业融资业务中,应收账款质押融资区分为回购型和买断型两种融资方式,因此下面对融资业务流程分别加以说明。

1. 回购型应收账款质押融资流程

通常,企业申请回购型应收账款质押融资需经过以下几个步骤:

(1)企业提出融资申请。具有应收账款债权的企业向商业银行提出融资授信要求,并提供以下文件:如回购型应收账款质押融资业务申请书;经年审的营业执照及企业代码证复印件、贷款卡;公司章程及董事会决议;法定代表人资格证明或授权委托书、身份证复印件;会计师审计的上两个年度的会计报表及近期报表;应收账款明细表;等等。

(2)银行贷前调查。调查主要分为两个方面:首先,银行要认真核实卖方提供的资料,重点审查会计师事务所的资信度,以便使各种审计数据真实可信;以此为基础,商业银行将认真审查卖方的各种财务数据,如商务合同的真实性、银行对账单信息,以及应收账款明细账等有关情况。对于卖方应收账款周转次数、账龄、集中度、坏账率和坏账准备等问题,要结合卖方所处的行业特点进行具体分析。其次,对买方资信进行初步调查。由于转让应收账款的一方通常处于劣势谈判地位,因此买方的信用调查、财务分析通常很难进行。但是,由于应收账款质押融资的特殊性,即买方的支付能力将在根本上决定融资还款来源,所以银行通常会通过各种直接或间接的渠道对买方进行尽可能深入、细致的调查。

(3)银行核定授信额度。由于应收账款通常变动频繁,因此商业银行常常为卖方设定一个合理的融资授信额度,允许企业在额度内循环使用。所谓合理是指,一方面,额度不能太小,难以满足企业流动资金需要;也不能太大,助长了企业从事高风险业务的道德风险趋向。额度的核定是一项具有很强技术性的工作,因为它涉及企业流动资金的合理流量分析、每个买方所能承受的最大偿债额度、应收账款项下产品的市场前景等多种因素分析。其实,单就每个主要债务人的分析,就需要投入大量精力进行充分的调查论证。

(4)合同及协议的签订。通常,获得上级行批准后,申请企业要与商业银行签订保理合同及相关协议。同时,商业银行进行贷时审查。在审查上级行批复的同时,重点审查合同、发票、运输单据、申请书、贷前调查报告;合同约定的付款条件、方式、期限、权利义务等可能影响款项回收的条款;买卖双方的合作是否稳定而长久;买方企业的执照、企业代码证和贷款证信息,以及经审计的近两年的财务报表所体现的买方的短期偿债能力等。

(5)转让行为通知和收款。商业银行与卖方签署融资有关合同以后,卖方或者银行应该向买方发出一式三份的《债权转让通知书》;使买方了解这一转让行为。转让通知后,商业银行将购入事先约定的应收账款,对应地,将扣除贴现利息后的资金划到申请企业结算账户上。转让后的应收账款,由卖方企业和商业银行共同催收。买方企业偿付应收账款资金,原则上应该直接划到商业银行名下,以逐步归还应收账款。当然,买方企业如果收到已经转让的应收账款,要立即无条件地将收到的资金划给商业银行偿付本息。如果应收账款到期仍然没有归还,原则上要由卖方回购其转让的应收账款。否则,商业银行将启动法律程序进行催收,买卖双方都有偿付银行本息的义务。

2. 买断型应收账款质押融资流程

买断型应收账款质押融资不同于回购型应收账款质押融资。回购型应收账款质押融资通常可以在销售商具有一定实力的前提下进行,但买断型应收账款质押融资却不同,它使商业银行直接面对购买方进行账务催收,银行的风险完全取决于买方的实力和信用。通常,买断型应收账款质押融资需要经过以下几个步骤:

(1)企业提出融资申请。具有应收账款债权的企业向商业银行提出融资授信要求,并提供买卖双方的有关文件如:买断型应收账款质押融资业务申请书;经年审的营业执照及企业代码证复印件、贷款卡;公司章程及董事会决议;法定代表人资格证明或授权委托书、身份证复印件;会计师审计的上两个年度的会计报表及近期报表;应收账款明细表;等等。可见,买断型应收账款质押融资,不仅需要提供卖方的有关文件,而且需要提供买方的有关资料信息。

(2)银行贷前调查。调查主要分为两个方面:首先,银行要认真核实卖方提供的资料,重点调查会计师事务所的资信度,以便使各种审计数据真实可信;以此为基础,商业银行将认真调查卖方的各种财务数据,如商务合同的真实性、银行对账单信息,以及应收账款明细账有关情况。对于卖方应收账款周转次数、账龄、集中度、坏账率和坏账准备等问题,要结合卖方所处的行业特点进行具体分析。其次,对买方资信进行尽可能深入的调查。由于债务转移到银行后,银行信贷资金安全全部决定于买方的实力和信誉,因此银行通常会通过各种直接或间接的渠道对买方进行尽可能深入、细致的调查。应该重点分析的是,买方的主营产品及其市场销售前景,买方的资产负债水平和现金流量状况,买方的短期偿债能力,买方的应付款项构成,等等。

(3)银行内部单笔审批。尽管应收账款通常变动频繁,商业银行却通常不会为卖方设定一个合理的融资授信额度,以免难以控制买断债务的风险。一般而言,商业银行会对卖方主要的债务人逐个进行生产经营分析,筛选有实力、有信誉、经济发达地区的部分买方入围,形成打包后的一批应收账款。买断型应收账款质押融资由于涉及高风险授信业务,一般需要报请商业银行总行批准。

(4)合同及协议的签订。通常,获得上级行批准后,申请企业、买方要与商业银行签订买断应收账款保理合同及相关协议。商业银行贷时审查:在审查上级行批复的同时,重点审查买方的地区风险和偿债能力;合同、发票、运输单据、申请书、贷前调查报告;合同约定的付款条件、方式、期限、权利义务等可能影响款项回收的条款;买卖双方的合作是否稳定而长久;买方企业的执照、企业代码证和贷款证信息,以及买卖方经审计的近两年的财务报表所体现的买方的短期偿债能力等。

(5) 转让行为通知和收款。保理银行与卖方签署融资有关合同以后,卖方或者银行应该向买方发出一式三份的《债权转让通知书》,使买方确认这一转让行为。转让通知后,商业银行将购入事先约定的应收账款,对应地,将扣除贴现利息后的资金划到申请企业结算账户上。转让后的应收账款,由商业银行独自催收,买方企业偿付应收账款资金,必须直接划到商业银行名下,以逐步归还应收账款。当然,买方企业如果意外收到已经转让的应收账款,要立即无条件地将收到资金划给商业银行偿付本息。

(6) 违约起诉。如果应收账款到期仍然没有归还,买方必须承担清偿应收账款以归还银行贷款本息的义务。否则,商业银行将启动法律程序进行催收。显然,卖方此时已经与该应收账款无关,应收账款是否清偿完全是银行与买方之间的债权债务关系。

拓展阅读

企业融资的新途径:应收账款保险 & 融资

A 公司账面上存在着大额的应收账款,同时其自身的资金流动性又不足,他必须通过银行来获得资金上的支持。可是当前银根紧缩,A 公司由于经营规模较小,一下子很难从银行获得融资。这个时候 A 公司也可以选择应收账款保险,将保险赔偿的收益权转让给银行,这样银行的权益也能得到一定的保障,企业就更容易从银行处获得应收账款的融资支持。

企业购买应收账款保险以后,在一定程度上起到了抵押的作用,可以提高银行授信评估等级,获得贸易融资就更加便利,还可降低融资成本。目前"应收账款+信用保险"已经成为国际上通行的新的融资模式,为企业扩展融资渠道另辟蹊径,既可解决即时的现金流问题,还可使融资额度随着营业额的增长而增长。

"应收账款信用保险融资"的融资成本以保险费和银行贷款利息来测算,每年的总费率不高于12%。信用保险的附加值体现在既对企业提供了应收账款保险,又给银行贷款提供了风险保证。

应收账款信用保险融资其实质是将应收账款作为担保物,那么它相比其他担保产品的区别主要在于:(1)不用提供抵押物;(2)不用提供担保物和反担保物;(3)不用提供专项审计报告;(4)不用对资产进行评估;(5)不设保证金;(6)不用提供信用等级评价证书;(7)提供资料简单、清晰,一般会计人员都可胜任;(8)其他金融机构不提供专项财务咨询服务。

如何实现销售最大化、回款最快化和坏账最小化,已经成为许多企业面临的紧迫任务,为应收账款买保险,将成为化解这一危机的"速效药"。企业在采用赊账方式销售商品或提供服务时,由于到期未收回债款所导致的应收债款的损失,可由保险公司按照约定的条件承担经济赔偿责任的保险约定。此外,企业为应收账款投保之后也能提高银行授信等级,为获得贸易融资提供了便利。

应收账款保险主要指由银行承保由于客户未付款(含长期拖欠及丧失清偿能力)造成的损失。投保该险种后,企业不仅可以将坏账带来的主要成本转嫁到第三方(保险公司)以保持财务稳健,还可以通过保险公司更快、更清楚地了解其客户的状况,增大对有偿付能力客户的销售量。同时,企业若把保险赔偿受益权转让给银行,则更容易获得银行的融资支持。

资料来源:MBA智库资讯,http://news.mbalib.com/,2014年9月23日。

第三节 票据贴现融资

票据贴现融资,是指票据持有人在资金不足时,将未到期的商业票据转让给银行,银行按票面金额扣除贴现利息后将余额支付给收款人的一项银行授信业务。票据贴现是企业为加快资金周转,促进商品交易而向银行提出的金融需求。贴现利率在人民银行规定的范围内,由企业和银行协商确定。

票据一经贴现便归贴现银行所有。贴现银行到期可凭票直接向承兑银行(或企业)收取票款。所以,票据贴现可以看作银行以购买未到期商业票据的方式向企业发放贷款。同时银行对申请贴现企业保留追索权。

一、票据贴现融资的特点

在我国,商业票据主要是指银行承兑汇票和商业承兑汇票。

1. 银行承兑汇票贴现

银行承兑汇票贴现是指企业持银行承兑汇票到贴现银行按一定贴现率申请贴现以获取资金。在银行承兑汇票到期时,银行即向承兑人提示付款,当承兑人未予偿付时,银行对贴现申请人保留追索权。

银行承兑汇票贴现具有以下特点:

(1)银行承兑汇票贴现是以承兑银行的信用为基础的融资,是客户较容易取得的融资方式,操作上也较一般融资业务灵活、简便。

(2)银行承兑汇票贴现中,贴现利率市场化程度高,资金成本较低,有助于企业降低财务费用。

案例链接

某玩具经销商A从三家玩具生产厂家B、C、D处分别批量购进各类玩具,用开户行中国民生银行北京某支行开立的买方付息银行承兑汇票方式支付货款,分别向B、C、D支付100万元、200万元、300万元的银行承兑汇票,期限都为6个月。厂家B、C、D可以向中国民生银行在当地的支行进行贴现。可采取以下两种方式办理:

(1)卖方分别商谈贴现率方式:由厂家B、C、D与银行商谈贴现率,分别为3.5%、3.5%、3.6%,扣收贴现利息分别为1.75万元、3.5万元、5.4万元,合计10.65万元。A随后将10.65万元划给B、C、D,属于被动划款。

(2)买方统一商谈贴现率方式:A和中国民生银行商谈统一的贴现率3.3%,共计支付贴现利息9.9万元。

两种方式比较:采取买方统一商谈贴现率的方式,买方可以获得批发贴现价格优惠,同时买方在开立银行承兑汇票时就可以确定将来贴现的价格,便于从容安排财务费用,获得了较优化的集团理财的效果。

分析与讨论:票据贴现与其他银行贷款业务相比有何优点?

2. 商业承兑汇票贴现

商业承兑汇票贴现指企业持商业承兑汇票到银行按一定贴现率申请贴现以获取资金。在商业承兑汇票到期时,银行即向承兑人提示付款,当承兑人未予偿付时,银行对贴现申请人保留追索权。

商业承兑汇票贴现具有以下特点:

(1)商业承兑汇票的贴现是以企业信用为基础的融资,如果承兑企业的资信非常好,相对较容易取得贴现融资。

(2)对中小企业来说,以票据贴现方式融资,手续简单,融资成本较低。

3. 协议付息票据贴现

协议付息商业汇票贴现是指卖方企业在销售商品后,持买方企业交付的商业汇票(银行承兑汇票或商业承兑汇票)到银行申请办理贴现,由买卖双方按照贴现付息协议约定的比例向银行支付贴现利息后,银行为卖方提供的票据融资业务。该类票据贴现方式,除贴现时利息按照买卖双方贴现付息协议约定的比例向银行支付外,与一般的票据贴现业务处理完全一样。

协议付息票据贴现具有以下特点:

(1)一般票据贴现利息由贴现申请人(交易中的卖方)完全承担,而协议付息票据贴现在贴现利息的承担上有相当的灵活性,既可以是卖方又可以是买方,也可以双方共同承担。

(2)与一般的票据相比,协议付息票据贴现中买卖双方可以根据谈判力量以及各自的财务情况决定贴现利息的承担主体以及分担比例,从而达成双方最为满意的销售条款。

二、中小企业票据贴现融资操作实务

1. 申请票据贴现的条件

(1)贴现申请人为企业法人和其他经济组织,并依法从事经营活动。

(2)汇票为按照《中华人民共和国票据法》(简称《票据法》)规定签发的有效汇票,基本要素齐全。

(3)汇票的签发和取得必须遵循诚信原则,并以真实合法的交易关系和债务关系为基础。

(4)承兑人具有银行认可的承兑人资格。

(5)承兑人及贴现申请人资信良好,并有支付汇票金额的可靠资金来源。

(6)汇票的交易合同必须是合法的商品交易,并附商品交易购销合同及有关凭证。

(7)汇票的收款人、付款人、期限、承兑、背书等符合法律法规的有关规定。

2. 贴现申请人应提供的资料

(1) 企业(法人)营业执照、法人代码证。

(2) 票据贴现业务申请书。

(3) 申请贴现的未到期的银行承兑汇票或商业承兑汇票复印件。

(4) 企业法定代表人证明书或授权委托书及董事会决议。

(5) 相应的商品交易合同及增值税发票复印件。

(6) 贴现申请人和承兑人最近一期的财务报表。

(7) 拟采用第三方保证、抵押或质押方式担保的,比照保证、抵押或质押贷款提供相应资料。

3. 票据贴现业务的操作程序

票据贴现的操作程序主要有四个步骤:

(1) 贴现申请人持未到期的银行承兑票据或商业承兑票据,向银行申请办理票据贴现,并提交《银行承兑汇票贴现申请书》或《商业承兑汇票贴现申请书》。

(2) 银行按照规定的程序确认拟贴现汇票和贸易背景的真实性、合法性。

(3) 银行对企业提供的有关材料进行审查。银行审批同意贴现后,与贴现申请人签订票据贴现合同等相关合同文件。

(4) 银行计算票据贴现的利息和金额,按实付贴现金额发放贴现贷款。

4. 票据贴现业务的相关规定

(1) 每张汇票的贴现金额不得超过1 000万元人民币。

(2) 票据贴现期限计算一律从贴现之日起至汇票到期日止(如遇法定节假日顺延),贴现期限最长不得超过6个月。

(3) 票据贴现利率按人民银行有关规定执行,由企业和银行协商确定。

(4) 票据贴现利息和实付金额按下列公式计算:

$$贴现利息 = 汇票面额 \times 贴现利率 \times 贴现期限$$

$$实付贴现金额 = 汇票面额 - 贴现利息$$

5. 按期归还贷款本金和利息

按时归还贷款本息是保证公司良好信用的最好途径。SH公司总是在贷款到期的前两周,主动与银行和担保公司取得联系,提前履行还款手续,使银行和担保公司对SH公司的贷款安全性绝对放心。

典型案例

如何缓解中小企业融资难 "票据贴现"或是一张好牌

面对中小企业融资难的困境,有没有一种方式既无需担保,又能够保证银行风险的控制呢?笔者认为,中小企业"票据贴现"或是一张好牌。票据作为企业在生产经营中产生的一种收入凭证,占用了企业大量的流动资金。票据贴现是指持有汇票的企业在资金不足时,把没有到期的银行承兑汇票转让给银行,银行按票面金额扣除贴现利息后向企业支付现款,当票据到期时再向出票人收款的一项融资行为,可帮助企业让沉淀的资金提前兑现,提高企业资金运转。

然而，现实中这张"好牌"在缓解中小企业融资难上，打起来却有难度。发现本市大量中小企业由于客户分散，所接收承兑汇票"出身不一"，全国性商业银行、各地城市商业银行甚至信用社的汇票都"兼收并蓄"，信用实力也不一致。银行往往拒绝一些外地特别是中小银行票据的贴现。同时，由于很多订单业务量较小，接受的票据很多只有几万、几十万，金额较少，但银行面对每一笔票据贴现的手续和时间成本却相同，因此不愿贴现。然而，几十万的单子对中小企业来说，却是一笔大数目，如果能贴现，也许就可帮企业迈过一道坎，甚至救活一个企业。

根据市场分析，国内做投行的机构一般做贴现的金额起点比较高（500万以上），那么小票（500万以下）该如何贴现呢？

本是双赢的中小企业票据贴现之所以遭遇尴尬，关节点是银行担心票据信用低、时间成本高。而从现实看，企业手中票据多样化和小额化现象短期不会改变。建议与其相关部门督促银行提高中小企业的贷款比例，不如在票据贴现上做文章。比如，政府承诺托底，并给予银行相应的成本补贴，不但可以解决银行的忧虑，关键是可撬动中小企业大量的沉淀资金。有消息称，目前上海市中小企业办等部门正在筹划，通过政府做媒，先为"专精特新"企业的票据找到合适的银行"买家"，形成示范效应后，进一步推广至所有中小企业。

资料来源：中国贸易金融网，http://www.sinotf.com，2014年10月5日。

第四节 资产典当融资

典当融资是指企业将动产、财产权利作为当物质押或者将其房地产作为当物抵押给典当行，交付一定比例费用，取得当金并在约定期限内支付当金利息、偿还当金、赎回典当物的融资行为。典当行是指专门从事典当活动的特殊金融企业。

一、典当融资的主要特点

1. **具有较高的灵活性**

典当融资方式的灵活性主要表现在以下四个方面：

（1）当物的灵活性。典当行一般接受的抵押、质押范围包括金银首饰品、古玩珠宝、家用电器、机动车辆、生活资料、生产资料、商品房产、有价证券等，这就为中小企业的融资提供了广阔的当物范围。

（2）当期的灵活性。典当的期限最长为6个月，在典当期限内当户可以提前赎当，经双方同意可以续当。

（3）当费的灵活性。典当的利率和综合费率在法定最高范围内灵活制定，往往要根据淡旺季、期限长短、资金供求状况、通货膨胀率的高低、当物风险大小及债权人与债务人的交流次数和关系来制定。

（4）手续的灵活性。对一些明确无误、货真价实的当物，典当的手续可以十分简便，当场即可付款；对一些需要鉴定、试验的当物，典当行会争取以最快的速度解决问题。

2. 融资手续简便、快捷

通过银行申请贷款手续繁杂、周期长,而且银行更注重大客户而不愿意办理小额贷款。作为非主流融资渠道的典当行,向中小企业提供的典当服务手续简单快捷,除了房地产典当需要办理产权登记以外,其他典当可及时办理。这种经营方式正是商业银行不愿做而且想做也做不到的。

3. 融资限制条件较少

典当融资方式对中小企业的限制较少,主要体现在以下几个方面:

(1)对客户所提供的当物限制条件较少。中小企业只要有值钱的东西,一般就能从典当行获得贷款。《典当管理办法》规定,典当行不得收当的财物包括:依法被查封、扣押或者已被采取其他保全措施的财产;赃物和来源不明的物品;易燃、易爆、剧毒、放射性物品及其容器;管制刀具,枪支、弹药,军警用标志、制式服装和器械;国家机关公文、印章及其管理的财物;国家机关核发的除物权证书以外的证照及有效身份证件;当户没有所有权或者未能依法取得处分权的财产;法律、法规及国家有关规定禁止流通的自然资源或者其他财物。

中小企业的财产,只要不在上述范围之内,经与典当行协商,经后者同意,便可作为当物获得典当行提供的贷款。

(2)对企业的信用要求和贷款用途的限制较少。通常,典当行对客户的信用要求几乎为零,对贷款用途的要求很少过问。典当行向企业提供贷款的风险较少。如果企业不能按期赎当并交付利息及有关费用,典当行可以通过拍卖当物来避免损失。这与银行贷款情况截然不同。银行对中小企业贷款的运作成本太高,对中小企业贷款的信用条件和贷款用途的限制较为严格。

但典当融资也有一定的缺点,即除贷款利息外,典当融资还需要缴纳较高的综合费用,包括保管费、保险费、典当交易的成本支出等,因此它的融资成本高于银行贷款。企业救急可以借助典当,但是不能依靠典当融资进行日常经营,典当只是解决临时性资金短缺的一种方式。

案例链接

北京市的 Y 公司成立于 2007 年,主要从事升降脚手架及建筑安全防护产品的技术开发、销售和租赁。公司注册资本为 3 000 万元,总资产为 5 000 万元。因该公司的领导人经营有方,公司成立之后一直保持高速发展态势。2010 年的全年收入为 6 000 万元;2011 年则更进一步,仅上半年与客户签订的合同及意向合同金额就达 7 000 万元。2011 年 8 月,Y 公司出于执行订单的要求,向某银行申请担保贷款 1 500 万元。虽然该笔贷款通过审批,但是尚未发放。而该公司为确保信誉需要尽快用款投入订单的原料采购与生产加工,于是向北京银桥典当有限公司(简称"银桥典当")提出为期一个月、额度约为 500 万元的借款,并以可预期的经营回款作为还款来源。

经调查,银桥典当发现 Y 公司具有较强的实力。在技术方面,该公司已经申报技术专利 7 项,备报专利 20 多项;在产品方面,其升降脚手架已成为业内领先采用微电脑控制并实际投入运用的高科技产品,可比一般脚手架节省 70% 的钢材,且安全可靠;在客户方面,其客户目前遍布多省,下游主要为国有企业施工单位(回款信用好但周转通常不确定)。此外,该公司以现有规模与业绩,已开始筹备在国内创业板上市。综合衡量这些因素后,银桥典当同意了 Y 公司的借款申请,并为其量身设计了融资方案,以财产典当的形式为其放款 500 万元,并附以对企业赖以生存的专利权和股权进行质押,以加强其还款意愿。通过这一典当业务的实施,银桥典当保障了 Y 公司的用款需求,使其顺利度过了资金周转期,并允许企业随时和分批归还典当借款,使其最大限度地控制财务成本,因而得到企业的感谢和好评。

资料来源:《典当融资 胜在效率》,中小企业投融资网,2011 年 12 月 5 日。

二、典当融资的一般流程

(一)审当

审当的程序包括:(1)审查当户证照。出质人(抵抑人,下同)属法人的应提交企业法人营业执照副本复印件、企业法人代码证、法定代表人身份证复印件。经办人非法定代表人的,应提交法定代表人委托书和经办人身份证复印件。出质人属个人的,应提交身份证复印件。所有复印件均需出示原件核对。(2)审查当物证照。核对发票、单证,确保当户、当物户名、证照一致。

(二)验当

验当主要包括如下工作:

1. **价值评估**

典当行由专业评估师对当物按成新率及现行市价评估价值,价格较高的物品也可由权威部门评估核定。

2. **当金额度的确定和当期的确定**

当金额度一般按评估价值的 50% 确定,变现率较高的质物,当金额度可至评估价值的 90%。一般典当行的当期最长不超过 6 个月。

3. **典当利率和综合费率的确定**

(1)典当贷款月利率按人民银行公布的金融机构同档次法定贷款基准利率(可上浮 50%)执行。

(2)典当的综合服务费(包括服务费和保管费)、保管费、保险费,由典当行遵照国家的政策和金融法规制定综合费率,在支付当金时一次性扣收。

2005 年 4 月 1 日起实施的《典当管理办法》将所有典当业务的综合费率上限进行了整体下调,该办法规定:动产质押典当的月综合费率不得超过当金的 42‰;房地产抵押典当的月综合费率不得超过当金的 27‰;财产权利质押典当的月综合费率不得超过当金的 24‰;对当期不足 5 日的,按 5 日收取有关费用。

(三)收当

收当的程序包括:(1)签订典当协议书。(2)收当入库。质物凭通知单入库,入库时经办人及保管人在入库单上签字,并做好入库交接工作。(3)制票付款,收取费用。

（四）保管

典当行对当物有妥善保管的责任。当物如有毁损（自然毁损除外）、遗失，典当行应以评估价值为限酌情赔偿。

（五）赎当

赎当的程序包括：(1)当户凭当票办理赎当手续；(2)结清综合手续费及典当本金；(3)办理盘库手续；(4)发票单证归还当户。

（六）转当

转当的程序包括：(1)当户填写转当申请书；(2)核对发票，重新确定当期、当值、当率、费率，填写转当评审表。

（七）续当

续当的程序包括：(1)审核原当票、居民身份证（或其他有效证明）；(2)交纳前当期的利息和续当期的综合费；(3)查验当物，签订续当合同。

三、房产、机动车及股票典当程序

1. 房产抵押典当程序

验证——看房估价——签署抵押典当合同——办理公证——抵押登记——签订当票——发放当金——偿还本息——注销登记。

2. 机动车质押典当程序

验证——试车估价——质押登记——签署合同——办理公证——车辆入库——签订当票——发放当金——偿还本息——注销登记。

3. 股票质押典当程序

验证——查询——账户监管——签订协议及当票——发放当金——偿还本息——取消账户监管。

四、当票及赎当、续当、绝当的相关处理规定

1. 当票的印制与内容

典当过程中，当票是典当行收妥当物后开给当户的收据，也是典当的契约。当票应当按照规定印制，由双方签字盖章后生效，不能转让。当票应载明下列事项：(1)典当机构名称及住所；(2)当户姓名（名称）、住所（址）、有效证件（照）名称和号码；(3)当物名称、数量、质量、状况；(4)估价金额、典当金额；(5)利率、综合费率；(6)典当日期、典当期、续当期；(7)有关注意事项等。

如果当票遗失，当户应当及时向典当行办理挂失手续，缴纳一定手续费后可以补办当票。未办挂失手续或者挂失前被他人赎当的，典当行不负赔偿责任。典当行在当期内不得出租、质押、抵押和使用当物。

2. 赎当的含义与规定

在典当期内，当户可以提前赎当。当户提前清偿当金，可持原证件及当票提前办理回赎；当期届满，当户应及时如数清偿当金，持当票赎回当物。

3. 续当及相关规定

典当到期不能赎回的,出质人应于期满前 5 日内持当票来典当行申请续当,其续当期限最长不能超过原当期。续当时,应当结清当期利息和费用,另换当票。

4. 绝当及其处理规定

绝当又称死当,指当户既不赎当也不续当的行为。死当同样标志着典当双方权利义务关系的解除。我国《典当管理办法》规定,自典当期满之日起 5 日内,当户既不赎当又不续当的,视为绝当(又称死当)。典当行应按以下规定处理绝当物品:

(1)当物估价金额在 3 万元以上的,可以按照《担保法》的有关规定处理,也可以双方事先约定绝当后由典当行委托拍卖行公开拍卖。拍卖收入在扣除拍卖费用及当金本息后,剩余部分应当退还当户,不足部分向当户追索。

(2)绝当物估价金额不足 3 万元的,典当行可以自行变卖或者折价处理,损益自负。

(3)对国家限制流通的绝当物,应当根据有关法律、法规,报有关管理部门批准后处理或者交售指定单位。

(4)典当行在营业场所以外设立绝当物品销售点应当报省级商务主管部门备查,并自觉接受当地商务主管部门监督检查。

(5)典当行处分绝当物品中的上市公司股份应当取得当户的同意和配合,典当行不得自行变卖、折价处理或者委托拍卖行公开拍卖绝当物品中的上市公司股份。

关键术语

内部融资　留存盈余　股利政策　应收账款　票据贴现　商业汇票　典当融资

复习思考题

1. 企业内部融资的特点和主要融资方式有哪些?
2. 企业制定股利政策需要考虑哪些因素?
3. 企业经常采用的股利政策有哪些?
4. 简述应收账款融资的特点和业务流程。
5. 简述票据贴现的条件和业务流程。
6. 简述典当融资的特点和一般流程。

课后研讨

任课教师和学生一起搜集中小企业的信息,整理出十个左右的中小企业案例库,在此基础上,学生分组抽取案例,小组成员扮演企业管理者的角色,根据企业情况制定内部融资方案,以小组为单位做交流和分享。

第三章

债权融资

学习目标

- 了解债权融资的方式
- 理解各种债权融资方式的优缺点
- 掌握各种债权融资方式的操作要点
- 关注中小企业贷款业务创新和信用担保模式创新,熟悉融资租赁和商业信用融资的现状和发展趋势

案例导读

债权融资对中小企业的意义

创业板为中小企业股权融资开拓了一条新路。金融专家认为,我国应形成股权、债权融资"两条腿"走路的局面,构建多层级金融平台相互配合,发挥最佳效果。

中国风险投资研究院院长陈工孟在沈阳举行的一次风险投资论坛上说,创业板引发中小企业对天使投资、风险投资、私募基金,乃至上市发行等股权融资方式产生极大兴趣。但是这类融资方式也有其弊端:以牺牲、稀释企业股权为代价,外来投资者参与中小企业运营,影响创业者的决策权。

事实上,科技型中小企业进入成长期之后,企业家已经可以看到企业的发展前景,同时又需要大规模的外援性资金。在这样的背景下,很多创业者更愿意引入例如贷款、借款等债权性融资,以保障企业独立经营及其股权完整。对此,全国工商联经济部专家刘琦波表示,相关部门在大力打造股权融资平台时,也不能忽视债权融资渠道的扩展和创新。

刘琦波介绍，除了传统的银行贷款外，近年来我国在科技银行、知识产权抵押贷款，以及中小企业联合发债等债权融资模式上，都进行过尝试。科技银行是指专门为高科技企业提供融资服务的银行，主要开展无形资产抵押贷款、企业股权抵押贷款、个人信誉担保贷款等。知识产权抵押贷款是以优质的专利、商标等作为担保向银行贷款。而中小企业联合发债是同一行业的企业联合起来，统一向社会发行企业债券募集资金，以解决单个企业因规模较小，难以达到发债条件等问题。实践证明，这几种债权融资模式如果设计、运行得当，能够有效控制风险，提高资本经营效率。

中国科技金融促进会理事长特别助理张志军说，更多债权融资新品种的推出，有待国家出台更为积极、务实的金融法律法规，规范金融中介服务市场，培育高素质的金融人才群体。只有股权、债权两个融资平台共同作用，才能更好地满足中小企业需求。

案例详情链接

中小企业股权融资应与债权融资并重，新华网，2009年10月29日。

你是不是有下面的疑问

1. 什么是债权融资？
2. 债权融资的方式和渠道有哪些？
3. 债权融资的优缺点有哪些？
4. 企业如何才能更容易获得债权融资？

进入内容学习

债权融资是指中小企业作为债务人从金融机构或其他企业获得资金的融资方式的总称。

第一节 银行贷款

中小企业在经营过程中存在资金短缺的情况，此时需要开展融资活动，以弥补资金不足，保证经营目标的实现。如果需要一种风险低、成本小的资金，那么银行贷款是最合适的选择。在所有的国家，银行贷款在企业融资总额中所占的比重都是最高的，即使在美国这个股权市场和债券市场最发达的国家，银行贷款也是债券、股票融资的两倍。所以，中小企业合理利用银行贷款是企业解决资金困难、取得经营成功的重要手段。

一、银行贷款的特点

银行贷款是指银行以一定的利率将资金贷放给资金需要者，并约定期限归还的一种经济行为。作为一种有着悠久历史的融资方式,它具有如下特点:(1)贷款的主要条款制定只需取得银行的同意,不必经过国家金融管理机关、证券管理机构等部门的批准,因此与其他商业性融资形式相比,手续较为简单,融资速度快。(2)在经济发生变化的情况下,如果需要变更协议的有关条款,借贷双方可以灵活地协商处理。而采用债券融资因债券持有者较为分散,难以得到所有债券持有者的变更许可,与之相比商业信贷较为灵活。(3)商业信贷由借款者和贷款者直接商定信贷条件,无需做广泛的宣传与推广,无需大量的文件制作,因而融资成本较低,且借款利率也低于债券融资的利率。(4)银行贷款利息可以计入成本,取得所得税税前抵减效应,从而相对减轻企业税负。股票和债券融资这两种形式仅适合于公司制的大中型企业,而银行则可根据企业的信用状况相应给予适当的贷款,从而成为中小企业长期资本的主要来源。

当然,银行为了保护自身的财产安全想降低经营风险,保证存贷款的正常流动,一般都要制定相应的保护性条款,包括一般性保护条款、例行性保护条款和特殊性保护条款,这自然就构成了对企业在生产经营活动中使用贷款的约束。

二、银行贷款的类型

1. 按资金性质分类

按资金性质分类,银行贷款可以分为三类:(1)流动资金贷款。它是银行为解决企业短期流动资金需要而发放的贷款,是企业流动资金来源的重要组成部分,也是整个银行贷款的主要部分,在各类贷款中占有重要的地位。流动资金贷款期限一般在1年以内,有特殊要求时可以申请1—3年的中期流动资金贷款。银行发放这类贷款时,一般会要求企业提供比较详尽的经营状况资料及相关的财务报表。(2)固定资产贷款。它是银行对企业基本建设投资、技术改造等固定资金需求所发的贷款,补充企业固定资金不足,有利于企业再生产的顺利进行。它包括技术改造贷款、基建投资贷款和其他贷款。(3)专项贷款,包括扶贫专项贴息贷款、星火计划贷款、专项储备贷款、农业机械贷款等。这类贷款通常是国家为了鼓励和照顾特定地区的有特定用途的贷款,其利率一般比较优惠。

此外,交通、能源企业还可申请大修理贷款;城建开发公司、房屋建设开发公司等城市房地产综合开发经营的单位还可申请土地开发、商品房开发贷款等。

2. 按贷款归还期限划分

按照贷款归还期限的长短划分,贷款分为短期贷款、中期贷款和长期贷款三类。(1)短期贷款是指贷款期限在1年以内(含1年)的贷款。目前主要有6个月、1年等期限档次的短期贷款。这种贷款称为流动资金贷款,在整个贷款业务中所占比重很大,是金融机构主要的业务之一。(2)中期贷款是指贷款期限在1年以上5年以下(含5年)的贷款。(3)长期贷款是指贷款期限在5年以上的贷款。在我国,中长期贷款主要是固定资产贷款,包括基本建设贷款和技术改造贷款,还包括房地产贷款、车船飞机购置贷款等。多年来,我国对固定资产贷款一直实行指令性计划管理。我国的固定资产投资总规模由国家发改委根据经济增长速度等国民经济和社会发展宏观目标,综合平衡各地区、各部门投资需求后确定,报国务院批准。固定资产贷款规模依据固定资产投资总规模和信贷总规模,经中国人民银行和国家发改委协调平衡后,报国务院批准实行。各银行必须依据中国人民银行批准的固定资产贷款计划发放。

3. 按发放贷款时有无担保品分类

按照发放贷款时有无担保品等条件划分,贷款分为信用贷款、担保贷款和票据贴现贷款等。(1)信用贷款是指以借款人信誉为依据的贷款;(2)担保贷款包括保证贷款、抵押贷款和质押贷款;(3)票据贴现是指贷款人以购买借款人未到期商业票据的方式发放的贷款。

三、中小企业贷款的操作要求

我国中小企业融资难是一个不争的事实,这是由资金缺口的大量存在和信息非对称等因素造成的。即使中小企业有好的投资项目,银行也不一定会予以照顾。因此,在获得每一次可能的融资机会情况下,中小企业贷款的操作要求便显得日益重要。

1. 建立良好的银企关系

与银行建立良好的关系,是中小企业能否与银行友好长期合作的开始,也是顺利地取得银行贷款的关键。首先,企业要讲究信誉。因为企业经济效益和信誉好坏直接关系到银行信贷资本的安全。所以,企业在与银行的交往中,要使银行对贷款的安全性绝对放心。企业要注意抓好资金的日常管理。由于银行对中小企业的具体生产和经营活动的信息不对称,因此银行在对企业进行考察时往往是从企业资金的使用、周转和财务核算等方面入手。企业的财务核算是否规范、财会人员素质高低以及企业财务管理是否严格,是银行衡量企业管理水平高低的重要标准。企业要以良好的形象取得银行的信任,就必须抓好资金的日常管理。其次,企业应经常主动地向银行汇报其经营情况。

2. 写好贷款项目可行性研究报告

投资项目可行性研究报告对于争取项目贷款规模大小以及获得银行贷款的优先支持,具有十分重要的作用。中小企业在撰写贷款报告时,要注意解决好以下几个问题:一是报告的项目应符合国家的有关政策,重点论证技术上的先进性、经济上的合理性、效益性以及实际上的可行性等问题。二是要把重大问题讲清楚,对有关问题做出有力的论证。所谓重大问题主要包括企业现状、发展前景、技术能力、生产能力、基础设施和原材料、燃料、动力、产品销路等。如在论证产品销路时,必须对社会、行业和市场的现状,对该产品的需求、市场调查和预测以及将来的趋势等作出分析和论证。三是把经济效益作为可行性的出发点和申请贷款的基础。

3. 突出贷款项目特点

中小企业在与银行商谈贷款事宜时,要学会善于实事求是地突出项目的特点。不同的项目都有各自内在的特性,根据这些特性,银行贷款也有相应的要求。例如基本建设项目,企业在向银行介绍项目情况时,要注意突出该项目在国家产业政策中所处的序列位置及在国民经济中的地位和影响;要讲清楚项目建设对促进本地区经济增长和产业及产品结构调整的重要意义;要向银行如实反映拟建项目的产品市场供求状况;要说明项目建成投产后,单位产品的成本与市场销售价格的比较,以突出项目的经济效益;要介绍拟建项目的产品在同类产品的经济寿命周期中所处的阶段和时期等。

4. 选择合适的贷款时机

选择合适的贷款时机,要注意既有利于保证本企业所需资金及时到位,又便于银行调剂安排信贷资金、调度信贷规模。银行信贷规模往往是年初一次性下达,分季度安排使用,不允许擅自改变。因此,一般来说,中小企业如要申请较大金额的贷款,不宜安排在年末和每季度末,而应提早将本企业的用款计划告诉银行,以免银行在信贷规模和资金安排上被动。企业除与开立基本账户的银行保持良好关系外,还可与其他银行建立银企关系。这样,企业在融资所需资金量大、一家银行由于各种原因不能全部解决时,可采用银团贷款方式加以解决,还可为企业下一步生产经营所需资金争取银行支持早安排。

5. 争取中小企业担保机构的支持

如前所述,商业银行出于对自身信贷资金的安全性的考虑,在贷款项目的选择上往往要求企业提供良好的贷款担保或抵押,对担保的要求较为苛刻。中小企业由于自身资金少、经营规模小,很难提供银行需要的抵押、质押物,同时也难以取得第三方的信用担保,因而要取得银行的贷款非常困难。但如果能得到中小企业担保机构这些专门机构的支持,向商业银行贷款就要容易得多,所以中小企业应尽可能地争取中小企业担保机构的支持。

四、银行贷款的程序

中小企业向银行贷款的主要程序为:借款人提出贷款申请——银行审批——签订借款合同——贷款发放——银行贷后检查——贷款的收回与延期。

（一）借款人提出贷款申请

中小企业需要银行贷款,应向银行或其经办机构以书面的形式直接提出信贷业务申请。填写包括企业基本情况、生产经营情况、财务状况、相关主要会计科目说明、企业发展前景、借款方式、还款方式、还款来源及申请借款金额、期限、用途等为主要内容的贷款申请书,并提供以下资料:

(1) 借款人及保证人的基本情况。

(2) 企业法人营业执照、法定代表人身份有效证明或法定代表人授权的委托书。

(3) 经会计(审计)部门核准的上年度财务报告及最近一期的财务报表。

(4) 原有不合理占用贷款的纠正情况。

(5) 抵押、质押物清单,有处分权人同意抵押、质押的证明及保证或者拟同意保证的有关证明文件。

(6) 项目建议书和可行性报告。

(7) 银行认为需要提供的其他资料。

此外,固定资金贷款在申请时,还要附可行性研究报告、技术改造方案或经批准的计划任务书、初步设计和总概算。

（二）银行审批

1. 立项

该阶段的主要工作是确认审查目的、选定主要考察事项、制定并开始实施审查计划。

2. 对借款人进行信用等级评估

借款人信用等级评估是指银行运用规范的、统一的评价方法,对借款人一定经营期内的偿债能力和意愿进行定量和定性分析,从而对客户的信用做出综合评价。信用等级一般是根据借款人的领导者素质、经济实力、资金结构、履约情况、经营效益和发展前景等因素来评定的。评级可由贷款银行独立进行，内部掌握，也可由有关部门批准的评估机构进行。

3. 综合审查

综合审查是指银行对借款人的合法性、财务状况的真实性、借款用途等进行调查，了解借款人所在行业的相关业务数据，核实借款人提供的担保形式是否可靠，预测借款人按期还本付息的能力，以决定是否发放该笔贷款。

4. 贷款审批

在贷款审查的基础上，对有关抵押物进行了合法有效的抵押登记后，一般由银行的各级贷款审批委员会按照审贷分离、层级审批的原则进行审批。

（三）签订借款合同

银行同意贷款后，与借款人签订借款合同。在借款合同中约定借款种类、借款用途、金额、利率、期限、还款方式、借、贷双方的权利、义务，以及违约责任和双方认为需要约定的其他事项。

对于保证贷款还应由保证人与银行签订保证合同，或保证人在借款合同上写明与贷款人协商一致的保证条款，加盖保证人的公章，并由保证人的法定代表人或其授权代理人签署姓名。

抵/质押贷款应当以书面的形式由抵/质押人与抵/质押权人签订抵/质押合同。

（四）贷款发放

借款合同签订后，双方即可按合同规定核实贷款。借款人可以根据借款合同办理提款手续，按合同计划一次或多次提款。提款时，由借款人填写银行统一制定的提款凭证，然后到银行办理提款手续。银行贷款从提取之日起开始计算利息。借款人取得借款后，必须严格遵守借款合同，按合同约定的用途、方式使用贷款。

（五）银行贷后检查

贷后检查是指银行在借款人提取贷款后，对其贷款提取情况和有关生产、经营情况及财务活动进行监督和跟踪调查。

（六）贷款的收回与延期

贷款到期时，借款人应按借款合同及时足额归还贷款本息。通常，银行会在短期贷款到期前一个星期、中长期贷款到期前1个月，向借款人发送还本付息通知单。借款人应及时筹备资金，在贷款到期时主动开出结算凭证，交银行办理还款手续。对于贷款到期而借款人未主动还款的，银行可采取主动扣款的办法，从借款人的存款账户中收回贷款本息。

借款人如因客观原因不能按期归还贷款，应按规定提前的天数向银行申请贷款延期，由银行审核办理。

五、中小企业如何获得银行青睐

（一）加强内部管理，提高自身素质

俗话说，"打铁先得自身硬"。中小企业要获得银行的支持，首先要加强内部管理，守法经营，不断提高经济效益和经营管理的透明度，确保会计资料的真实、合法，树立良好的企业信誉。只有这样才能拿到银行贷款的主动权。

（二）依法纳税，树立诚信

企业应该认识到，依法纳税既能够证明企业的诚信度，又能从另一方面反映企业的经营状况，是企业诚信和经营良好的最好证明。

（三）选择合适的融资对象和担保单位

在与银行的合作中，中小企业应选择一家比较合适的银行作为主要合作对象，2—3家银行作为辅助。合作银行不宜过多，否则容易导致资金分散，无法显示企业的实力。与银行相比，企业与担保公司合作的方式比较灵活。企业可以用土地、房屋、专利技术、存货、应收账款、个人存单、股票等多种形式提供反担保，以获得担保公司的担保。另外，企业也可以按照自愿、互利的原则寻找上下游的企业互保或联保。

第二节　债券融资

债券是债务人发行的，定期向债券持有人支付利息，并在债券到期后归还本金的一种债务凭证。债券可以在证券市场上自由流通与转让。就融资的期限结构和数量而言，一般地说，银行不愿意提供长期贷款，银行融资以中短期资金为主，而债券融资则多以中长期资金为主。因此，一些企业用发行债券的方式来筹集资金，通常要比通过银行融资更加稳定；融资期限更长。企业通过发行债券筹集的资金一般可以自由使用，不受债权人的具体限制；而银行贷款有许多限制性条款，如限制资金的使用范围，限制借入其他债务，要求保持一定的流动比率、资产负债率等。总的来说，债券所筹集的资金期限较长，资金使用自由，且债券投资者无权干涉企业的经营决策，现有企业股东对企业所有权不变。从这一角度看，发行债券在一定程度上弥补了股票融资和向银行贷款的不足。

一、债券融资的主要特征

一般而言，在我国发行债券是有实力的大、中型企业。这些企业通过发行债券筹集资金，资金可以自由使用，债券所筹集的资金期限较长，缓解资金困难。同时，债券融资还具有安全性、流动性、收益性、自主性和固定性的特点。

(1)债券融资中，债券具有安全性，表现在债券持有人到期能无条件地收回本金；

(2)债券具有流动性，投资者需要现金时可以在证券市场随时卖出或者到银行以债券作为抵押品取得抵押借款；

(3)债券具有收益性，表现在债券持有者可以获得固定的、高于储蓄存款利率的利息，债券的利率通常高于存款利率；

(4)债券具有自主性，企业通过发行债券筹集到的资金是面向社会公众的借款，债券的持有者只对发行公司拥有债权，而不能像股票那样参与公司的经营管理；

(5)债券的固定性表现在长期债券的利率通常是固定不变的。

二、企业发行债券的资格

中小企业发行债券，必须符合资格条件。按照《企业债券管理条例》要求，发行债券的企业必须符合下列条件：企业规模达到国家规定的要求；企业财务会计制度符合国家规定；具有偿债能力;企业经济效益良好,发行企业债券前连续3年赢利;所筹资金用途符合国家产业政策。

《公司法》中规定,企业发行公司债券,必须符合下列条件:股份有限公司的净资产额不低于人民币3000万元,有限责任公司的净资产额不低于6000万元;累计债券总额不超过公司净资产额的40%;最近3年平均可分配利润足以支付公司债券1年的利息;筹集资金的用途符合国家产业政策;债券的利率高于国务院限定的利率水平;国务院规定的其他条件。

同时还规定,发行公司债券所筹集的资金,必须用于审批机关批准的用途,不得用于弥补亏损和非生产性支出,不得用于股票、房地产、期货买卖等与本企业生产经营无关的风险性投资。若用于固定资产投资,还须经有关部门批准。凡下列情形之一的,不得再发行公司债券:(1)前一次发行的公司债券尚未募足的;(2)对已发行的公司债券或其债券有违约或者延迟付本息的事实,且目前仍处于继续状态的。

三、企业债券发行操作程序

我国企业债券的发行实行"统一管理,分级审批制度"。按照《企业债券管理条例》的规定,企业发行企业债券必须控制在国家计划的年度发行规模之内,并必须按照条例的规定进行审批;未经批准的,不得擅自发行或变相发行企业债券。按照《公司法》规定,企业债券的发行规模由国务院规定。国务院证券管理部门审批公司债券的发行,不得超过国务院确定的规模。因此,企业发行企业债券必须受到国家发行规模的限制。

(一)配额审核和发行审核

企业发行企业债券时,要经过配额审核和发行审核的双重审核。除了《企业债券管理条例》上述规定,《公司法》还规定,公司在得到债券发行配额后,应向有权审核发行申请的国务院证券管理部门报送相关的申请文件。证券管理部门在对发行申请进行审核时,主要考虑四个方面的问题,即发行人的资格,发行条件,禁止发行事由,以及债券募集方法中所列的各项。在对这几个方面进行审查后,做出批准发行或不予批准的决定,并就不批准发行的理由向企业进行说明。

申请企业债券的发行配额审核要经过下列环节:发行人在发行债券前,须向其行业主管部门提出申请,只有在行业主管部门推荐的前提下,才能申请发行债券;该企业主管部门向省、自治区、直辖市或计划单列市的中国人民银行分行申报发行配额;省、自治区、直辖市或计划单列市的中国人民银行分行、发改委共同编制全国企业债券年度发行计划,并报中国人民银行总行和国家发改委审核;中国人民银行总行、国家发改委综合各地申报的发行计划,共同编制全国企业债券年度发行计划,并报国务院批准;全国企业债券年度发行计划被批准之后,由中国人民银行总行、国家发改委联合将发行配额分给各省、自治区、直辖市和计划单列市;各省、自治区、直辖市和计划单列市中国人民银行分行与发改委共同将发行配额分给企业或主管部门,企业获得发行配额,需得到中国人民银行各省、自治区、直辖市和计划单列市分行发放的"发行企业债券申请表";发行债券所筹的资金如果用于固定资产的投资,还必须被列入我国的"固定资产投资规模"之中。

(二)企业债券发行准备

企业在向国家证券管理机关申请发行企业债券之前,必须做好一系列的准备工作,以满足管理机关对企业所提出的提供各种有关详尽资料的要求。它主要包括以下几个方面：

1. 企业债券财务审计

企业债券财务审计是指对被审计企业财务报表的编制是否符合我国的有关规定，是否客观公允地反映了企业的财务状况、经营成果和财务状况变动等。该制度的主要目的是保证发行者向证券主管机关提交的以及向投资者公布的文件和资料是真实的、完整的，没有任何的虚假记载或欠缺重要事项，以维护证券市场的稳定，保护投资者。

财务审计过程通常包括四个阶段：计划阶段，内部控制的测评与评价阶段，经济业务与财务报表目的确定性检查阶段，审计完成和报告阶段。

审计报告的最后结果是审计人员向委托人及其利害关系人报告其审计过程的书面文件，即签发审计报告。审计报告一般应包括以下内容：审计概况，对审查发现问题的说明，审计意见，有关审计人员的签章，审计报告的日期，审计报告的附表和其他资料。

2. 债券发行条件的确定和债券信用评级

债券的发行条件包括发行的数额、债券的期限、债券的票面利率、债券的发行价格、债券的付息方式等内容，这些基本条件在发行前要详细地考虑，它们对债券发行能否顺利完成，对筹资成本的大小有重要的影响。

债券的信誉评级是债券发行的一项重要工作，是为了保证投资者的利益，增加企业筹资的透明度。从1992年起，对面向社会公开发行的企业债券必须进行评级。任何企业债券发行必须经有关部门审批，而且审批前需要一定的债券信誉评估。目前，上海证券交易所和深圳证券交易所都规定，在交易所上市交易的债券的信用级别不得低于A级。

3. 债券发行前的文件准备

一是准备申请发行债券有关的文件。企业或公司申请发行债券，应向证券主管机关提交规定文件。

《企业债券管理条例》中规定，企业应向审批机关报送下列文件：发行企业债券的申请书；营业执照；发行章程；经会计师事务所审计的企业近三年的财务报告；审批机关要求提供的其他材料。企业发行债券若用于固定资产投资，按照国家有关规定经有关部门批准的，还应报送有关部门要求的审批文件。

《公司法》规定，发行公司债券需报送下列文件：公司登记证明；公司章程；公司债券募集方法；资产评估报告和验资报告。按照《上海市证券交易管理办法》，申请发行债券需报送下列文件：公司或企业做出的发行债券的决议；证券主管机关指定的资信评估机构出具的债券等级证明；与证券承销机构签订的承销合同。

这些规定中可看出，申请债券发行时除了营业执照、公司章程、发行决议外，其余各类文件都需要起草、编制。其中的财务报表编制后要经注册会计师审计，债券等级证书要经资信评估机构进行债券评级后出具。

二是准备债券的发行章程。《企业债券管理条例》中规定，企业发行企业债券应当制定发行章程。发行章程应当包括下列内容：企业的名称、住所、经营范围、法定代表人、企业近三年的生产经营状况和有关业务发展的基本情况；财务报告；企业自有资产净值；筹集资金的用途；效益预测；发行对象、期限、方式；债券期限；债券的利率；债券总面额；还本付息方式。

三是准备债券的承销合同。债券承销合同，也称债券的认购协议，是由发行人与承购商之间的授予承销商代理发行该企业债券的协议,它是发行债券的主要协议内容之一。承销合同一般包括下列内容:合同当事人、名称、地址及法定代表人、承销方式、承销债券的名称、数量、金额及发行价格;债券发行的日期;承销的起止日期、承销付款的日期及方式;承销费用的计算及支付方式和支付日期;剩余债券的退还方法;违约责任和其他需要约定的事项。

四是准备债券的募集和代理合同。这是指发行人在募集的过程中与代理人签订的合同,代理人包括财务代理人、支付代理人和特约代理人。在债券的发行过程中,发行中介机构除了承销商之外,还有上述代理人。发行人也必须和他们签订相关合同,以保障其代理职责的正常发挥,维护发行人和代理人的合法权益。

四、债券的发行、审批程序

根据《公司债券发行试点办法》规定,申请发行公司债券,应当由公司董事会制订方案,由股东会或股东大会对发行债券的数量、期限等事项作出决议,由保荐人保荐,并向中国证监会申报。保荐人应当按照中国证监会的有关规定编制和报送募集说明书和发行申请文件。

公司全体董事、监事、高级管理人员应当在债券募集说明书上签字,保证不存在虚假记载、误导性陈述或者重大遗漏,并声明承担个别和连带的法律责任。保荐人应当对债券募集说明书的内容进行尽职调查,并由相关责任人签字,确认不存在虚假记载、误导性陈述或者重大遗漏,并声明承担相应的法律责任。

另外,债券募集说明书所引用的审计报告、资产评估报告、资信评级报告,应当由有资格的证券服务机构出具,并由至少两名有从业资格的人员签署。为债券发行出具专项文件的注册会计师、资产评估人员、资信评级人员、律师及其所在机构,应当按照依法制定的业务规则、行业公认的业务标准和道德规范出具文件,并声明对所出具文件的真实性、准确性和完整性承担责任。债券募集说明书所引用的法律意见书,应当由律师事务所出具,并由至少两名经办律师签署。

中国证监会负责审核发行公司债券的申请。证监会在收到申请文件后,五个工作日内决定是否受理。证监会按照《中国证券监督管理委员会发行审核委员会办法》规定的特别程序审核申请文件,做出核准或者不予核准的决定。

发行公司债券,可以申请一次核准,分期发行。自中国证监会核准发行之日起,公司应在6个月内首期发行,剩余数量应当在24个月内发行完毕。超过核准文件限定的时效未发行的,须重新经中国证监会核准后方可发行。

首期发行数量应当不少于总发行数量的50%,剩余各期发行的数量由公司自行确定,每期发行完毕后5个工作日内报中国证监会备案。公司应当在发行公司债券前的2—5个工作日内,将经中国证监会核准的债券募集说明书摘要刊登在至少一种中国证监会指定的报刊,同时将其全文刊登在中国证监会指定的互联网网站。

案例链接

宜信公司携手华创资本,开发了一个名叫"高成长企业债"的借贷项目,可以有效地利用信用体系,改善借款难度,用债权融资的方式,支持这些优秀的企业迈上新的发展台阶。

某渠道型电商,已经获得一家美元基金的股权投资,在过去两年的发展里,股权融资得来的资金基本上已经全部使用在营销上,获得了大规模的客户量、订单量增长。随着公司的发展,公司不仅仅在自营网站或者天猫上进行了销售,而且进一步进入更多的平台,作为该品类的独家供货商进行运营。可是,随着平台渠道的增加,销售额虽然增长了,公司的现金压力更大了,因为这些在线平台对商家的账期短则两三个月,长则半年,而公司对供货商的账期,则通常不超过1个月,对于热销品牌商品,甚至要现金拿货。作为渠道型电商,这家公司的毛利并不高,但是周转速度非常快,一个月库存周转在一次以上,热销商品经常脱销断货。这家企业曾经通过CEO个人的房产质押,从银行获取了300万元的授信,远远不能支持它快速增长的备货需求。

经过"宜信—华创高成长企业债"的评估,这家企业获得了近1 000万元的工作现金流支持,在不额外稀释股权的情况下,得到了发展所需的资金帮助,在2012年的资本寒冬里,这家企业却继续维持高速增长,对供货商结款速度加快、进销存流程更顺畅,热销商品库存充足,从而带动更多的销售和良好的消费者体验。更高的销售和更快的供货商结款速度,也使得部分供货商愿意以更低价格供货,从而抵消了向"宜信—华创高成长企业债"借款的成本,甚至还提升了公司的利润水平。

资料来源:《宜信携手华创打造企业债权融资服务》,和讯网,2013年7月30日。

第三节 信用担保融资

信用担保作为一种特殊的中介活动,介于商业银行与企业之间,它是一种信誉证明和资产责任保证结合在一起的中介服务活动。担保人提供担保,来提高被担保人的资信等级。另外,由于担保人是被担保人潜在的债权人和资产所有人,因此,担保人有权对被担保人的生产经营活动进行监督,甚至参与其经营管理活动。

由于担保的介入,使得原本在商业银行与企业两者之间发生的贷款关系变成了商业银行、企业与担保公司三者之间的关系。担保的介入分散了商业银行贷款的风险,商业银行资产的安全性得到了更高的保证,从而增强了商业银行对中小企业贷款的信心,使中小企业的贷款渠道变得通畅起来。

一、信用担保融资的条件

1. 融资担保的一般条件

中小企业融资担保的一般条件包括:在本地工商行政部门注册登记的企业;经营正常,管理制度健全;财务状况良好,有充足的还款来源;诚实信用,无不良信用记录;能按融资担保公司要求提供必要的担保或反担保。

2. 融资企业需提供的基本资料

(1)营业执照复印件;

(2)组织机构代码证复印件;

(3)税务登记证复印件;

(4)企业工商注册登记查询信息单;
(5)公司章程;
(6)法人代表证明及法人身份证复印件;
(7)董事会决议及董事成员签名样本;
(8)公司简介及项目介绍;
(9)验资报告;
(10)近期财务报告表及近两年审计报告;
(11)贷款卡;
(12)其他要求的资料。

二、我国信用担保机构典型模式的比较分析

(一)模式一:各级财政建立共同基金,委托专业机构管理

上海市采取各级财政出资建立财政预算安排的共同担保基金,集中委托专业机构管理的模式。上海市中小企业担保基金是市、区(县)两级财政共同出资7亿元。其中,市财政局出资4亿元,20个区(县)财政共出资3亿元。同时,一部分区(县)还建立了小规模财政担保基金作为共同担保基金的补充,为一些微型小额贷款提供担保。目前,上海市财政共同基金是全国规模最大的财政出资的中小企业担保基金。

上海市财政共同基金采取以下管理和运行机制:

一是委托专业担保机构运作和管理共同基金。由于专业担保业务在我国还处于发展的初级阶段,担保专业人才短缺。为了利用专业人员,实现政企分开,市财政局委托中国经济技术投资担保有限公司上海分公司(以下简称"中投保上海分公司")管理和运作共同担保基金,政府与专业担保公司签订委托管理协议。

二是建立出资人之间的利益和风险分摊机制。担保基金的决策以担保公司为主。区(县)政府负责提供被担保企业的资信证明,具有担保项目的推荐权和否决权;中投保上海分公司最终决定是否担保。市财政部门基本不参与担保项目的决策过程,主要负责制定担保基金管理和运作规则,与受托担保机构签订合同,通过规范共同基金的运作机制来实现扶持中小企业发展的政策目标。担保责任由市财政与区(县)财政共担,并突出了市财政对高新技术企业的扶持。当发生担保代偿时,对一般中小企业,市财政和区财政各承担50%的责任;对高新技术企业,市财政担负60%的代偿责任,企业所在的区县财政承担40%的责任。根据市、区(县)各自承担的风险比例分配担保费收入,盈余部分提取坏账准备金。

三是市财政局与中投保上海分公司签订委托管理协议。《上海市小企业贷款信用担保资金委托管理协议》中明确规定,中投保上海分公司作为担保资金的日常管理机构,具有以下几方面主要职责:中投保上海分公司以政府的产业政策为导向,支持中小企业发展,不以盈利为目的;严格按照上海市财政局制定的《关于小企业贷款信用担保管理的若干规定》和经批准的年度工作计划规范操作担保业务,接受上海市财政局的稽核、监督和检查;负责具体实施经上海市财政局批准的有关资金增值部分的分配和亏损弥补、核销呆账和坏账、变更资金规模的方案,并接受其稽核、监督和检查。

四是担保审批程序规范透明,防止政府行政性干预。中投保上海分公司的中小企业担

保审批程序是：第一步，企业向银行申请贷款。第二步，银行审查贷款要求。银行有意贷款者但需要担保的报给担保公司。第三步，按企业所在区(县)分别考核企业的信誉。由于大部分中小企业都是县(区)企业，企业所在县区财政局分管部门负责审查企业的纳税和财务情况，区(县)财政局根据审查结果签署同意推荐或不推荐意见。第四步，担保公司进行综合平衡，决定是否给予担保。第五步，担保公司与贷款银行签订保证合同。随着担保业务的开展，担保公司和银行的经验增加，为了规范和简化担保程序，方便中小企业，担保程序进行了改进。一方面，担保项目审查方式发生变化。由原来的财政、担保公司和银行分别审查，转变为授信担保和专项信用担保。另一方面，放松了反担保规定，由过去50万元以下的免除反担保，提高到200万元以下免除反担保。但有些区(县)对部分企业要求提供反担保。

五是与有关银行建立贷款担保协作网络。上海市财政局、中投保上海分公司现已与10家商业银行建立了贷款担保合作关系，联合开展授权贷款信用担保和专项贷款信用担保。在全市共设立了200个贷款担保受理点，方便了小企业，简化了贷款信用担保的操作程序。

上海模式主要有以下优点：首先，集中分散的资金，扩大担保基金盘子。目前，各级政府出资的担保机构面临的一个主要问题是分散出资导致每个基金规模较小，担保机构很难靠保费保持收支平衡。上海的模式解决了小规模分散出资的问题。其次，有利于实行政企分开，减少政府干预，发挥专业人员的作用，提高担保质量。最后，有利于引入竞争机制。实行委托管理，可以通过竞争招标的方式选择有信誉、业绩好的专业担保机构来管理和运用基金。

(二) 模式二：互助基金委托专业机构代理担保

2001年，深圳市有两个区建立了企业互助担保基金，把分散的小额担保基金集中起来，形成约1亿元的互助基金，担保对象是互助基金的会员企业。互助担保基金委托民营专业担保机构代理担保，实现了互助担保基金与商业担保机构的结合。

深圳的企业互助基金建立了一套有效的管理和运作机制。

一是实行理事会管理制度。建立了专门负责管理互助基金的理事会，并制定了一套比较规范的管理办法和约束机制。互助担保基金理事会由互助企业代表、担保公司代表，以及经济、管理等方面的专家组成。

二是委托商业担保机构代理担保。互助基金理事会委托中科智科技投资担保有限公司(简称"中科智担保公司")代理担保。基金理事会为决策者，担保公司主要提供担保专业服务。其担保审查和决策程序是：互助基金成员推荐担保项目；担保机构负责项目初审和担保项目的文件准备；最终是否担保由理事会来决策。

三是建立代理担保的利益和风险分担机制。担保公司只收取担保费的1/3，其余2/3担保费归互助基金。风险分担原则是，当发生代偿时，先由互助基金代偿，不足部分由中科智担保公司代偿。

这种模式的主要优点是：一方面，把分散的小额互助金集中起来，实行专业机构与互助担保基金结合，利用专业担保机构提高互助基金的信誉。现在，一些企业互助担保基金规模小，又缺乏专业人员管理，很难获得银行的信任。另一方面，有利于引入竞争机制，互助金可以选择有信誉、业绩好的专业担保机构进行代理担保。

(三) 模式三:分层次再担保

1. 安徽模式

目前,安徽省正在进行再担保的试点。安徽省中小企业信用担保中心以再担保业务为主,除了自己直接从事少量担保业务以外,还有选择地与地市一级担保机构签订再担保协议。再担保的条件是,当地市担保机构出现破产时,债务清偿后仍不足以补偿贷款银行的部分由省担保中心代偿。再担保收费为被担保机构在保期内全部应收保费的5%—10%,其中50%返还给被担保机构,另外50%用于建立再担保体系。

2. 上海模式

上海市、区(县)两级财政分散出资集中管理,按比例分担风险的运作模式,实际上是特大城市范围内的两级政府再担保。市财政对区(县)财政基金进行再担保,再担保比例是50%—60%。这种再担保相当于直接再担保,只要发生代偿,市财政就为区财政资金承担一部分损失。

(四) 模式四:集投资和担保于一体

目前,不少投资担保机构集投资和担保业务于一体,主要有三种形式:

第一种是同时开展担保和投资业务。例如,深圳高新技术产业投资服务有限公司(简称"高新投")的业务额中80%是担保,20%是小企业投资。

第二种是在进行担保时,有股权要求。例如,深圳中科智担保公司通过股权要求来避免担保风险。该公司在进行担保时,通常与被担保企业签订延迟还款的合同,当被担保方不能如期偿还银行债务时,担保公司进行代偿;一旦被担保方不能在宽限期内偿还担保公司债务,担保公司可以将代偿的债权变为股权。

第三种是担保公司成立专门的部门或分公司进行资本金运用,以保证担保基金保值增值。目前,不少担保机构在资本市场上进行资本金运用,也出现一些问题。有的担保机构靠资本金运作盈利,而不开展担保业务;也有的担保机构资本运用造成损失。

(五) 政府财政资金的补偿机制

政策性担保的一个重要特点是依靠政府信用。但是,目前大部分地方政府只是一次性少量投入,而且规模较小,因此,即便是政府出资的担保机构也缺乏信誉,担保规模不可能做大。现在许多地区银行不愿意为中小企业担保提供贷款,其中一个主要原因就是担保基金规模过小,没有补偿机制。目前,有些地区政府已经或正在建立担保资金补偿机制,如北京市的《中关村科技园区条例》制定了财政担保基金补偿机制。

案例链接

由于国内外经济金融环境的影响,中小企业受成本上升、出口下降的两头挤压,资金需求量明显上升,融资难问题进一步凸显。正是因为企业资金紧张,随之而来对融资需求的大增,给担保业带来了一丝"利好"。在此背景下,国内最大规模的担保机构"中合担保"孕育而生。

"这家担保公司是由国家发改委发起,以51.26亿元资本金规模排名国内第一,目前也是唯一一家AAA级评级的担保机构。"在近日举行的中合中小企业担保股份有限公司业务合作签约仪式上，中合担保总经理周纪安介绍说。其背后的"豪华"股东阵容颇为引人注意，其中包括中国进出口银行、美国摩根大通集团、海航资本控股有限公司、宝钢集团有限公司、西门子（中国）有限公司等。

据了解，在签约当天，中合担保与中国中小企业协会以及工商银行北京分行、中国银行北京分行、建设银行北京分行等9家商业银行签订了战略合作协议。"他们将为中合担保提供超过500亿元的授信额度，这充分显示了战略合作伙伴对中合担保的信心和期望。"周纪安还透露，未来半个月到一个月，这一数字可能会继续上升。

资料来源：《国内最大担保公司力挺中小企业》，中国中小企业信息网，2012年10月10日。

三、中小企业如何选择可靠的信用担保机构

随着中小企业信用担保体系的日趋成熟，越来越多的中小企业开始申请机构担保。中小企业要选择可靠的信用担保机构，评定信用担保机构的信用等级，可以从以下几个方面进行分析。

（一）风险管理是否完备、有效

对担保机构而言，风险管理主要包括信用风险管理、流动性风险管理、市场风险管理和操作风险管理等。一般而言，风险管理分析着重于担保机构的管理政策、技术、组织架构以及具体执行的有效性。

首先，分析担保机构信用文化和业务增长。关键在于理解管理层管理和控制信用风险的方法，以及担保审查及批准的程序，努力了解信用风险控制的各个环节中各部门的设置、职能及内在的激励与制约机制，探索其中可能出现的问题及管理层的应对方法。对管理层信用管理文化的理解不仅要注重当前情境、当前领导的表现，还要注重在其他情境下的表现。

在担保前的审查中，担保机构普遍使用了内部评分系统来测度被担保人的信用风险，对这一系统的有效性进行分析，并去了解这种系统是否被真正且一致地应用。另外，据客户检查和分析报告等资料来分析担保贷款跟踪制度的完备性和执行的有效性。

除了对单个信用进行审查外，由于担保机构比其他金融机构的经营杠杆要大得多，担保组合的风险配置就更为重要。虽然各担保机构在较长时期不能达到组合风险管理的技术要求，但是仍要考虑公司在此方面做出的努力和虽然粗略但可行的替代方法。其次，由于担保机构处于建设初期，资金尚不允许投资到证券等领域，因此，一股流动性风险不大。但不能排除在监管不力或制度不细致情况下，担保机构可能将一部分资金运用于投资。应从其投资策略、技术、组织以及投资质量等几方面来分析可能遇到的流动性问题及其对代偿损失及时性的影响。

最后，担保机构一般都建立了一套内控制度，防范由于工作失误、诈骗或其他内控制度的不健全可能导致的损失。应考察其内控制度的完善性和执行情况。

（二）资本资源是否充足、确定

对高杠杆经营的担保机构而言，资本是其财务实力最重要的组成部分。可以将资本分为两部分，一部分为硬资本，主要包括有效净资产、风险准备金和未确认担保收入。硬资本

在吸收担保损失方面起着非常重要的作用,也是决定财务实力的最重要的因素。另一部分为软资本,主要包括分期收取的担保收入、再担保、防止资本金损失的协议及其他。软资本对增强财务实力也具有非常重要的价值,但其作为资本资源具有或有性质,即有一定的不确定性。

然而,应该注意到的是,这些因素不是决定财务实力的所有因素,尤其是软资本作为资本资源具有或有性质。担保机构长期的财务实力取决于低风险政策、谨慎的定价策略以及完善的组合管理技术。偏离这些政策与技术要求将最终损害机构的盈利和其他软资本来源。因此,担保公司资本充足性的评价不仅要分析当前的担保组合,还要考虑其业务和战略的持续性,以判断今天的资本是否能在未来准确地发挥代偿损失的作用。

(三)再担保是否健全

再担保通过向担保行业提供有价值的附加资本资源而在担保业务发展中起着非常重要的作用。虽然再担保在中国还没有普遍开展,但从政策规划和发展趋势来看,再担保制度必将成为担保体系中不可缺少的组成部分。

使用再担保对担保机构的最终作用在于管理组合风险暴露和减缓资本损失。为了反映再担保的作用,应根据再担保折扣来调整担保余额,即净风险暴露来反映担保机构本身承担的风险量。这里,再担保折扣主要取决于再担保机构的财务实力。若再担保机构的财务实力强,折扣等于再担保数量,反之,折扣就小于再担保数量。

另外,折扣的程度还受再担保机构与担保机构风险组合的相关度、再担保机构的代偿意愿、担保机构向同一再担保机构转移较多风险时再担保机构不及时代偿的风险增大等因素影响。

对于担保机构来讲,用于代偿损失的资本资源的质量和充足性是其财务实力的关键因素,它涉及对担保合同风险、损失弥补能力、担保组合质量以及各种形式资本资源等的深入分析和评价。

(四)管理战略是否现实、可靠

管理战略是一个过程,注重研究担保机构为实现这些目标所采取的具体方法和组织,而不是目标本身。因此,管理层的经验、风险偏好、信息来源与可靠性、健全的决策流程等都将成为战略评价的主要因素,不应孤立地去看待风险,而应把风险与可靠的风险管理和收益结合起来判断担保机构的信用强度。因此,并不是担保业务越少,业务范围越窄,信用度就会越高。

在定性分析中,以往的业绩常常成为判断管理战略、计划能否顺利实施的有效证据。因此,应把以前年度的计划与执行总结进行对比,分析其中的差异,例如是计划不可靠,还是执行不力;是环境变化太大,还是风险应对乏术等,这种分析为我们提供了管理层未来计划能否实现的重要线索。

拓展阅读

政府"出手"发展担保行业 缓解小微企业融资难

担保机构,被称为企业和银行之间的贷款"桥梁"和信用"润滑剂"。31日召开的国务院常务会议,推出了设立政府性担保基金、国家担保基金、发展聚焦小微和"三农"的政府性融资担保机构、落实免征营业税和准备金税前扣除等政策、对政府性融资担保和再担保机构减少或取消盈利要求等五项重大举措。专家表示,政府"出手"大力支持担保行业发展,将大大有助企业从银行获得信贷支持,缓解融资难融资贵问题。

中国社科院金融研究所银行研究室主任曾刚表示,担保作为融资体系中的基础性制度,对企业乃至整个实体经济发展十分重要。当前,商业银行贷款的前提是有充足抵押物,而小微企业往往可抵押资产不足,必须由第三方提供担保。本已不低的贷款利率再加上各种手续费、担保费等,最终企业融资成本往往高达10%以上。而由政府来承担部分信用风险,将降低企业担保费率,改善企业融资环境。

"商业性融资担保机构毕竟有盈利需求,如果收费低,不足以覆盖风险,生存就会有问题。一旦企业出问题,银行贷款的本金利息都要担保公司来偿还。"曾刚说,伴随经济下行压力加大及企业信用风险上升,2014年以来我国部分地区出现多家担保机构相继倒闭,而这又反过来加大了企业融资困难。如果不解决担保行业的发展问题,就会带来一个恶性循环。

据中国建设银行首席经济学家黄志凌介绍,从美国、欧盟、日本、韩国等发达经济体经验看,政府在为小企业增信方面扮演着最主要的角色。小微企业对促进就业、维护社会稳定等起到的重要作用不言而喻。政府扶持小微企业的发展,不是直接给予发放贷款企业补贴,而是通过向银行、向金融机构的贷款提高增信,帮助企业获得必要的金融支持,这是所有问题的着力点。

"此次五大措施囊括资金补偿、财税支持、创新监管等方方面面,说明政府对推动企业贷款利率下行决心很大。银行应当承担支持实体经济的社会责任,但也有风险约束和经营要求,恒丰银行研究院常务院长胡海峰认为,通过政府部门为小微企业增信,实现了控制银行的风险和降低小微企业融资成本的平衡,让企业更有条件、有信心面对经济下行压力,并更好地生存和发展。"

曾刚表示,按照国务院要求,有条件的地方,最好由政府出资成立专门的融资担保机构,或将担保基金列入公共服务开支,其次是综合运用股权投入、风险补偿等方式,引导各类所有制融资性担保机构,为小微和三农企业提供融资担保服务。从国家到地方政府一齐发力,短期看将帮助解决小微企业融资难题,长期看是推动担保行业在信贷领域充分发挥作用,使金融更好地支持实体经济发展。

资料来源:http://www.gov.cn,中央政府门户网站,2015年8月1日。

第四节 融资租赁

融资租赁是指设备需求者(承租人)在需要添置技术设备而又缺乏资金时,由出租人代其购进或租进所需设备并出租给其使用,按期收取租金,待租赁期满,承租人可选择退回、续租或者以象征性的价款购买租进设备的一种租赁方式。融资租赁是企业在分期付款的基础上依据出租业务中所有权和使用权分离的特性,租赁结束后将所有权低价有偿或无偿地转移给承租人的现代融资方式。通俗来说,融资租赁就是要企业"借鸡下蛋,卖蛋买鸡"。它促进了大型设备制造企业的销售,解决了中小企业使用设备而企业融资困难的问题。除此以外,融资租赁还兼有理财、资产管理、盘活闲置资产等多种功能。

一、融资租赁的特点与优势

(一) 融资租赁的特点

第二次世界大战后,一些国家原有工业部门大批设备因落后而遭到淘汰,产生了以资本和技术密集型为特点的耗资巨大的新兴工业部门,使得这些国家固定资本投资规模急剧扩大,设备更新速度空前加快,造成企业一方面急需大量资金购置设备,另一方面又要承担因新技术运用设备无形损耗加速的风险,在这种背景下,以融资为核心功能的融资租赁业应运而生。

融资租赁又被称作现代租赁,是因为它与传统租赁有很多不同点:(1)从当事人关系分析,传统租赁涉及出租人和承租人两方关系,而融资租赁则涉及出租人、承租人和供货人三方关系。(2)从设备选择权分析,传统租赁中设备由出租人事先购买,然后向承租人出租,设备一般为通用设备,承租人处于被动地位,而融资租赁中租赁设备是出租人根据承租人对设备和指定厂家的要求购买,然后租给承租人使用,承租人处于主动地位。(3)从租期分析,传统租赁租期短,按月交租,而融资租赁则租期较长,一般都在两年以上。(4)从租期期满对租赁物的处置分析,传统租赁在期满后退还出租人,而融资租赁中承租人则可以选择续租、退还或者留购。

(二) 融资租赁的优势

从20世纪中期发展至今,融资租赁在许多国家和地区取得了迅速发展。其原因可归结于融资方式的特殊优势:

(1) 对承租人而言,融资租赁给予承租人选择设备类型和厂家的自主权,掌握设备随时更新的主动权;融资租赁使承租人无需一次支付巨额资金购买设备,而是按期支付租金,这可以降低承租人在固定设备上的资金投入,把资金投向收益率更高的其他资产,提高资金的使用率和收益率;融资租赁的标的物通常是技术含量高,价格高昂的设备(如医疗设备、信息处理设备、飞机等),大部分需要进口,由出租人购买则可以降低承租人的利率、汇率风险;此外,因融资租赁有租赁标的物作为担保,它的手续比较简便。

(2) 对出租人而言,租赁设备的所有权和使用权在租期内是分离的,这有利于融资租赁风险的锁定、分担和控制,若承租人无法按期支付租金,出租人可收回租赁设备,并依据与供货人的回购协议处理设备,因此是一种安全的投资方式。若银行等金融机构作为出租人,则在某种程度上扩大了资金投向范围,增加了利润增长点。

(3) 对供货商而言,融资租赁是一种促销方式,可以扩大其产品的销售范围,值得注意的是,为设备制造商服务是现代融资租赁业务发展的初始动力,也是融资租赁业务最具有发展潜力的领域。

融资租赁,可以使中小企业(承租人)提高资金使用效率、解决融资难的问题,也可以使出租人获取安全性较高的投资方式和供货商扩大销售渠道的手段。融资租赁同消费信贷一样,已经成为促进融资需求和消费需求有机融合的一种重要手段。

拓展阅读

2014年中国融资租赁行业深度分析报告

中小企业在迅速发展的同时,资金紧张、融资渠道狭窄已成为制约其发展的重要因素。过度依赖银行贷款,一旦信贷政策发生变化,中小企业就会马上"感冒发烧",影响正常的生产运营。在国内发达地区,作为中小企业融资的方式——融资租赁正逐渐兴起。

融资租赁在西方发达国家是仅次于银行信贷的第二大资金供给方式,目前全球近1/3的投资是通过这种方式完成的。中国外商投资企业协会租赁业委员会提供的一组数据显示,在美国,中小企业占全部承租企业的80%;在日本,这个比例达50%—60%。

随着国内融资租赁相关法律法规日趋完善,竞争环境日趋优化,以及国家行业鼓励政策的陆续出台,融资租赁行业近年来得到了快速发展。自2008年以来,融资租赁资质企业的获批数量出现急剧增加,这反映监管层和业内对融资租赁前景的良好预期。中商产业研究院研究报告显示:2013年融资租赁公司突破了1 000家,达到1 026家,比年初的560家增加466家,增长83.2%;融资租赁行业注册资金突破3 000亿人民币大关,达到3 060亿元,比2012年的1 890亿元增加了1 170亿元,增长61.9%;全国融资租赁合同余额突破两万亿元大关,达到21 000亿元,比上年的底的15 500亿元增加5 500亿元,增长幅度为35.5%,在医疗卫生、文化教育、节能减排、工程机械、机床、印刷等领域为数十万家中小企业提供融资服务。企业数量和注册资金的迅速聚集,融资租赁成为金融领域发展的新亮点。

资料来源:http://www.askci.com,中商情报网,2014年11月19日。

二、融资租赁基本分类

随着融资租赁业务的发展,可将其分为如下几种类型:

1. 转租赁式融资租赁

此类租赁合同中以特别条款约定,承租人同时以出租人的身份与第三人即最终承租人订立另一个融资租赁合同,另一个合同的租赁物和租赁期限与本合同完全相同。根据该合同,承租人向出租人办理租赁手续,租人设备,然后再转租给最终承租人使用,其中承租人和出租人均为租赁公司。转租赁交易中作为第三人的最终承租人往往要支付比典型租赁承租人高的租金。因此,此种租赁形式一般只在企业迫切需要国外只租不卖的先进技术时才采用。

2. 回租式融资租赁

承租人和相关买卖合同的出卖人是同一经济主体。这种租赁形式一般在以下两种情形下被采用:第一,企业资金不足而又急需某种设备时,企业先出资从制造商那里购置所需的租赁物,转售给租赁公司,然后再从租赁公司租回租赁物使用;第二,企业资金不足,但拥有大型设备或生产线时,可将本企业原有的大型设备或生产线先卖给租赁公司,收取现款,以解燃眉之急,在售出设备的同时向租赁公司办理租赁手续,由企业继续使用原有设备。

3. 回转租式融资租赁

租赁标的物的出卖人同时是相关的另一融资租赁业务的承租人，即最终承租人。这种租赁形式汇集了回租式融资租赁业务的特点和转租式融资租赁业务的特点，即当转租式融资租赁业务中的最终承租人是租赁物的出卖人时，这一租赁形式就成了回转租式融资租赁。

4. 杠杆租赁

杠杆租赁属于依靠政策的租赁，专门做大型租赁项目的一种有税收优惠的融资租赁。通常由一家租赁公司牵头作为主干公司，为一个超大型的租赁项目融资。首先，要成立一个脱离租赁公司主体的操作机构——专为本项目成立资金管理公司，出资项目总金额20%以上的款项，其余部分资金来源主要是吸收银行和社会闲散游资，利用享受100%抵税的优惠政策，采用"以二博八"的杠杆方式，为租赁项目取得巨额资金。其余做法与融资租赁基本相同，只不过合同的复杂程度因涉及面广，难度随之增大。由于可享受税收优惠，操作规范、综合效益好、租金回收安全、费用低，一般用于飞机、轮船、通信设备和大型成套设备的融资租赁。

5. 委托租赁

委托租赁是出租人在经营委托租赁的无形资产。如果从事的是经营性租赁，这种委托租赁就是在从事经营性租赁。如果从事的是融资租赁，这种委托租赁就是在经营融资租赁。委托租赁的一大特点就是让没有租赁经营权的企业，可以"借权"经营。一般企业利用租赁的所有权与使用权分离的特性，享受加速折旧，规避政策限制。电子商务租赁主要是依靠委托租赁作为商务租赁平台。

6. 卖主租赁

卖主租赁是指中小企业制造商或其经销商这类卖主借助出租来推销其价值高、不易脱手的大型设备的一种重要方法。美国法令规定：卖主租赁不能享受快速折旧和减税优惠，租赁期满也不能得到出租设备的残值。但是，在买卖双方协议下，买方先通过租赁取得设备的使用权，在使用过程中逐渐熟悉设备技术性能，有权随时决定是否留购设备。另外，卖主在设备出租期间如遇有合适的买主，也可以随时将设备卖出；如果在租赁期间，租用者未决定留购，出租者也没有卖给别人，到租赁期满时，租用者可以将设备退回给卖主。总的说来，租赁有助于解决某些大型设备供求矛盾，从而促使企业设备更新速度的加快和生产规模的扩大。

7. 节税租赁

节税租赁又称真实租赁，是指在税收上真正享有租赁优惠待遇的租赁交易。租赁优惠待遇包括出租人有资格获得加速折旧及投资减税等税收优惠，以及承租人的租金可当作费用从应纳税所得中扣除。按照美国税法规定，节税租赁有以下特点：一是出租人拥有租赁标的物的所有权。二是租期结束后，承租人或以公允市价续租，或留购，或将设备退回出租人，但不能无偿享受期末租赁标的物残值，其续租特权可以对付第三者向出租人要求的一项条件相同的善意的租赁。三是如果租期只有18年或不到18年，在租赁期满时，租赁标的物的预期公允市价不应小于原来成本的15%；如果租期超过18年，在租赁期满时，标的物的公允市价至少应为原成本20%。四是租赁期满时，余下的经济寿命必须要么是租赁期限的

20%，要么是 2 年，取二者之中较少的年限。出租人的投资至少应占设备购置成本的 20%。五是出租人可获得一项合理的收益，其价值相当于投资金额的 7%—12%，租期不得超过 30 年。

三、融资租赁实务操作

在中小企业融资中，任何企业首先要熟悉融资租赁项目评估的程序；其次要充分熟悉融资的业务流程，对各个主要的业务环节有框架性的认识；最后，还应该充分地掌握和了解融资租赁合同的关键要素。

（一）融资租赁项目评估

融资租赁属于投资范畴。我国这些年来在引进融资租赁的过程中，也同时引进了项目评估。通常，在融资租赁项目前，租赁公司要对项目建议书和可行性报告进行综合评估。在过去，对项目评估仅停留在纸面的分析上，并有意无意地掺杂一些指令性因素和感情因素，使项目评估成为一种表面的、走过场的业务程序。多年的经验教训表明，在融资租赁业务中项目评估具有不可替代的重要作用。

1. 租赁项目评估基本程序

融资租赁项目的评估应与项目的立项同步进行，在评估过程中，不断地对项目可行性和租赁条件进行调整，真正能科学地选择项目，给予切合实际的正确的评价才能减少风险。通常，融资租赁评估需要经过初评、实地评估和项目审批等几个阶段。

市场上现行融资租赁的主要评估步骤有：

（1）双向选择合作伙伴。在融资租赁项目立项初期，企业应与多家租赁公司联系，了解融资租赁条件和费用，选择成本低、服务好、资信可靠的公司做合作伙伴。租赁公司则应选择经济实力强、资信好、债务负担轻、有营销能力和还款能力的企业做合作伙伴。只有双方在互相信任的基础上，才能对项目进行实事求是的评估鉴定。

（2）项目初评。租赁公司根据企业提供的立项报告、项目建议书及其他相关资料，通过当面洽谈，摸清项目的基本情况，将调查数据与同类项目的经验数据比较，进行简便估算，结合一般的感性认识对项目初评。若租赁公司认为项目可行，企业可以进一步编制可行性报告，办理项目审批手续。

（3）企业实地考察。融资租赁项目通过初评后，租赁公司必须派人深入企业进行实地考察，全面了解企业的经营能力和生产能力及其相应的技术水平和管理水平的市场发展动态信息，了解项目所在地的工作环境和社会环境、财务状况，重要情况必须取得第一手资料。企业为了项目能获得通过后的顺利运转，应提供真实的材料并积极地配合。

（4）项目审批。租赁公司的项目审查部门对企业提供的各种资料和派出人员的实地考察报告，结合企业立项的可行性报告，从动态和静态、定性和定量、经济和非经济等多方面因素进行综合分析，全面评价项目的风险和可行性，决定项目的取舍，并确定给企业的风险利差。如果项目可行，风险在合理可控的范围内，即可编制项目评估报告，办理内部立项审批手续。

（5）合同签约和项目后管理。项目被批准后，租赁公司接受企业的租赁项目委托，就可办理租赁标的物购置手续，签订购货合同和租赁合同，合同的价格条款和租赁条件都不应离可行性报告的分析数据太远,否则对项目要重新评估。签约后项目评估的结论应为项目的优化管理提供参考依据。

项目后管理对于确保租金安全回收起着重要作用。在租赁项目执行过程中,承租人应经常将实际经营状况与可行性报告进行比较,随时调整经营策略,力求达到预期的经营目标。出租人则应经常将承租人的经营状况与评估报告的主要内容进行比较,发现问题及时采取措施,保证租金回收的安全运作。

2. 租赁项目评估基本内容

由于企业财务分析的可行性报告中已说明,因此项目评估的主要内容应是评定风险、核实数据来源、落实未确定因素和判定企业信用等级。

(1) 评定风险。租赁回收的好坏主要是看企业偿还租金的现金支付能力。对于出租人来说,最大的风险就是企业没有能力偿还租金。在目前的经济环境下,判定风险的大小只能是让承租人提供有效的经济担保和分析企业真实的经济效益。影响租金回收的风险很多,除了偿还能力风险外,还有债务风险、利率和汇率风险、经营风险、市场变化、环境污染、政策调整、产业结构匹配以及其他不可预测因素,应在调查研究的基础上进行综合分析。

(2) 经济担保。承租企业的风险等级和经济担保能力是密切相关的。

(3) 核实数据和降低风险。各种经济数据,是项目评估的基础和依据,因此核实数据来源的可靠性和权威性是项目评估的重要环节,要着重核算下列数据:一是租赁资金占投资总额的比例。一般承租人为租赁标的物配套的资金应大于租金物件概算成本的 1—2.5 倍,这样才能保证租赁项目正常运作,为此要核实企业的项目资金来源和筹资能力。实行贷款证制度的地区,应核实企业的贷款规模和负债比例。二是企业资信能力。主要通过企业近几年的财务报表和有关明细表分析经营情况;调查企业的存货结构和应付款项,判断产品销路和债务拖欠情况;了解产品的生产能力和销售能力;分析产品的市场周期是处于上升阶段、发展阶段还是下降阶段;核算企业资产和负债的比例,以及短期和长期的负债比例,这些都预测企业还债能力的重要依据。在核实过程中,对财务报表的大额数据,应查询有关凭证和账簿。有些公众数据如影子参数和社会收益率等,应来自有关政府部门和专业的权威管理部门。

(4) 判定信用等级。对企业信用实行等级制是整个融资租赁业务活动的分界点。租赁公司对企业的信用判定,就是对项目风险的判定。通过项目评估,判定出企业信用等级,根据等级的高低,决定项目的取舍和租赁利差的幅度。

目前,我国中小企业信用评估体系和市场机制尚未健全,项目的不确定因素多,评估分析重点应在定性分析上。分析的主要内容:应结合我国的市场特点、产业结构的区域性特点;企业租赁项目不能脱离企业原经营本行;租赁合同的担保、配套资金的贷款状况、能源的增容、原材料供应和产品销售市场的可靠程度;若租赁标的物供货商由企业指定,租赁公司还应对供货商的资信进行调查。

四、融资租赁业务流程

对租赁公司而言,融资租赁的业务流程具体为:

1. 融资项目与企业准备

融资租赁项目中,企业与租赁公司沟通是其项目准备的前提。因为融资租赁属于现代融资范畴,因此不管是承租人、供货厂商还是租赁公司,都要对租赁有所了解,这样才便于沟通。作为承租人企业,要向设备供应商询价,选定设备。依托融资租赁合作框架,承租人要对多个设备供应商进行询价,了解市场行情。在充分比较的基础上,甚至可以采用公开招标方式,确定设备供应商。

作为承租人企业,应提交租赁申请,并提交企业资料和租赁物资料。经双方初步洽谈,达成合作意向后,承租人要提出融资租赁申请,填写项目申请表,同时提供以下资料:企业基本情况介绍;企业最近三个会计年度财务报表及其附注;企业资产抵押担保情况说明;融资租赁项目可行性报告;企业验资报告;企业营业执照、组织机构代码证、税务登记证、法人代表证、基本账户开户许可证;承租方为有限责任公司或股份公司的,还应提供最新的公司章程、批准项目实施的相关决议等文件;政府扶持项目的相关文件、会议纪要;国际租赁需提供国家有关部门批准引进的相关文件;关于提供资料真实性、完整性、准确性的承诺函;以及租赁公司认为需要提供的其他材料。

2. 租赁公司审查融资项目

作为出租人的租赁公司,要全面审核申请资料,并落实相关评估、保险、担保手续。根据企业提供的资料对其资信、资产及负债状况、经营状况、偿债能力、项目可行性等方面进行综合调查。融资租赁公司要求项目提供抵押、质押或履约担保的,企业应提供抵押或质押物清单、权属证明或有处分权的同意抵押、质押的证明,并与担保方就履约担保函的出具达成合作协议。经融资租赁公司初步审查未通过的项目,企业应根据融资租赁公司要求及时补充相关资料。补充资料后仍不能满足融资租赁公司要求的,该项目撤销,项目资料退回企业。

3. 签订合同和履行合同

在融资租赁中,出租人、承租人、供货商需签订相关合同文件。一是出租方、承租企业、设备供应商三方签订融资租赁合同;二是出租方、设备供应商、承租企业签订购销合同或出租方、承租企业签订回租合同;三是出租方、承租企业签订保证金协议。

同时,还包括供应商装运设备。即采用汽车、火车或轮船等交通工具,将承租人预订的设备加工完毕后装运发货。承租人验收设备,出租人支付设备款。待设备到达承租人所在货运目的地后,由承租人负责对设备进行质量验收。如果验收合格,出租人则按照买卖合同一次或多次按期向供货商支付货款。通常租赁合同自此正式生效。

承租人支付租金,供货商提供售后服务。承租人将设备运达生产场所,并进行调试安装。至此,租赁项目进入后管理阶段。承租人要负责按时缴纳租金,而供货商要负责提供售后服务,承租人要用自有资金负责设备的保养和维护。

4. 融资设备处理

租赁合同到期,通常设备的折旧已经基本提完。按照《融资租赁合同》的约定,通常由于设备具有专用性,由双方事先协商好,按照一定的残值将设备转让给承租人,最终完成融资租赁过程。

第五节　商业信用融资

商业信用融资主要指的是发生在企业和企业之间的一种信用贷款行为。对于中小企业来说也是一种重要的融资手段和方式。目前其主要形式有预收货款融资和赊购商品融资两种。

一、预收货款融资

对于单件价值高或批量大的商品,生产企业可向商品购买者预收一定数量的购货款,这也是企业筹集资金的一种渠道。预收货款在我国有其存在的客观基础。对一些供不应求的商品,如果生产企业能够保证在一定时间内,保质保量地向消费者提供产品,并在价格上给予相当于存款利息的优惠,则相关企业或消费者就会乐于将存款取出来,作为购买商品的预付款项,预付给生产企业,从而使社会闲置资金投入生产。

从生产企业来看,企业为取得紧缺原材料以及设备的供应,有时也乐于向供货企业预付一定的购货款项。预收货款对于周转资金不足或要进行扩大再生产而没有足够资金的企业来说,不仅解决了资金缺口的问题,还有利于企业的经营生产和发展。

企业要顺利地采取预收货款的方式筹集资金,必须具备如下条件:要通过经营取得较好的商业信誉,使客户有一种信赖感。做好产品的生产计划,以产品产量作为预收货款的上限数额,保证预定客户按期如数提供产品。原材料、燃料、动力等有充足的保证,不能由于材料不足而影响企业正常生产,影响预定产品订货;制作产品样品,购货者是要看样订货的,要有质量保证的样品。样品质量应与未来生产的大批产品相一致,不能"挂羊头,卖狗肉"。若交货时样式、规格型号、质量与样品不符,应允许客户退货,并退回预收的款项,赔偿经济损失。有公证机关公证,使预收活动合法化,从法律上保护购销双方的权益,监督双方履行合同条款。必须签订预购合同,以经济合同的形式确定双方的权利和义务。合同条款由销售单位拟定,由公证机关公证。

二、赊购商品融资

企业在资金不足而又急需劳动对象和劳动工具时,可以采取赊购的方式获得需要的商品。企业在赊购商品时,先从卖者手中获得商品,但并不向卖者支付现款,而是在一定的期限内付清货款,即货款的延期支付。在这个过程中,由于从赊购商品到支付货款有一段或长或短的时间间隔,所以对赊购商品的企业来讲,实际上等于获得了一笔货款,只是这笔货款不是从银行获得,而是从出卖商品的企业那里获得的。

赊销商品是商业信用的一种形式,又可称为未清账信用。这种信用通常是在卖方对买方的信用可靠程度作了充分的调查了解之后才提供的。卖者提供购买者的购货订单,一份表示已交货的发票和登记应收款账户的记录。在赊购商品时卖方为了安全,可以要求买方自己开具买方承诺,这种票据就是商业票据。商业票据可以转让或抵押,也可以贴现,这样卖方就不必担心因提供赊销而发生资金短缺。

企业可以利用赊购方式获得急需的商品,在一定时期内解决资金不足的问题。企业在赊购商品时，必须考虑成本高低。因为赊购商品的金额是按照商品的销售价格来支付的。表面上看，是债务人"无偿"占用了债权人的资金。实际上，提供信用的企业已经把这笔款项的利息加到价格中去了，利息已随价格转嫁给了购买者。

有些企业在赊销商品时，规定了现金折扣的办法，即购货方若在货款到期前提前付款，可以按发票金额享受一笔优惠（折扣）。购买者若能提前归还货款，就可以减少一笔支出，若不能提前归还，则只能放弃优惠价格，而多支付款项。但企业有时为了筹资，常常延长对货款的占用，利用这笔款项进行生产，以带来更大的利润。是放弃优惠价格、利用这笔赊购款，还是提前归还货款、获得优惠价格，要具体问题具体分析，看怎样更有利于企业的利益。

拓展阅读

在销售商品、提供服务的经营过程中，向客户收取的"预付款""预存款""押金""定金"，允许客户赊款，给客户开具商业汇票等，都属于商业信用融资的范畴。通俗地来说就是"提前把钱收进来"和"迟一些把钱付出去"。作为经济活动中最基本、最普遍的债权、债务关系，只要有商业活动产生，就存在商业信用。那么，在实际应用中都有哪些技巧，应该注意些什么问题呢？下面就分享其融资之道。

（一）商业信用融资的使用技巧

1. 应付账款

在交易的过程中，双方都会约定一个付款期限，在付款期限内付款可以享受一定的优惠措施，例如"折扣交易"；相反，逾期则需要付出一定的代价，例如"全价交易"，这个期限我们称之为信用期限。企业应该充分地利用这个期限，使资金能在这个期限中产生效益。

2. 商业票据

要求企业必须信誉卓著，与某大型银行长期有业务往来且无不良信用记录。因此，新开办的企业不能用此种方式进行资金筹集。商业票据首先能提高与银行的业务往来量，优化银企关系，让企业的商业信用有所提升；其次，贴现时间灵活，持有未到期的承兑票据可以放弃时间价值，到银行办理贴现，所得资金即可以用于组织生产；最后，承兑汇票的利息往往低于银行借款利息，从而可以降低融资成本。

3. 预收账款

在了解到对方信用欠佳或是该项目资金相对紧缺的情况下，通过预收买方款帐，用于得到暂时的资金支持。一般要求销售方必须具有良好的信用记录；产品的广告必须实事求是；签订合同，明确双方的权利和义务。通过此种方式进行资金筹集，基本不存在成本，是最为低廉的融资方式。

（二）商业信用融资在应用中注意的问题

1. 双方都具有一定的商业信用基础

信誉可以帮助企业融资，大企业的信誉也是通过一步一步地积累而树立起来的。在积累的过程中必须靠具体的事实让人信服，就好比小户人家每次买肉都付现钱，偶尔赊了账，也要及时还上。如此这般，才能树立起自己的信誉。

2. 双赢互利

做生意一定得留利润空间给对方,生意才能长久持续下去。同理,在使用商业信用的时候,既要保证己方的利益,也得为对方保留收益,比如利息、折扣等。

3. 谨慎使用

在使用商业信用融资的时候,必须考虑双方企业的信用状况,必须做到言出必行,言而有信。千万不要超出企业债务所能承受的能力,否则一旦到期不能兑现,不仅仅使对方遭受利益上的损失,还让自己名誉扫地,给自身带来信用支付危机,更严重地会触犯法律,酿成商业诈骗,麻烦更大。

资料来源:《商业信用融资开辟合作共赢之路》,中国中小企业信息网,2012 年 5 月 25 日。

关键术语

债权融资 银行贷款 债券融资 信用担保 租赁融资 商业信用融资

复习思考题

1. 企业债权融资的特点和主要融资方式有哪些?
2. 试比较企业债权融资与股权融资的异同。
3. 简述银行贷款的一般流程。
4. 试述中小企业如何获得银行的青睐。
5. 简述债券融资的特点和一般流程。
6. 试比较我国信用担保机构的几种典型模式。
7. 中小企业如何选择可靠的信用担保机构?
8. 简述融资租赁的类型和业务流程。
9. 简述商业信用融资的特点和主要形式。

课后研讨

以上一章学生分组抽取的企业案例为研究对象,小组成员继续扮演企业管理者的角色,根据企业情况制定债权融资方案,以小组为单位做交流和分享。

第四章

权益融资

学习目标

- 理解权益融资的基本概念与特点
- 掌握权益融资的形式
- 了解天使投资的模式
- 了解风险投资的类型
- 了解私募股权的运作模式

案例导读

滴滴融资 20 亿美元 滴滴打车融资历程

仅用两周的时间,滴滴快的已迅速完成 20 亿美元的新一轮融资。官方于 2015 年 7 月 8 日证实了消息的真实性,并表示公司目前拥有超过 35 亿美元的现金储备。智能出行市场的烧钱游戏还在继续。7 月 8 日,滴滴快的公司宣布,已经完成了 20 亿美元的融资,新的投资方包括资本国际私募基金、平安创新投资基金等多家全球知名投资者,阿里巴巴、腾讯、淡马锡、高都资本等现有股东也都追加了投资。据了解,该轮融资是迄今全球规模最大的一笔非上市公司融资。融资完成后,滴滴快的将拥有超过 35 亿美元的现金储备,成为中国移动互联网领域现金储备最高的公司。据滴滴快的董事长兼 CEO 程维此前披露,当 6 月 22 日宣布面向全球投资者融资约 15 亿美元时,仅在 5 天时间里,就获得了超额认购。"我们原计划融资 15 亿美元,到一半的时候发现需求太大,很多投资人都踊跃参与。临时决定变成 20 亿美元。"滴滴快的总裁柳青昨天接受采访时表示,公司还在考虑进一步把 20 亿美元金额往上升。

> 此前滴滴打车获得4轮投资,总金额超8亿美元:
> 2012年9月1日,获得金沙江创投投资的200万美元A轮投资;
> 2013年4月25日,获得腾讯产业共赢基金B轮投资;
> 2014年1月2日,获得中信产业基金和腾讯产业共赢基金投资的1亿美元C轮投资;
> 2014年12月11日,获得中投公司、淡马锡、腾讯产业共赢基金投资的7亿美元D轮投资。

案例详情链接

http://www.23jk.cn/Browser/show.php?itemid=30748

你是不是有下面的疑问

1. 中小企业可以通过哪些渠道进行权益融资?
2. 天使投资有什么特点?
3. 风险投资如何运作?
4. 私募股权资金有何优势?

进入内容学习

第一节 权益融资概述

一、权益融资的概念

权益融资是指向其他投资者出售公司的所有权,即用所有者的权益来交换资金。这将涉及公司的合伙人、所有者和投资者间分派公司的经营和管理责任。权益融资可以让企业创办人不必用现金回报其他投资者,而是与它们分享企业利润并承担管理责任,投资者以红利形式分得企业利润。权益资本的主要渠道有自有资本、朋友和亲人或风险投资公司。为了改善经营或进行扩张,特许人可以利用多种权益融资方式获得需的资本。

权益融资不是贷款,不需要偿还,实际上,权益投资者成了企业的部分所有者,通过股利支付获得他们的投资回报,权益投资者一般具有三年或五年投资期,并期望通过股票买卖收回他们的资金,连同可观的资本利得。

因为包含着风险,权益投资者要求非常苛刻,他们考虑的商业计划中只有很小的比例能获得资金。权益投资者认为,具有独特商业机会、高成长潜力、明确界定的利基市场以及得到证明的管理层的企业才是理想候选者。未能适合这些标准的企业,获得权益融资就会很艰难。许多创业者不熟悉权益投资者使用的标准,当他们被风险投资家和天使投资者不断拒绝时就会变得很沮丧。他们没有资格得到风险资本或天使投资的原因,不是因为他们的商业建议不好,而是因为他们未能满足权益投资者通常使用的严格标准。

二、权益融资的特点

(1)权益融资筹措的资金具有永久性特点,无到期日,不需归还。项目资本金是保证项目法人对资本的最低需求,是维持项目法人长期稳定发展的基本前提。

(2)权益融资没有固定的按期还本付息压力,股利的支付与否和支付多少,视项目投产运营后的实际经营效果而定,因此项目法人的财务负担相对较小,融资风险较小。

(3)权益融资是企业最基本的资金来源,是负债融资的基础。权益融资是项目法人最基本的资金来源。它体现着项目法人的实力,是其他融资方式的基础,尤其可为债权人提供保障,增强公司的举债能力。

(4)权益融资成本较高。

(5)权益融资易发生企业控制权转移。

三、权益融资的形式

中小企业进行权益融资的形式按照企业的发展进程来讲,通常会分为四种。在企业初创阶段,通常会采取天使投资者或者风险投资的融资方案,在企业发展阶段,可以采用私募股权融资的方式,后期为了更好地扩张规模,在具备相关条件后,通常会选择上市融资。

1. 天使投资

天使投资(Angel Investment)一词起源于纽约百老汇的演出捐助。"天使"这个词是由百老汇的内部人员创造出来的,被用来形容百老汇演出的富有资助者,他们为了创作演出进行了高风险的投资。

天使投资是自由投资者或非正式风险投资机构对原创项目构思或小型初创企业进行的一次性的前期投资,天使投资是风险投资的一种,是一种非组织化的创业投资形式。

天使投资是风险投资的先锋。当创业设想还停留在创业者的笔记本上或脑海中时,风险投资很难眷顾它们。此时,一些个体投资人如同双肩插上翅膀的天使,飞来飞去为这些企业"接生"。投资专家有个比喻,好比对一个学生投资,风险投资公司着眼大学生,机构投资商青睐中学生,而天使投资者则培育萌芽阶段的小学生。

2. 风险投资

风险投资(Venture Capital,VC),又称为创业投资,主要是指向初创企业提供资金支持并取得该公司股份的一种融资方式。风险投资是私人股权投资的一种形式。风险投资公司为一专业的投资公司,由一群具有科技及财务相关知识与经验的人组合而成的,经由直接投资被投资公司股权的方式,提供资金给需要资金者(被投资公司)。创投公司的资金大多用于投资新创事业或未上市企业(虽然现今法规上已大幅放宽资金用途),并不以经营被投资公司为目的,仅提供资金及专业上的知识与经验,以协助被投资公司获取更大的利润,所以是一种追求长期利润的高风险高报酬事业。

3. 私募股权融资

私募股权融资有广义和狭义之分。广义的私募股权投资是指通过非公开形式募集资金，并对企业进行各种类型的股权投资。这种股权投资涵盖企业首次公开发行前各阶段的权益投资，即对处于种子期、初创期、发展期、扩展期、成熟期和 Pre-IPO 各个时期企业所进行的投资，以及上市后的私募投资（如 Private Investment In Public Equity，PIPE）等。狭义的私募股权投资主要指对已经形成一定规模的，并产生稳定现金流的成熟企业的私募股权投资部分，主要是指创业投资后期的私募股权投资部分。

私募股权投资通常以基金方式作为资金募集的载体，由专业的基金管理公司运作，像我们熟知的凯雷集团、KKR、黑石集团和红杉资本等国际知名投资机构就是私募股权投资基金的管理公司，旗下都运行着多只私募股权投资基金。

4. 首次公开募股融资

首次公开募股（Initial Public Offerings，IPO），是指企业透过证券交易所首次公开向投资者增发股票，以期募集用于企业发展资金的过程。当大量投资者认购新股时，需要以抽签形式分配股票，又称为抽新股，认购的投资者期望可以用高于认购价的价格售出。

对应于一级市场，大部分公开发行股票由投资银行集团承销而进入市场，银行按照一定的折扣价从发行方购买到自己的账户，然后以约定的价格出售，公开发行的准备费用较高，私募可以在某种程度上部分规避此类费用。在上市的初期股份通常都会上扬，不少创办人都在一夜间成了百万富翁。而受惠于认股权，雇员也赚取了可观的收入。在美国，大部分透过 IPO 集资的股票都会在纳斯达克市场内交易，而在中国，大部分中小企业透过 IPO 集资的股票都会在深圳证券交易所的中小企业板或创业板挂牌上市。此部分内容将在第五章进行介绍。

第二节　天使投资

一、天使投资的概念和类型

（一）天使投资的概念

天使投资是一种私人的直接权益型投资，是指有一定资本的个人或团体，对有发展潜力的初创期的企业进行权益性资本投资，或者直接参与并协助那些虽然具有专门技术或独特概念，但是自身缺少资金的创业者发展他们的公司，天使投资与创业者一起承担创业中的高风险和享受创业成功后的高收益，以实现资本的增值。天使投资是一种民间投资方式。天使投资这个词最早来自美国的百老汇，当时很多富人自己出资来帮助一些具有很高社会意义的文艺训练和演出，他们为创作演出进行了高风险的投资。当然，对于当时的投资者而言，他们愿意高额投资的驱动力可能仅仅是为了获得与其倾慕的戏剧演员进行亲密接触的特权，或者是在博这场演出的票房，但是对于那些充满理想的演员来说，这些赞助者就像天使一样从天而降，使他们的美好理想变为现实，因此天使投资最初具有一定的公益捐款性质。现在，天使投资被定义为：对有巨大发展潜力的新兴的产业或者新兴公司进行早期投资，以期获得高额的利润回报，并伴随着巨额投资风险的一种很典型的商业投资模式。

(二)天使投资者的类型

1. 价值增值型

这类天使投资人经验比较丰富,其中不少人是退休的投资银行家和创业投资家。他们选项目不是注重行业,而是注重机会。他们认为,机会比行业更重要。因为他们有丰富的投资经验和较强的项目鉴别能力,因此,投资不是专业化,而是多元化。在投资过程中,他们愿意帮助公司成长并为此而感到快乐。因此,他们都十分积极地参与公司的管理。他们拥有强大的联合投资者网络,可以联合起来进行杠杆投资。他们对单个项目的投资额一般为5万—25万美元,且要求所投的项目离家不远。

他们与被投资的公司之间,既进行权益性的投资,也进行债务式的融资。这类天使投资人一般都希望在适当的时候退出,而退出的渠道是公司收购和公开上市。这类投资者还喜欢做跟随型投资者,即他们希望在自己投资之前,该公司已有一位主要投资者,这位主要投资者对公司很了解,能对公司提供许多帮助,且已投入100万美元以上。有了这样的投资者在前,自己再搭便车,则投资就比较安全。

2. 个人投资联合型

所谓联合体,并不是一种正规的投资组织,而是一种短期的、松散型的投资合作。合作期一般为3—6年。在投资中也是有合有分,有些项目是各自独立进行。一般投资规模为5万—50万美元。遇到大的投资项目,他们就邀请大批投资者加入。这类投资者较多的关注早期阶段的投资。为了尽快变现,经过一定时期的孵化,即使没有孵化出像样的企业,只是孵化出了一条成型的生产线,通过出让这条生产线,能收回可观的现金,投资也是成功的。

3. 合伙人投资型

这类天使投资人在投资中喜欢合作和团队精神。他们之间已经建立了一些联合投资者关系,或试图建立起关系网络。在这种网络体系中,单个人以隐蔽的身份充当买者。在他们的投资团队中,往往有领头的投资者,由这种领头的投资者搜寻投资机会,向联合投资者建议投资机会。投资规模一般为25万—100万。投资者希望在被投资的企业中担任董事长的职位。

4. 社会责任型

这类天使投资人非常强调投资者的社会责任。他们认为,投资的目的就是培育公司。既然如此,就应手把手地帮助某公司,并和它建立起亲密无间的关系。这类投资者所投资的对象,主要偏重于那些致力于解决主要社会问题的风险企业,如环保、能源等。这类投资者往往继承了一大笔财富,因而赚钱不是第一位的。但在支持那些有较好社会效益的项目的同时,也希望获得合理的投资回报。遇到较大的项目,自身力量不够,也会寻找一些富有者进行联合投资。投资者的这种社会责任感,可能来自其自身的优良品质,也可能是来自减轻厄运的愿望,甚至是来自对以前获取某种不义之财的负罪感。

5. 富有型

这类天使投资人不是碰上什么就投资什么,而是只对自己了解的东西投资,且对项目的地理位置有偏好。投资决策主要依靠自己的判断和调查。对投资回报的期望值较高,要求达到50%。而要达到这么高的投资回报率,一般只能投向企业发展的早期阶段。这类投资者往往都希望投资者集体拥有对公司的控制权,并在一定程度上参与公司的管理。投资者集体往往要组建一个外部控制的董事会。这个董事会由若干经验丰富的商人组成,他可以帮助公司走向成功。这类投资者往往既是投资者,也做过创业者。他们深知创业的艰辛,因而对创业者都很有同情心。

6. 家族型

这类天使投资人的特点是,家族成员的资金被集中起来,由一位大家信任的、对投资比较内行的家族成员掌握并统一进行投资决策。这一类投资者的投资规模变化幅度较大,投资较多时可以达到100万美元,较小的投资额只有10万美元。由于家族成员中有值得信赖的投资高手,一般都寻找处于发展早期阶段的创业投资,通过项目的成长,能获得较高的回报率。

7. 管理型

所谓管理型天使投资人,也就是出钱买管理岗位,即投资的目的是谋求一个职位。管理型投资者的年龄一般在45岁左右,以前或是公司管理者、公司业主,或是经验丰富的执行官。他们"下岗"后,通过投资购买一次"最后的工作机会"。这些人的投资规模一般为10万—20万美元,且分阶段投资。投资并获得管理岗位后,很少追求对公司的控制权。为了使管理岗位能够长久,他们更关心与创业者拥有共同的见解。

二、天使投资的发展历程

天使投资最早起源于19世纪的美国,通常指自由投资者或非正式风险投资机构对原创项目或小型初创企业进行的一次性的前期投资,他们和机构风险投资一起构成了美国的风险投资产业。自2000年以来,中国的风险投资快速发展,但绝大多数投资公司喜欢选择短、频、快的项目,因此比较成熟的大型项目(如接近上市的公司)融资相对容易。但风险系数相对高,更需要全方位的扶持的创业型企业,较难获得支持。

以现阶段市值已达1 450亿美元的谷歌(Google)为例,11年前,当谢尔盖布林和拉里佩奇仅有企业创意,公司还没有成立的时候,就得到了天使投资人Andy Bechtolsheim提供的10万美元的支票。

早期的天使投资人往往是成功的创业者或前大公司高管、行业资深人士,他们往往能给创始人带来经验、判断、业界关系和后继投资者。在企业成长期,高附加值的风险投资还会帮助引领创业企业进入更正规的运营架构和管理模式,甚至帮助企业配备后续发展所需的专业团队。企业发展到上市或购并阶段,风险投资又会提供相应的助力。

因此,创业公司在不同阶段,其投资人就像跑接力一样,通过传承、培养,使一个概念生根、发芽、开花、成长。

可以说,天使投资是美国早期创业的和创新主要支柱。在美国,现阶段的天使投资能够占风险投资总体盘子的40%—50%。美国新罕布什尔大学下属的创业研究中心的一份报告表明,2008年美国共有26万多个活跃的天使投资人,除此之外,还有多个天使投资组织。他们为 55 480 个创业企业提供了总额为 192 亿美元的投资。而根据普华永道的统计报告，2008 年美国的后期风险投资共投入了 280 多亿美元资助了 3 700 个投资项目。可以说，假如没有天使投资，后期风险投资将是巧妇难为无米之炊。

据清科集团提供的数据，由于看好中国市场，风险投资大规模涌入中国，2008 年上半年，中、后期风险投资共募集资金 493.02 亿美元，比 2007 年同期增长 190%，有 348 家企业获得了中、后期风险投资，投资总额达 73.83 亿美元，比 2007 年同期增长 50%。可与此同时，天使投资却难觅身影。2010 年以后，中国天使投资市场开始升温。据清科集团统计，2015 年上半年由专业天使投资机构新募集的 41 支天使投资基金总额达到 8.48 亿美元，创同比新高。披露投资案例 809 起，同比增长 126.1%；投资金额总数超过 7.42 亿美元，同比增长 183.6%。

拓展阅读

3 年 2 200 倍回报的苹果

1976 年 1 月，还在惠普工作的史蒂夫·沃兹尼克得意洋洋地拿出了自己研发出的计算机主板 AppleI，尽管他很努力地向惠普公司推荐该产品，公司却说，这不是此时公司要开发的产品。于是他的好哥们儿史蒂夫·乔布斯说："嘿，咱们干吗不自己来卖它。"这就诞生了苹果公司。

公司启动所需的钱来自两位创始人。沃兹尼克卖掉了他心爱的 HP-65 可编程计算器，价钱是 500 美元；乔布斯卖掉了他的大众汽车，本来说好的价钱是 1 000 美元，可是几个星期后汽车发动机坏掉了，因此只卖了 500 美元。不过幸运的是苹果公司可以依靠出售产品来获取资金，而且乔布斯很快就找到了买主。全美第一家计算机零售连锁店字节商店(Byte Shops)决定以每台 500 美元的价格购买 50 个苹果电路板。

当然，对于新创公司而言，钱还是个问题，除非乔布斯愿意一辈子挨家挨户推销他的电脑。于是乔布斯去找了一个风险投资家。此人名叫唐·瓦伦丁，今日看来可谓大名鼎鼎，他曾经在仙童半导体和国家半导体公司做过管理者，后来创建了红杉资本。乔布斯一天好几个电话地纠缠，使瓦伦丁不堪其扰，于是他说，小伙子，我投资没问题，但你得先找个市场营销方面的专家，"你们两人谁都不懂市场，对未来的市场规模也没有一个明确的概念，这样无法开拓更开阔的市场"。

瓦伦丁推荐的人是迈克·马库拉，马库拉曾经投资过英特尔，由此成名和发家。迈克·马库拉一下子就喜欢上了苹果，他不但加入了苹果(1977 年)，还成为公司初期的投资人，不仅自己投入 9.2 万美元，还筹集到 69 万美元，外加由他担保从银行得到的 25 万美元贷款，总额 100 万美元。他相信这家公司会在 5 年内跻身世界 500 强。

1979 年夏天，苹果公司再次融资，此次参与投资的全都是全球最大的风险投资机构和商业银行。比如施乐公司的投资部施乐发展公司投了 105 万美元。这是上市之前的最后一次融资。1980 年 12 月 12 日苹果公司上市，每股发行价 14 美元，当天以 22 美元开盘，几分种内 460 万股被抢购一空，当日收盘价 29 美元。乔布斯当日身家达到 2.17 亿美元,那年他24岁。迈克·马库拉身家则达到2.03亿美元(9.2万美元的天使投资增值了2 200倍!)。

资料来源:http://blog.sina.com.cn/s/blog_646b15420100gszs.html。

三、天使投资的运作模式

1. 天使投资者模式

天使投资者或天使,在欧洲称为商业天使(Business Angel)或非正式投资者,是指提供创业资金以换取可转换债券或所有权权益的富裕个人投资者。这些进行投资的富人就被称为投资天使、商业天使、天使投资者或天使投资家。那些用于投资的资本就叫天使资本。天使投资人自己组织形成的天使团体或天使网络目前正不断扩大,以分享研究成果和集中资金针对性。术语"天使"最初来自英格兰,代表提供戏剧表演资金的资本。1978年,新罕布什尔大学教授、该校创业研究中心的创始人William Wetzel完成了一项开拓性研究:探讨在美国如何增加企业的原始资本,他第一次使用"天使"来描述那些支持这些企业的投资者。

与管理其他来源的资金组成的基金的风险投资不同。通常天使投资者使用自己的资金。虽然通常指的是个人,实际上提供资金的实体可能是一个信贷基金、投资基金、有限责任公司等。

天使资本填补了企业财务中"朋友和家人"(有时被幽默地称作"FFF"、"朋友、家人和傻瓜")也就是启动资金和风险投资之间的空白。虽然通常很难从朋友和家那里筹集超过几十万美元,大多数风险投资不会考虑两百万以下的投资,因此,天使投资多见于高增长的初创企业中的第二轮投资。天使投资与风险投资相比几乎有着同样规模的资金总量,对应投入于相比风险投资10倍数量的公司。

天使投资者往往是那些不单是为了现金回报的退休的企业家或高管。他们的目的可能是有意跟踪行业潮流发展,指导下一代的企业家,或者将其当作一个"半兼职"。因此除了资金,天使投资者往往可以提供有价值的管理咨询和重要的社会关系。由于没有公开上市,私营公司寻找天使投资通常通过已投资于该公司的其他投资者的推介、公司间的业务来往、投资者专题推介会以及天使投资与企业之间的面对面的投资交流。

2. 天使投资团队模式

对于个体天使投资人来说,由于很多人除投资人的身份外还有自己本职工作,他们会遇到以下几个问题:项目来源渠道少,项目数量有限;个人资金实力有限,难以分散投资;时间有限,难以承担尽职调查等烦琐的工作;投资经验和知识缺乏,投资失败率高。

于是,一些天使投资人组织起来,组成天使俱乐部、天使联盟或天使投资协会,每家有几十位天使投资人,可以汇集项目来源,定期交流和评估,会员之间可以分享行业经验和投资经验。对于合适的项目,有兴趣会员可以按照各自的时间和经验,分配尽职调查工作,并可以多人联合投资,以提高投资额度和承担风险。

美国的天使团队非常发达,有超过300家天使团队(Angel Group)遍布各州,其中有半数以上的天使团体联合起来,成立了天使投资协会,来促进相互之间的信息交换,也促进天使投资相关政策的发展。中国也有不少类似的天使投资俱乐部和天使联盟,比较典型的是上海天使投资俱乐部、深圳天使投资人俱乐部、亚杰商会天使团、K4 论坛北京分会、中关村企业家天使投资联盟等。

3. 天使投资基金模式

在进一步联合投资的基础上,天使投资人们又成立了天使投资基金。因为涉及资金,松散的俱乐部式管理是不能满足会员们的要求。把资金联合起来以基金的名义投资,无论从金融角度还是从法律角度都有积极意义。在天使投资基金的体系下,天使投资人可以真正地联合起来,分工负责,密切合作。还可以请职业经理人来打理基金。所以,天使投资基金是有组织的非公开性质的权益性资本。它拥有独立的基金管理人,是国内天使投资进步和发展的里程碑。

机构化天使投资发展大约分为三个阶段:

第一个阶段是松散式的会员管理式的天使投资,这种天使投资机构采用由会员自愿参与、分工负责的管理办法,如会员分工进行项目初步筛选、尽职调查等。

第二个阶段是密切合作式的经理人管理式的天使投资机构,这种天使投资机构利用天使投资家的会员费或其他资源雇用专门的职业经理人进行管理。

第三个阶段是管理天使投资基金的天使投资机构,同投资于早期的创业投资基金相似,是正规的、有组织的、有基金管理人的非公开权益资本基金,天使投资基金作为一个独立的合法实体,负责管理整个投资的机会寻找、项目估值、尽职调查和投资的全过程。

在美国和欧洲,天使投资基金已得到比较充分发展,其财力、资源、团队能将一个初创阶段的公司带到很高的发展阶段,投资成功率要比个人天使投资高很多。在现阶段,中国个人天使投资还未得到充分发展,给了天使投资基金更多的发展机会,拥有更多的资金、更专业化的团队、更广泛资源的有组织的机构化天使将会成为发展潮流。

随着我国天使投资的发展,投资基金形式的天使投资在我国逐渐出现并变得活跃。一些投资活跃、资金量充足的天使投资人,设立了天使投资基金,进行更为专业化的运作。比如庞小伟发起设立的天使湾基金、新东方董事徐小平设立的真格基金、乐百氏董事长何伯全的广东今日投资、腾讯联合创始人曾李青的德讯投资等。此外,还有一些资金从外部机构、企业、个人募集而来的天使投资基金,他们跟 VC 形式类似但基金规模和单笔投资规模更小,比如创业邦天使基金、青阳天使投资、泰山投资等。

4. 孵化器式天使投资模式

孵化器起源于美国,伴随着新技术产业革命兴起而发展起来。企业孵化器在推动高新技术产业的发展、孵化和培育中小科技型企业,以及振兴区域经济、培养新的经济增长点等方面发挥了巨大作用,引起了世界各国政府的高度重视,孵化器也因此在全世界范围内得到了较快的发展。在欧洲,企业孵化器也被称为"创新中心"我国的孵化器的主要功能是以科技型创业企业为服务对象,通过开展创业培训、辅导、咨询,提供研发、试制、经营的场地和共享设施,以及政策、法律、财务、投融资、企业管理、人力资源、市场推广和加速成长等方面的服务,以降低创业风险和创业成本,提高企业的成活率和成长性,培养成功的科技企业和创业家。

现阶段孵化器与天使投资融合发展主要有两种模式:

(1)政府主导的孵化器与天使投资融合发展模式。政府主导的孵化器是非营利性的社会公益组织,组织形式大多为政府科技管理部门或高新技术开发区管辖下的一个事业单位,孵化器的管理人员由政府派遣,运作经费由政府全部或 Cye 部分拨款。在这种模式下,孵化器以优惠价格吸引天使投资机构入场,充当天使投资与创业企业之间的媒介。

(2)企业型孵化器与天使投资融合发展模式。企业型孵化器为市场化方式运作孵化器,以保值增值为经营目标,自负盈亏。这种类型的孵化器,多采用自己做天使投资的运作模式,使得孵化、投资、管理实现一体化,减少投资成本的同时也减少了投资风险,其运作过程充分地利用了资源配置,提高了资本效率。

5. 投资平台式天使投资模式

随着互联网和移动互联网的发展,越来越多的应用终端和平台开始对外部开放接口,使得很多创业团队和创业公司可以基于这些应用平台进行创业。比如围绕苹果 App Store 的平台,就又产生了很多应用、游戏等,让许多创业团队趋之若鹜。

很多平台为了吸引更多的创业者在其平台上开发产品,提升其平台的价值,设立了平台型投资基金,给在此平台上有潜力的创业公司进行投资。这些平台基金不但可以给予创业公司资金上的支持,而且可以给他们带去平台上丰富的资源。

天使投资在在平台方面为四大阶层,当下国内比较活跃的天使,大体可分为三大类,也即我们所说的天使投资三大阶层:独立天使、早期机构与政府基金。由于其构成不同、资金来源不同、设置目的不同,因而在推动天使投资发展进程中发挥的作用也不尽相同。但是我们说,天使投资如果能在中国健康可持续地发展,这三个方面,一个都不能少。

(1)独立天使。无论是创业成功后转身的天使,还是暗潮涌动的民间天使,以及忽然集体降临的海外华人,他们都是发展天使投资事业中最重要的核心动力。正是在他们像保姆和师傅般的精心维护下,才使得众多新创企业纷纷跨越死亡之谷,从种子到发芽,进入下一轮发展阶段。我们可以预见,未来获得天使投资帮助的企业,拿到的概率更高,离成功也更接近,实践证明也确实如此。无论是方兴东及其互联网实验室,还是倪正东及其清科,正是在这些专业中介的大力推动下,才使中国的创业投资事业得以蓬勃发展。他们充当着重要的桥梁作用,将创业者与天使、精准地结合在一起。今后如果他们能更多地与媒体联手,相信会在更大范围及层面上提升相关水平,获得更大的影响力。

(2)早期机构。如果将融资比作接力赛,天使投资作为第一棒的话,无疑早期机构就是天使投资的接力棒。早期机构准备得是否到位,直接影响到接棒的准度和力度、模拟的模式。由有创业导师资质的人成立天使投资基金,对外募集天使基金,以虚拟孵化器的方式进行基金管理,专注种子期的投资。他表示,在中国产业大步迈进的同时,天使投资人是产业链较弱的一环。大军们,往往缺乏产业链的"上家"(天使投资人及孵化器)培养及传送的优质项目,市场越来越呼唤天使投资。

(3)政府基金。政府基金在政策引导和投资领域拓宽方面,弥补了一般天使投资的空白。在中国,政府基金从一开始就扮演着天使投资的角色,只不过,大家更愿意叫创业投资基金,最典型的就是科技部系统的创新基金。截至目前已经有 7 年历史,每年总规模为 5 亿—8 亿元,申请企业平均额度在 70 万元,6 000 多企业获得过资助。虽然每年的申请率只有,但以创新基金为主导的政府天使确实起到了重要的推动作用,特别是在一些非领域。通常,市场上的天使只投资领域,其他很少涉及,而政府基金则涉及很多领域。各大部委支持创新创业的基金、地方各级政府的相关配套基金,以及政府专项基金,还有各个科技园区内设的一些创投基金,其实也都充当了天使投资角色。

第三节 风险投资

风险投资从20世纪60年代末70年代初开始出现和发展,现在已经成为主流的资本,在机构投资和企业投资组合中占有重要的地位。风险投资是一种风险大、专业性强的投资活动,它的运营主要分为资本的形成、风险资本的投资和风险资本的退出这三个阶段。风险投资作为一种长期投资,一般要经历企业的种子期、创业期、成长期和成熟期。

一、风险投资的概念与类型

(一)风险投资的概念

风险投资又叫创业投资,主要是指投资人向初创企业提供资金支持并取得该公司股份的一种融资方式,因此,风险投资属于权益融资的一种。

风险投资的投资人通常将风险资本投资与具有发展潜力的初创高新技术公司,在承担很大风险的基础上,为融资人提供长期股权投资和增值服务,培育企业快速成长,数年后再通过上市、兼并或其他股权转让方式退出投资,取得高额投资回报的一种投资方式。风险投资有广义和狭义之分。广义的风险投资泛指一切具有高风险、高潜在收益的投资;狭义的风险投资是指以高新技术为基础,生产与经营技术密集型产品的投资。从投资行为的角度来讲,风险投资是把资本投向蕴藏着较大风险的高新技术及其产品的研究开发领域,旨在促使高新技术成果尽快商品化、产业化,以取得高资本收益的一种投资过程。从运作方式来看,风险投资是在专业化人才管理下,向具有潜能的高新技术企业投入风险资本的过程,也是协调风险投资家、技术专家、投资者的关系,利益共享、风险共担的一种投资方式,风险投资对于中小高科技企业的发展起着重要的推动作用。

(二)风险投资的类型

1. 种子资本(Seed Capital)

种子资本是指在企业的技术成果产业化前期就进行投入的资本,也被称为种子资金。企业在缺乏可抵押财产的情况下,既不可能从传统的银行部门获取信贷,也很难从商业性的风险投资公司获得风险资本。此时,企业就会将更多的目光投向提供"种子资本"的风险投资基金。种子资本主要是为那些处于产品开发阶段的企业提供小笔融资,而这类企业在很长一段时期内(一年以上)都难以提供具有商业前景的产品,所以投资风险极大,但潜在收益也相对增加。对"种子资本"具有强烈需求的往往是一些高科技公司,如生物技术公司。从科技成果产业化的角度看,种子资本的作用是非常大的,正是由于种子基金的出现,才使许多科技成果能够迅速产业化,才有更大的发展。一般来说,目前国内外常见的种子资本的主要有四种类型,分别是政府种子基金,风险投资机构种子基金,天使基金和孵化基金。

2. 导入资本

有了较明确的市场前景后,由于资金短缺,企业便可寻求"导入资本"(Start-up

Funds),以支持企业的产品中试和市场试销。但是由于技术风险和市场风险的存在,企业要想激发风险投资家的投资热情,除了本身达到一定的规模外,对导入资本的需求也应该达到相应的额度。这是因为从交易成本(包括法律咨询成本、会计成本等)角度考虑,投资较大公司比投资较小公司更具有投资的规模效应。而且,小公司抵御市场风险的能力也相对较弱,即便经过几年的显著增长,也未必能达到股票市场上市的标准。这意味着风险投资家可能不得不为此承担一笔长期的、不流动性的资产,并由此受到投资人要求得到回报的压力。

3. 发展资本

扩张期的"发展资本"。这种形式的投资在欧洲已成为风险投资业的主要部分。以英国为例,目前"发展资本"已占到风险投资总额的30%。这类资本的一个重要作用就在于协助那些私人企业突破杠杆比率和再投资利润的限制,巩固这些企业在行业中的地位,为它们进一步在公开资本市场获得权益融资打下基础。尽管该阶段的风险投资的回报并不太高,但对于风险投资家而言,却具有很大的吸引力,原因就在于所投资的风险企业已经进入成熟期,包括市场风险、技术风险和管理风险在内的各种风险已经大大降低,企业能够提供一个相对稳定和可预见性的现金流,而且,企业管理层也具备良好的业绩记录,可以减少风险投资家对风险企业的介入所带来的成本。

4. 风险并购资本

风险并购资本一般适用于较为成熟的、规模较大和具有巨大市场潜力的企业。与一般杠杆并购的区别就在于,风险并购的资金不是来自银行贷款或发行垃圾债券,而是来自风险投资基金,即收购方通过融入风险资本,来并购目标公司的产权。以管理层并购(MBO/MBI)为例,由于风险资本的介入,并购所产生的营运协力效果(指并购后反映在营运现金流量上的效果)也就更加明显。目前,MBO 和 MBI 所涉及的风险资本数额越来越大,在英国已占到风险投资总量的 2/3,但交易数量却少得多,原因就在于 MBO/MBI 的交易规模比其他类型的风险投资要大得多。

拓展阅读

携程的风投融资历程

携程创始之时,沈南鹏等4人共投资了200万元。不过仅靠这些资金,携程不可能得到快速的发展。沈南鹏便去和IDG接触,在他的努力下,携程成立才3个月,便得到了IDG第一笔50万美元的风险投资。

1999年年底,沈南鹏正式辞掉投资界工作,专心于携程的融资与发展,并考虑第二轮融资。因为第一笔投资只能支撑几个月的开销,如果融不到资,携程就要关门。

携程于1999年10月接受IDGVC第一轮43万美元投资,而IDG获得携程12.5%的股权。携程上市后持股比例最大的是2000年11月投资携程的风投商CARLYLE GROUP,拥有携程25.97%的股份,而投资多个互联网公司的老虎科技,这次也占有8.11%的股份。最早投资携程的IDG,目前拥有7.39%的股份。2000年11月,凯雷向总部位于上海的网络旅游公司携程旅行网投资800万美元。2003年,携程旅行网在纳斯达克市场上市,之后,凯雷的持股比例从 25% 左右降至不足 5%。

2000 年 3 月,携程吸引到了软银集团为首的 450 万美元的第二轮融资;11 月,引来了美国凯雷集团 1 100 万美元的第三笔投资。携程网三轮融资共计吸纳海外风险投资近 1 800 万美元。

这次并购为携程带来了巨大收益,一年的时间里,携程发展了 2 000 多家签约酒店。2001 年订房交易额达到 5 亿元,2002 年交易量再翻一番,成为国内最大的宾馆分销商。携程最基本的生存已经不再是问题。

资料来源:http://blog.sina.cn/dpool/blog/s/blog_13784211a0102vjao.html? ref=weibocard。

二、风险投资的发展历程

1. 风险投资的起源

风险投资的起源可以追溯到 19 世纪末期,当时美国一些私人银行通过对钢铁、石油和铁路等新兴行业进行投资,从而获得了高回报。1946 年,美国哈佛大学教授乔治·多威特和一批新英格兰地区的企业家成立了第一家具有现代意义的风险投资公司——美国研究发展公司,开创了现代风险投资业的先河。但是由于当时条件的限制,风险投资在 20 世纪 50 年代以前的发展比较缓慢,真正兴起是从 70 年代后半期开始的。1973 年随着大量小型合伙制风险投资公司的出现,全美风险投资协会宣告成立,为美国风险投资业的蓬勃发展注入了新的活力。目前,美国的风险投资机构已接近 2 000 家,投资规模高达 600 多亿美元,每年约有 10 000 个高科技项目得到风险资本的支持。

2. 风险投资的发展

风险投资在美国兴起之后,很快在世界范围内产生了巨大影响。1945 年,英国诞生了全欧洲第一家风险投资公司——工商金融公司。但英国风险投资业起步虽早,发展却很缓慢,直至 80 年代英国政府采取了一系列鼓励风险投资业发展的政策和措施后,风险投资业在英国才得以迅速发展。其他一些国家如加拿大、法国、德国的风险投资业随着新技术的发展和政府管制的放松,也在 80 年代有了相当程度的发展。日本作为亚洲的经济领头羊,其风险投资业也开展得如火如荼。到 1996 年,日本的风险投资机构就有 100 多家,投资额高达 150 亿日元以上。但与美国不同的是,日本的风险投资机构中有相当一部分是由政府成立的,这些投资机构也大多不是从事股权投资,而是向高技术产业或中小企业提供无息贷款或贷款担保。

3. 我国风险投资的发展进程

我国的风险投资业是在 20 世纪 80 年代才姗姗起步。1985 年 1 月 11 日,我国第一家专营新技术风险投资的全国性金融企业——中国新技术企业投资公司在北京成立。同时,通过火炬计划的实施,我国又创立了 96 家创业中心、近 30 家大学科技园和海外留学人员科技园,它们都为我国的风险投资事业做出了巨大贡献。1986 年,政协"一号提案"为我国的高科技产业和风险投资发展指明了道路,为我国的风险投资业又掀开了新的一页。1985 年,中共中央在《关于科学技术体制改革的决定》中指出:"对于变化迅速、风险较大的高技术开发工作,可以设立创业投资给以支持。"这一决定精神,使我国高技术风险投资的发展有了政策上的依据和保证。同年9月,国务院批准成立了我国第一家风险投资公司——"中国新技术创业投资公司"(简称中创),这是一家专营风险投资的全国性金融机构。它的成立被视为我国风险投资业起步的标志。继中创之后,我国又成立了中国高科技风险投资有限公司、广州技术创业公司、江苏省高新技术风险投资公司等类似的公司,使得我国出现了风险投资早期萌芽,其业务主要为投资、贷款、租赁、担保、咨询等。这一阶段我国风险投资的资金规模约为30亿元。

1991年3月6日,国务院在《国家高新技术产业开发区若干政策的暂行规定》第六条中指出:"有关部门可以在高新技术产业开发区建立风险投资基金,用于风险较大的高新技术产业开发。条件成熟的高新技术开发区可创办风险投资公司。"这标志着风险投资在我国已受到政府的高度重视。据资料显示,全国22个省份已创建的各类科技信托公司、科技风险投资和科技信用社已发展到80多家,具备了35亿元的投资能力。

20世纪90年代中期前后,一批海外基金和风险投资公司开始涌入中国,为中国风险投资业注入新的资金,并带来西方全新的管理与规范化的运作;与此同时,一些投资银行、信托投资公司等金融机构也纷纷开设风险投资部,涉足刚刚兴起的风险投资业,种种情况表明中国风险投资业开始进入试探性发展阶段。

1998年"两会"期间,民建中央提交了《尽快发展我国风险投资事业》的提案;1999年,国务院办公厅批转国家七部委《关于建立风险投资机制的若干意见》,推动了中国风险投资事业以前所未有的速度发展。国务院办公厅于1999年转发了科技部、国家计委、国家经贸委、财政部、中国人民银行、税务总局、中国证监会制定的《关于建立风险投资机制若干意见的通知》,该通知对于我国建立风险投资机制的意义、基本原则、风险投资撤出机制的建立、完善中介服务机构体系、建立相应的政策和法规体系等都做了明确的说明和规定。2000年国家经贸委颁布了《关于鼓励和促进中小型企业发展的若干政策意见》,其中提出:"鼓励社会和民间投资,探索建立中小企业风险投资公司;探索风险投资基金的管理模式和撤出机制;充分发挥政府对风险投资的导向作用"。2001年8月,国家对外贸易经济合作部、国家科学技术部、国家工商行政管理总局颁布了《关于设立外商投资创业投资企业等暂行规定》,使外商参与中国的创业投资有规可循。从不同的资金渠道拓宽了中国风险投资的发展空间。

近年来,中国的风险投资无论是投资机构总数、筹集的风险资本金总额、投资项目总量,还是风险投资及基金管理机构的从业人员等,都有大幅度的增加。中国风险投资机构的区域分布与当地的科技、经济发达程度,信息交通、配套环境的健全,以及当地政府的政策支持密切相关。当前风险投资机构最为集中的地区为北京、上海和深圳,其次是南京、杭州、天津、广州、成都、武汉、西安等中心城市。2005年下半年,中国风险投资业翘首以待的十部委联合制定的《创业投资企业管理暂行办法》正式颁布实施,建立政府引导基金、融资优惠和税收优惠等政策即将配套;股权分置全面推进,中小企业板将率先实现全流通,为创业企业开辟通道,为并购提供便利;《公司法》《证券法》修改完成,企业上市门槛降低,也为建设创业板提供了法律依据。"风险投资—高新技术企业—多层次资本市场体系"的良性互动机制可望早日形成,中国风险投资将迎来新一轮发展机遇。

三、风险投资的运作模式

（一）风险资本的形成

在不同的国家，风险资本的来源不同，有来自政府、大公司、民间的私人资本等，但最主要的来源有：

（1）富有的个人。作为个人投资者而言，主体主要是由两类人组成，一是具有风险投资经验的投资人；二是创业企业家，曾得到过风险投资的支持，从自己的创业投资企业中获得了巨额的回报。

（2）政府。出于产业政策以及宏观经济发展规划的考虑，政府会给予风险投资支持，主要有财政拨款、政府直接投资、政府担保的银行贷款等形式。政府起到的作用既是巨大的但有时也是有限的，只能起到信用担保、放大资金的作用，不可能成为风险投资的主要资金提供者。

（3）企业。企业是风险投资的主要参与者，企业介入风险投资主要是出于发展战略目标的考虑，为企业寻找到新的利润增长点，甚至是二次创业。在美国，企业的风险投资资本占风险投资基金来源的30%。

（4）机构投资者，包括保险公司、慈善基金、养老基金和信托投资公司。

（5）商业银行，主要是商业银行的控股公司提供资金或者是从银行员工管理的资金池中取得资金，由于银行的天生谨慎，因此不可能成为风险资金的主要提供者。

（6）境外投资者，主要包括境外个人投资者和机构投资者。

（二）风险投资的步骤

风险资本形成以后，风险投资就开始进入投资运作阶段，投资过程一般会分为以下几个步骤。

1. 搜寻投资项目

建立风险投资基金后，下一步的重要工作就是寻找投资项目。寻找投资项目是一个双向的过程，企业可以主动向风险投资机构提交项目投资申请，再由风险投资机构进行评审遴选。另外，风险投资机构也可以主动去寻找投资项目。

2. 项目筛选

由于资金与风险的因素，风险投资公司并不是对所有的申请项目都进行投资，而是要对申请的投资项目进行最初的甄别和筛选。最初的筛选过程趋向于风险资本家所熟悉的投资领域，而企业的财务状况及其筹资阶段也是评价的重要标准。一般来说，获得风险投资机构青睐的企业项目必须具有以下特点：

（1）巨大的市场潜力。该项目产品必须既有巨大的市场潜力，包括会被未来的市场普遍认同，并能够接受其价格。

（2）先进的技术。公司拥有的技术必须是先进的甚至是革命性的、独一无二的，通常是一国或多国的专利技术，或获得了行政保护、被定为商业秘密的技术等。

（3）持久的竞争优势。该产品的成本、性能、质量必须具有持久的竞争优势，起码在企业上市之前或上市之后的几年间，具备这种优势。

3. 项目评价

一旦某一项目通过了最初的筛选，风险资本家就会对该项目进行更详细的评估。评估项目是一个复杂的综合评价过程,它涉及项目的技术水平、市场潜力、资金跟进、经营管理团队的素质乃至政策、法律等因素,需要由各方面专家组成的项目组一同完成。

在挑选项目的标准中,技术固然是重要的,但更重要的是产品的市场管理团队的素质。在技术方面,主要包括技术的独特性、掌握技术的人员的情况和技术的成熟性。在市场方面主要是市场的定位、市场的大小、市场的渗透率及市场的竞争度。对经营管理的团队的考察,主要侧重于管理者在经营一个处于成长阶段的公司方面的经验如何,在所从事的行业的技术水平有多高,以及在管理工作中是否有过成功的记录等。当然,风险投资者在选择项目时,要求风险企业有清楚的业务计划、明确的行政管理纲要、对公司现状的经营的准确报告、对产品或服务的详细说明、具体的市场战略、条理清晰的管理情况和清楚详细的财务分析。

4. 谈判阶段

当项目经过评价或认为是可行的,风险资本家和潜在的风险企业就会在投资数量、投资形式和价格等方面进行谈判,确定投资项目的一些具体条件。这一过程在国外被称为"协议创建",协议包括协约的数量、保护性契约和投资失利协约。

风险投资公司和风险企业作为两个独立的实体,各自追求自身利益的最大化,因此该阶段要确定相互协作的机制,平衡各自的权益。一般来说,风险投资公司关注的问题是:在一定风险情况下投资回报的可能性;对企业运行机制的直接参与和影响;保障投入资金一定程度的流动性;在企业经营绩效不好时对企业管理进行直接干预,甚至控制。而风险企业关注的则是:保障一定的利润回报;基本上可以控制和领导企业;货币资本能够满足企业运转的要求。因此谈判阶段所要解决的问题是确定一种权益安排,以使双方互惠互利,风险共担,收益共享。

谈判的最终结果,即未来的操作安排及利益分享机制,体现在双方商定并共同形成的契约上,契约条款一般包括:投资总量;资金投入方式及组合,包括证券种类、红利、股息、利息及可转债的转换价格;企业商标、专利租赁等协议;投资者监督和考察企业权力的确认;关于企业经营范围、商业计划、企业资产、兼并收购等方面的条件确认;雇员招聘及薪酬确定;最终利润分配方案。

5. 投资生效后的监管

风险投资公司和风险企业之间达成某种协议以后,风险资本家就要承担合伙人和合作者的任务。风险投资的一个重要特点就是其"参与性",这种参与性不仅表现在对风险企业的日常运营进行监督管理,还表现在风险投资者对风险企业经营战略、形象设计、组织结构调整等高层次重大问题的决策上。

风险投资机构对风险企业的监管主要通过以下方式进行:

(1)委派在行业中经验丰富的经营管理专家加入董事会,参与企业重大事项的决策及经营方针、战略和长期规划的制定;

(2)定期审阅公司的财务报表;

(3)向风险企业推荐高水平的营销、财务等专业管理人员;

(4)向风险企业提供行业发展分析报告;

(5)协同企业寻求进一步发展所需的资金支持,并为公开上市创造条件,进行准备。

（三）风险资本的退出

风险投资家对风险企业进行风险投资的目的不是对风险企业的占有和控制，而是为了获得高额收益，因此，风险投资家会在适当的时机变现退出。退出方式可以等到企业上市发行股票，为了降低风险收回部分资金，风险投资3—4年后将股权转出一部分，不能要求一个投资者"死跟到底，不能退出"。总之，风险投资者的目的不是经营企业，经营企业是企业家的事。投资者的使命是促进产权流动，在流动中实现利润。

第四节　私募股权融资

一、私募股权融资的概念、特征与优势

1. 私募股权融资的概念

私募股权融资是指企业通过非公开渠道和方式，与特定投资者签订股权认购协议，出让部分股权进行直接融资的行为，是中小企业除通过银行和公开上市以外的一种主要融资方式。对于私募股权投资者而言，他们利用私募股权基金向成长性较好的非上市企业进行股权投资，并提供相应的管理和其他增值服务，以期被投资者企业进入成熟期后通过上市发行股票或者其他方式退出，从而实现投资增值，是一个资本运作的过程。私募股权融资是除公开发行股票以外股权融资的统称，私募股权融资不仅仅带给企业资本，还能为企业带来增值服务，如规范的法人治理结构、提供更多的市场发展机会和客户、帮助企业引进更多的高级人才以及规划未来的境内上市等。因此，随着中国经济持续稳定的发展，现在海外资金更多是私募基金纷纷想要进入中国；另外，中国已进入一个民间资金充裕的时代，需要多渠道的投资产品，发展私募股权融资不仅是中小企业发展的需求，也是中国资本市场发展的需要。

2. 私募股权融资的特征

（1）私募股权融资是权益性融资，企业获得的资金是自由资金，所融资金一般不需要抵押和担保，也不需要偿还，由投资者承担投资风险。

（2）对非上市公司的股权融资，因股权流动性差被视为长期投资，所以投资者会要求高于公开市场的回报。因此，私募股权融资有投资期长、增加企业资本金的好处。

（3）没有上市交易。目前我国没有现成的市场供非上市公司的股权出让方与购买方直接达成交易，而持币待投的投资者和需要融资的企业必须依靠个人关系、中介机构来寻找对方。

（4）受到法规的一定限制。如私募股权融资不得采用广告、公开劝诱和募集说明书等形式来推销证券与筹集资金；不得向累计超过200人的特定对象发行证券；只能对待定投资人募集。

（5）为融资企业提供增值服务。由于投资者不同程度地参与企业管理，并将投资者的优势与公司结合，为公司发展带来科学的管理模式、丰富的资本市场运作经验以及市场渠道、品牌资源和产品创新能力等。如果投资者是大型知名企业或著名投资银行机构，他们的名望和资源在企业未来上市时还有利于提高上市的公家、改善二级市场的表现。

3. 私募股权融资的优势

私募股权融资与公募股权融资相比有以下优势：

(1)私募股权融资约束少。相对于公募股权融资,私募股权融资在资格上受到的约束相对较少,不像公募股权融资时要受到严格的条件限制,很多企业被关在上市门槛外。私募股权融资对于募集的资格基本不进行限制,主要看企业的成长性,以及在获得资金后能否持续发展以及今后是否有上市规划。因此,私募股权融资更具有广泛性,更适合中小企业的融资。

(2)私募股权融资成本低。企业公募股权融资历时时间长、成本高、风险大,企业需承担审计、评估、律师、保荐、承销等中介费用,如果是红筹上市还要支付境外审计、律师的费用。而私募股权融资没有股票承销费,指承担审计、律师等中介费用,相对公募发行能降低许多成本。

(3)私募股权融资目标性强。私募股权融资是向少数特定对象募集的,一方面其投资目标更具针对性,更有可能为企业量身定做投资服务产品,组合的风险收益特性能满足客户特殊的投资要求。另一方面私募发行价格在一定程度上会受到证券市场行情波动的影响;而在公募市场,即使有投资价值的股票,也会受到大环境的影响。

(4)私募股权融资保密新强。公募股权融资的企业是公众公司,公众公司的经营状况、利润来源、资金投向等方面都要如实披露,竞争对手可以对其了如指掌。而私募股权融资,只对特定投资人披露有关信息,可以对竞争者保密,对于商业机密多的企业这是非常重要的。

二、私募股权的运作模式

1. 公司制

公司制是由两个或两个以上的投资者(股东)共同出资组成具有独立主体资格的私募股权投资基金或者公司,包括有限责任公司或股份有限公司两种形式,是一种"委托—代理"关系。公司制一般是各国私募股权市场初期所采用的运作模式。

这类私募基金以公司形式进行注册登记,有完整的公司架构、运作比较正式和规范。在目前市场上一般以投资公司、投资顾问公司以及投资公司等形式出现。有如下特点:业务范围包括有价证券投资,股东数目不多但出资额比较大;管理人收取管理费和与效益挂钩的激励费;注册资本可根据经营结果变更。其优势在于经营管理规范,缺点在于存在双重征税,即要以公司名义缴纳各种经营费和以个人名义缴纳个人所得税。

国内目前规范此种运作形式基金的主要是《证券法》《公司法》《创业投资企业暂行管理办法》和《外商投资创业投资企业管理办法》。根据修订后的我国《公司法》,公司的经营范围可由公司章程规定,可以向其他企业投资,没有对外投资比例的限制。有限责任公司注册资本门槛是 3 万元,人数限制为 50 人以下,股份有限公司为 500 万元,发起人人数限制为 2—200 人。实行介于许可资本和承诺资本制之间的折中资本制,公司股东首次出资额不得低于注册资本的 20%,2 年内缴足,投资公司资本金可在 5 年内逐步缴足,同时授权公司董事会,在认为适当的情况下,逐步增加公司的实有资金,低的注册资本和逐步满足了私募股权基金的具体动作需求。有限责任公司股东可以约定不按出资比例获取红利或者不按照出资比例优先认缴增资,表决权的行使可以不按出资比例而由公司章程另行规定,股东之间或对外可以转让全部或者部分股权,对外转让需经过半数股东同意,其他股东有优先购买权。

上述规定给公司的灵活经营和激励机制的设置留下了空间。股份有限公司可以募集设立发起人认购公司应发行公司的一部股份,其余股份可以向特定对象募集而设立,《证券法》规定对累计不过200人的特定对象发行证券为非公开发行,股东出席股东大会会议,所持每一股份有一表决权,表决权的形式方式限制了管理层的经营自由,并不是很适合私募股权基金的运行。所以目前国内国际的公司型私募股权基金主要是有限责任制公司制。

2. 契约制

契约制私募股权投资基金本质上是一种基于信托关系而设立的集合投资制度。投资者、受托人和管理人三方之间通过订立契约形成一种信托关系的基金。基金本身仅仅是一个虚拟的财产集合体,投资者无权参与基金运作的重大决策。信托契约一经签订后,基金财产的所有权和经营权随即全部转移给受托人,受托人可以自己的名义或亲自或委托其他管理人管理基金财产,投资成果的分配依信托契约的约定。由于组织结构比较简单,通过契约型信托基金进行私募股权投资目前在美国比较受青睐,其治理结构的合理性及经营效率也高于公司制。

契约型私募基金,在我国是指通过口头协议、委托合同或信托合同等契约组建的代客理财形式。其优势在于避免了双重征税,缺点是设立和动作不灵活。目前以这种形式存在的私募基金主要有以下几种:个人委托、经纪人、"工作室"。

契约型私募股权基金蕴涵的是一种"信托—受托"关系,基金本身为一财产集合体,由基金管理人以自己的名义对其进行经营管理,投资仅作为受益人分享利益,无权参与基金运作的重大决策,形成的是基金管理人、基金受益人、基金托管人三方当事人的制衡关系。主要由《信托公司集合资金信托计划管理办法》以及《证券公司客户资产管理业务试行办法》加以规范。《证券公司客户资产管理业务试行办法》规定综合类证券公司可以从事为多个客户办理集合资产管理业务,可以设立非限定性集合资产管理计划,其投资范围由修订本资产管理合同约定,但是应当报经中国证监会进行全面审核获取批准。客户资产应该交由证监会认可的第三方机构进行托管。设立非限定性集合资产管理计划的只能接受货币性资产,接受单个客户的资金数额不得低于人民币10万元。对计划存续期间做出规定,也可以不做规定。以自有资金参与本公司设立的集合资产管理计划证券公司,应当在集合资产管理合同中对其所投入的资金数额和承担的责任等做出约定。证券公司定时提供所管理资产的信息,对单笔投资有投资上限,投资于一家公司不得超过该公司证券发行总量的10%,不得超过该计划资产净值的10%。信息披露较为严格,至少每3个月提供一次资产管理报告,每年提供一次由会计事务所就各集合资产管理计划出具单项审计意见。客户不得转让其所拥有的份额。管理合同中对客户参与和退出集合资产管理计划的时间、方式、价格、程序等事项做出明确约定。《信托公司集合资金信托计划管理办法》规定信托公司可以设立集合资金信托计划,为两个以上合格投资者采用债权、股权、物权及其他可行方式运用信托资金,信托计划财产独立于信托公司的固有财产。单个信托计划的自然人人数不得超过50人,合格的机构投资者数量不受限制,信托期限不少于1年,信托资金有明确的投资方向和投资策略。可在信托合同中约定受托人的报酬及提取方式。信托资金实行第三方保管制。计划存续期间受益人可以向合格投资者转让其持有的信托单位。信息披露要求按季制作信托资金管理报告、信托资金运用及收益情况表。

3. 有限合伙制

合伙型私募基金是指投资者和管理者共同出资组建基金，管理者负责日常运作，投资者不干预基金的日常操作，共同获取投资收益。也就是一个对私募股权投资享有全面管理权并对合伙的债务承担无限责任的普通合伙人，与一个不享有管理权但对合伙的债务仅以出资额为限承担责任的有限合伙人共同组成的合伙企业。在有限合伙制中，投资者扮演有限合伙人的角色，中介机构则扮演普通合伙人的角色，普通合伙人背后通常有一个管理公司。有限合伙通常有固定的存续期限（通常为十年），到期后，除非全体投资人一致同意延长期限外，合伙企业必须清算，并将获利分配给投资人。有限合伙人在将资金交给普通合伙人后，除了在合同上所订立的条件外，完全无法干涉普通合伙人的行为，普通合伙人享有充分的管理权。收益分配上有限合伙人获得较大部分。如果投资失败，一般合伙人的出资将首先受到损失，这就形成了以下局面：一方面，丰厚的投资收益分配为激励一般合伙人的巨大动力；另一方面，对一般合伙人而言，首先承担损失的责任可约束其道德风险。自从2007年新《合伙企业法》的实施，我国私募基金的合伙制在原来主要是"老鼠仓"的基础上增加了有限合伙制。其大致的操作方式为：委托方和操作方在第三方的介入签订协议，双方按一定的比例出资，操作方负责操作，但没有提款的权利，以保证资金的安全。证券公司方负责监督操作，例如当"老鼠仓"内的资金损失超过一定比例或者是接近捉拿方的出资量，证券公司会通知委托方，由委托方和操作方协商，或是就此平仓，损失由操作方承担，或是操作方增资，继续操作，直到协议期满。协议期一般为半年或是一年。"老鼠仓"到期后双方按照协议分配所得。分配方式一般有三种：纯保底、纯分成和保底分成。如采用纯保底方式，委托方的收益一般在8%—10%，其余收益为操作方所得；如采用保底分成，保底收益一般为6%—8%，超出部分三七开或是四六开，操作方得大头；如采用纯分成，分成比例可以达到五五开。假设委任方出资450万元，操作方出资50万元构成总投资额为500万元的"老鼠仓"，如收益在20%时，按五五开纯分成方式，委托方和操作方的收益均为50万元，委托方的收益率为11.1%，而操作方的收益率为100%，达到了借鸡生蛋的目标。

证券公司一方面作为监督方可以得到一定的监督收益，但更重要的是由于资金、交易量的增加而增加了收入。

拓展阅读

7月投资市场融资额翻一番 机构加速布局互联网电信行业

根据清科集团旗下私募通数据显示，2015年7月共发生投资案例310起，披露金额案例数274起，总投资金额达108.63亿美元，平均投资金额3 964.63万美元。案例数环比增加4.38%，金额环比暴增一倍，高达113.31%。案例数同比增加156.20%，金额同比增加260.24%。金额的暴增缘于7月多个大额融资案例，金丰投资混合所有制改革引入多家投资机构，同程网、百姓网、滴滴快的和百度外卖等互联网企业融资额均高达数亿美元，同时新三板的健康发展也获得了多家机构的青睐。7月投资市场的火热与股市持续的低迷形成鲜明对照，互联网、电信及其增值业务行业正在不断企稳发展，机构急剧加速布局，期望获得丰厚退出回报。

资料来源：http://www.pedata.cn/main_do/news_detail/220296。

关键术语

权益融资 天使投资 风险投资 私募股权融资

复习思考题

1. 简述企业选择权益融资的利弊。
2. 简述天使投资与风险投资的主要区别。
3. 分析风险投资退出的主要途径。
4. 试从企业家视角阐述私募股权融资的优劣势。

第五章

上市融资

学习目标

- 了解上市融资的特点
- 理解上市融资的利弊
- 掌握境内上市融资的主要渠道
- 掌握境外上市直接融资的主要途径
- 掌握间接上市融资的三种方式

案例导读

阿里巴巴弃港赴美上市原因始末

北京时间 2014 年 9 月 19 日晚间,国内最大的电商公司阿里巴巴在美国纽约证券交易所挂牌上市。阿里巴巴发行价定为每股 68 美元,筹资规模达 218 亿美元,对应市值达到 1 676 亿美元。国内近百家媒体应邀赴美国现场目睹阿里上市景况。

早在阿里巴巴上市之前,其上市地点成为当时热议的话题,阿里巴巴早先表示,香港是阿里巴巴上市的首选阵地,但最终阿里巴巴放弃香港而赴美上市。这其中究竟是怎么一回事?是什么缘故导致了阿里巴巴改变初衷?

1. 阿里巴巴的身世

阿里巴巴集团的注册地在开曼群岛,也就是说,阿里巴巴为外资企业,而目前我国政策不支持外资公司在 A 股上市。这也就直接否定了阿里巴巴在国内上市的可能性。我国的许多优秀的互联网公司,如百度、腾讯、当当网等都是如此。

阿里巴巴集团利用 VIE 机制来控制内地的公司。之所以采用 VIE 结构,是因为中国互联网公司大多因为接受境外融资而成为"外资公司",但我国的法律规定很多牌照只能由内资公司持有,所以这些公司往往成立由内地自然人控股的内资公司持有经营牌照,然后用合约来规定持有牌照的内资公司与外资公司的关系。而如果要把这个注册在开曼群岛的外资公司,重新变为在国内注册,这几乎没有什么操作可能。

2. 控制权问题

阿里巴巴上市后仍然想维持创始人对公司的控制。众所周知,阿里巴巴是马云和他的17个伙伴共同创立。为了使公司能够按照既定的目标发展,创始人的发展理念对公司的发展具有非常深远的影响。而马云及他的合伙人只拥有阿里巴巴集团约10%的股份(马云持有7%左右股份),正常来说,公司上市之后,原始控股人的股份会被稀释,将失去对公司的控制权。但马云希望,公司上市之后创始人也依然对公司紧握掌控权。因此,马云提出采取合伙人制度,即以马云为首的管理层以持10%的股份,可以提名半数以上的董事,公司上市后,合伙人有权提名董事会的大部分董事,当然阿里巴巴的股东们可以否决合伙人提出的这些董事候选人,但之后仍然由这些合伙人重新挑选新的候选人以供股东批准,这样一来,股权和投票权将不对等,这和香港交易所"股东应得到平等对待"的同股同权原则相悖。最终,双方谈判破裂。但美国纽约交易所和纳斯达克交易所支持阿里巴巴的"合伙人"的制度安排。因此,阿里巴巴转战美国上市。

3. 阿里巴巴美股上市的优势

阿里巴巴之所以最终选在美股上市,是由于其成熟市场严格的监管和法律法规,以及集体诉讼制度,使得上市公司不敢肆意妄为,滥竽充数的坏公司将会原形毕露并被及时清除出场,好公司则会只争上游从而赢得投资者青睐,这样的环境更有利于阿里巴巴的茁壮成长。另外,阿里巴巴在美国纽约交易所上市能够吸引到更多的外资,能够被更广大的外国投资者熟悉,这符合阿里巴巴的全球化定位。

你是不是有下面的疑问

1. 上市融资会对企业产生何种影响?
2. 上市融资的渠道有哪些?
3. 境内外上市融资的条件有哪些区别?

进入内容学习

第一节 上市融资概述

一、上市融资的特点

上市融资是指企业从自身生产经营现状及资金运用情况出发,根据企业未来经营与发展策略的要求,通过资本市场,发行股票筹集生产经营所需要资金的一种经济活动。按照进入证券市场的方式,上市融资可分为直接上市融资和间接上市融资。前者是指通过IPO(首次公开发行)直接方式成为上市企业进行的融资活动,后者主要包括买壳上市、借壳上市、MBO、控股大股东等间接方式成为上市企业的融资活动。

上市融资本质上是企业所有者通过出售部分股权换取企业所需发展资金,通过出售企业股权而融得的资金具有以下特点:

(1)无需偿还本金。因为股票是一种无偿还的有价证券,所以企业通过上市发放股票所筹集的资金具有永久性,无到期日,没有还本压力,但须支付股利。投资者一旦认购后就不能退股,只能在二级市场上进行交易转让。这能够保证公司对资本的最基本需要,有利于维持公司长期稳定发展。

(2)提高公司信誉。上市融资通过售让股权,引进外部投资者,能够改善公司的财务结构,降低资产负债率,有利于提高公司信誉,为日后企业进行债务融资打下基础。

(3)承受业绩压力。企业一旦上市,就不是某个人或某几个人的企业了,而是属于所有投资者的企业,投资者关注企业的经营绩效,一旦企业经营不善,投资者会选择用脚投票,导致公司的股票表现不佳,这不利于公司的长期发展。因此,上市企业往往承受着较大的业绩压力。

二、上市融资的利弊

(一)上市融资的优势

1. 实现低成本融资

企业的发展需要充足的资本,向投资者募集股本是较低成本的融资方式。首先,从时间成本上讲,股权融资可以在短时间内融到足够的资本,比利润积累要节约时间;其次,从财务成本上来说,股权融资不需要支付利息,不增加财务费用,不减少公司税前利润;最后,从整个公司角度来说,公司的财务成本比债务性融资成本大大降低。因此,企业上市可以使得企业获得低成本的融资。此外,企业上市所筹得的资金有益于企业进行技术和产品升级换代,扩大经营规模,提高市场占有率,完善企业的资本结构,提高企业自身的抗风险能力,从而使企业可持续发展。

2. 规范企业管理

企业上市是建立健全公司治理结构,提高管理水平的有效途径。尤其是对部分中小民营企业来说,通过上市使企业的资产部分公众化,引入强有力的股东大会、董事会来制约企业经理层,有利于摆脱家族成员的干预,将企业的发展与家庭成员的命运相分离,规范法人治理结构,提高企业的管理水平,降低经营风险,增强企业的创新动力。

3. 提高企业融资能力

企业上市后,只要在公司经营业绩和股票表现良好的前提下,同时投资者看好公司发展前景,企业就还可以申请再次增发新股融资,或者发行可转换债券来进一步筹集资金,企业的筹资能力相比上市前大大增强。同时,企业上市可以增强金融机构对企业的信心,使公司在银行信贷等业务方面得到便利,更容易获得金融机构的资金支持。

4. 提高企业信用等级

企业的信用是企业在市场经济活动中对外交易的基础,信用较强的企业,对外接待、贸易往来以及开展合作都可以更加容易争取到对方积极的配合,降低交易成本,从而获得更强的竞争力,由于上市企业治理规范、管理科学、具备融资渠道,所以容易获得较高的信用评价。

5. 提高企业品牌知名度

企业上市是其树立品牌的一个重要内容。能够作为上市的企业应该是质地优良、有发展前景的公司,这在一定程度上可以表明企业的竞争力,无疑将大大提高企业形象。在企业上市过程中,招股说明书和路演为企业展示形象提供了舞台,使社会公众了解到企业的实力和发展战略,从而公众增强对企业的信心。企业上市后将成为社会的焦点,无数的投资者会关注企业每日的交易行情,各大媒体会追踪报道公司的新业务和新动向,证券分析师和投资机构会对企业进行实时分析,进一步挖掘企业的潜在价值。

上市公司较高的社会声誉和对当地经济做出的巨大贡献使得它们更容易获得地方政府的支持和补贴。积极开展与投资者的关系管理,建立公司和股东间良性的互助关系,可以为企业树立新的品牌,使得企业声誉能够迅速传播。

6. 增强企业凝聚力

企业的竞争,本质上是人才的竞争。企业上市在提高公司信用等级和知名度的同时,企业员工的归属感和荣誉感也会得到提升,对企业的信心也大为增加;在稳定了现有员工的基础上,也吸引人才的流入,同时上市公司也可以将股票和期权作为一种激励员工和管理层创造业绩的有效工具。因此,企业上市,有利于提升企业的人才竞争力。

7. 提高个人财富和声誉

通过企业上市融资可以使企业创始人和原始投资人的账面收益和转让股票所带来的收益达到一个质的飞跃。企业创始人和原始投资者由于持有上市工资的股权,其个人财富在上市后能得以数倍至数十倍增长。例如,A 企业上市之前的总股本为 4 亿股,净资产为 4 亿元,预计下一年度盈利水平为 2 亿元。若 B 股东拥有 A 企业 50% 股权,则 B 股东现投资价值为 $4 \times 50\% = 2$ 亿元。A 企业上市发行 1 亿流通股,按照 20 倍市盈率预计发行价格为 $20 \times 0.5 = 10$ 元,则 B 股东持有的 2 亿元的账面价值由 2 亿元提高到 20 亿元。如果 A 企业是高成长型企业,市场给予较高市盈率定价,当股价达到 15 元时,B 股东持有股票的市值将达到 30 亿元,实现资产价值在短时间内迅速升值 15 倍。

(二)上市融资的风险

上市融资固然可以为企业带来上述诸多的好处,但是任何事物都有其两面性,企业上市同样存在风险,并且也是一个痛苦和漫长的过程,需要相当的毅力和耐心。

1. 企业上市成本的投入

企业为满足上市要求而花费的成本中分为直接成本和间接成本。

企业为上市而花费的直接成本包括投资银行的财务顾问费用、保荐人和主承销商的保荐费用、律师事务所的法律顾问费用、会计事务所的审计费用、资产评估事务所的评估费用、财务公关公司的公关费用、证券监督部门缴纳的审核费用、向交易所缴纳的上市费用、印刷公司的印刷费用和媒体公告费用等。这些费用大部分都是在公司获得成功融资之前需要由企业支付的。

企业为上市而花费的直接成本包括为了维系上市而花费的费用、每年需要向交易所缴纳的上市费用、聘请常年法律顾问和审计师的费用、定期召开会议的费用、发布公告的费用、为了满足上市要求的变化而支付的费用,这些费用的付出,增加了公司的成本。

2. 企业隐私权的丧失

为了保护投资者的利益,各国立法机构都制定了完备的法律法规对公司上市行为进行监管,并建立了包括证券监督机构、证券交易所、投资者诉讼在内的一系列监管体制。各国证券监督管理部门要求,上市企业的信息披露对中小投资者必须是公开透明的。上市时,企业必须披露企业产品结构、企业在行业中的竞争地位、客户情况、供销商情况,还需要提供企业固定资产、知识产权、环保问题、未了结法案等详细资料,以及当前和未来的战略目标和具体措施等,这其中涉及不少企业机密,企业的隐私将完全暴露在公众之下。

3. 企业控制权的削弱

企业上市本质上是一种利益交换,原始投资人用出让股权的方式获得投资人的资本投入,因此,企业上市后必然会稀释原始投资人的持股比例,很有可能会由原来的绝对控股变成相对控股,从而削弱原始投资人对企业的控制力,原来的企业主或管理层失去对公司的控制力,这必然会影响公司的经营管理方式。同时,企业上市后,个人或机构允许通过公开市场买上市公司股票,有可能出现恶意收购上市公司的购买方通过公开市场收购股票与原始投资人争夺企业控制权的局面。因此,企业上市后控制权的削弱,也是企业原始投资人必须考虑的问题。

4. 企业经营难度的加大

企业上市后为保护中小股东利益,企业重大经营决策需要履行一定的程序,如此可能失去部分作为私人企业所享受的经营灵活性。在上市之后,企业还有定期公开业绩报告的义务,同时还要将企业的重大关联方交易、重大收购兼并交易以及相关的敏感信息及时对外披露。可以说,公司完全处于公众特别是竞争对手的关注之下,这对于公司经营显然是不利的。

综上所述,企业上市融资有利有弊,因此就出现了以上市融资实现快速发展的企业代表"苏宁电器",和靠自身积累和银行贷款筹资发展而不公开发行股票融资、不稀释股东股权比例的企业代表"深圳华为",这两个企业无疑都是优秀的,它们结合实际情况选择最适合自身发展的融资方式,并取得了阶段性的成功。因此企业应该借鉴成功企业的经验,结合自身的情况选择恰当的融资方式,以确保企业可以快速、健康发展,不断做大做强。

第二节 境内上市融资

我国上市融资的模式很多,按照上市地点不同可以划分为境内上市和境外上市;按照上市的证券市场级别可以分为主板上市和二板、三板上市;按照上市方式不同可以采用直接上市和间接上市。不同的模式分类之间有相互交叉的部分,因此,本书将选择按照上市地点不同来对上市融资进行分类。

目前中国境内证券交易所有两家,即上海证券交易所和深圳证券交易所。两个交易所都是不以盈利为目的的法人,归属于中国证监会直接管理。中国的企业在境内上市通常采用公开发行股票上市,又称公募股权融资,是指发行人在中介机构的协助下,在证券市场上向不特定的社会公众投资者发售企业的股票募集资金。它包括企业首次发行股票、上市后的增发股票及配售,这些都是利用公开的市场进行股权融资的形式。国内在公开市场进行股权融资的场所有两个,分别是上海证券交易所和深圳证券交易所,可以选择主板、中小企业板或创业板上市融资。

一、主板上市融资

主板市场也称为一板市场,指传统意义上的证券市场(通常指股票市场),是一个国家或地区证券发行、上市及交易的主要场所。中国大陆主板市场的公司在上交所和深交所两个市场上市。主板市场是资本市场中最重要的组成部分,能够很大程度上反映经济发展状况,有"国民经济晴雨表"之称。

主板上市融资的条件为股票经国务院证券监督管理机构核准已公开发行;公司股本总额不少于人民币三千万元;公开发行的股份达到公司股份总数的百分之二十五以上;公司股本总额超过人民币四亿元的,公开发行股份的比例为百分之十以上;公司最近三年无重大违法行为,财务会计报告无虚假记载等。

因主板上市要求较高,一般的中小企业很难满足条件,所以我国先后开设了中小企业板、创业板市场,逐步形成较完善的多层次资本市场结构,满足中小企业上市融资的需求。

二、中小企业板上市融资

(一)中小企业板市场的概念

2004 年 5 月,经国务院批准,中国证监会批复同意深圳证券交易所在主板市场内设立中小企业板块,从资本市场架构上也从属于主板市场。中小企业板块是深交所主板市场的一个组成部分,是深圳证券交易所为了鼓励自主创新而专门设置的中小型公司聚集板块。中小企业板定位于为主业突出、具有成长性和科技含量的中小企业提供融资渠道和发展平台,促进中小企业快速成长和发展,是解决中小企业发展瓶颈的重要探索。板块内公司普遍具有收入增长快、盈利能力强、科技含量高的特点,而且股票流动性好,交易活跃。

(二)深交所中小企业板上市融资的条件。

中小企业板上市的基本条件与主板市场完全一致,中小企业板块是深交所主板市场的一个组成部分,按照"两个不变"和"四个独立"的要求,该板块在主板市场法律法规和发行上市标准的框架内,实行包括"运行独立、监察独立、代码独立、指数独立"的相对独立管理。中小企业板块主要安排主板市场拟发行上市企业中具有较好成长性和较高科技含量的、流通股本规模相对较小的公司,持续经营时间应当在三年以上,有限责任公司按原账面净资产值折股整体变更为股份有限公司的,持续经营时间可以从有限责任公司成立之日起计算。发行人最近三年内主营业务和董事、高级管理人员没有发生重大变化,实际控制人没有发生变更。

1. 独立性条件

发行人应当具有完整的业务体系和直接面对市场独立经营的能力,发行人的资产完整,人员独立,财务独立,机构独立,业务独立。发行人的业务应当独立于控股股东、实际控制人及其控制的其他企业,预控股股东、实际控制人及其控制的其他企业间不得有同业竞争或者显失公平的关联交易。

2. 规范运行条件

发行人已经依法建立健全股东大会、董事会、监理会、独立董事会、董事会秘书制度,机关机构和人员能够依法履行职责。发行人的董事、监事和高级管理人员已经了解与股票发行上市有关的法律法规,知悉上市公司及其董事、监事和高级管理人员的法定义务和责任。发行人的董事、监事和高级管理人员符合法律、行政法规和规章的任职资格。

3. 财务会计条件

发行人资产质量良好,资产负债结构合理,盈利能力较强,现金流量正常。具体各项财务指标应达到以下要求:最近3个会计年度净利润均为正数且累计超过人民币3 000万元;最近3个会计年度经营活动产生的现金流量净额累计超过人民币5 000万元;或者最近3个会计年度营业收入累计超过人民币3亿元;发行前股本总额不少于人民币3 000万元;最近一期末无形资产(扣除土地使用权、水面养殖权和采矿权等后)占净资产的比例不高于20%;最近一期末不存在未弥补亏损。发行人依法纳税,各项税收优惠符合相关法律法规的规定,经营成果对税收优惠不存在严重依赖。

三、创业板上市融资

1. 创业板市场概述

创业板市场(Growth Enterprises Market,GEM),也称为二板市场,是指专门协助高成长的新兴创新公司特别是高科技公司筹资并进行资本运作的市场,是多层次资本市场的重要组成部分。地位次于主板市场的二级证券市场,以NASDAQ市场为代表,在中国特指深交所创业板。

创业板市场与大型成熟上市公司的主板市场不同,是一个前瞻性市场,注重于公司的发展前景与增长潜力。其上市标准要低于成熟的主板市场。创业板市场是一个高风险的市场,因此更加注重公司的信息披露。在上市门槛、监管制度、信息披露、交易者条件、投资风险等方面和主板市场有较大区别。其目的主要是扶持中小企业,尤其是高成长性企业,为风险投资和创投企业建立正常的退出机制,为自主创新国家战略提供融资平台,为多层次的资本市场体系建设添砖加瓦。2012年4月20日,深交所正式发布《深圳证券交易所创业板股票上市规则》,并将于5月1日起正式实施,将创业板退市制度方案内容,落实到上市规则之中。创业板市场具有以下特点:

(1)在上市条件方面对企业经营历史和经营规模有较低的要求,但注重企业的经营活跃性和发展潜力。

(2)买者自负的原则。创业板需要投资者对上市公司营业能力自行判断,坚持买者自负原则。

(3)保荐人制度。对保荐人的专业资格和相关工作经验提出更高要求。

(4)以"披露为本"作为监管方式。它对信息披露提出全面、及时、准确的严格要求。

(5)以增长型公司为目的。上市条件较主板市场宽松。

2. 深交所创业板上市融资的条件

发行人在深交所创业板申请首次公开发行股票应当符合下列条件:

（1）发行人是依法设立且持续经营3年以上的股份有限公司。有限责任公司按原账面净资产值折股整体变更为股份有限公司的，持续经营时间可以从有限责任公司成立之日起计算。

（2）最近两年连续盈利，最近两年净利润累计不少于1 000万元；或者最近一年盈利，最近一年净利润不少于500万元，最近一年营业收入不少于5 000万元，最近两年营业收入增长率均不低于30%。净利润以扣除非经常性损益前后孰低者为计算依据。

（4）最近一期末净资产不少于2 000万元，且不存在未弥补亏损。

（5）发行后股本总额不少于3 000万元。

第三节　境外上市融资

与境内上市融资相对的是境外上市融资。近年来，尽管国家不断出台各种鼓励支持中小企业的优惠政策，但是长期以来困扰中小企业融资难的问题仍然没有得到根本解决。中小企业尤其是民营企业具有资产少、规模小、风险大等特点，在它们做大做强之前很难从商业银行获得贷款，此外，面对国内证券市场上市门槛高、上市时间长、容量有限、再融资难的现实，中小企业纷纷选择境外上市。

一、境外直接上市融资

境外直接上市是指公司的注册地在国内，将公司现有存量资产和业务进行重组，并设立股份有限公司，直接以改公司名义向国外证券主管部门提出登记注册、申请发行股票或其他有价证券，并向当地证券交易所申请上市挂牌交易，即我们通常说的H股、N股、S股等就是指境内企业在境外直接上市的股票。

（一）在香港主板市场及创业板市场上市

1. 上市条件

H股是指中国企业在香港联合交易所发行股票并上市。内地企业采取H股方式在香港直接公开发行上市需要同时满足中国证监会和香港联交所的上市条件。也就是说，内地企业在香港联交所主板市场以IPO方式上市，首先要满足中国证监会"456"的规定，即上市企业"净资产不少于4亿元人民币，筹资额不少于5 000万美元，过去一年税后利润不少于6 000万人民币"。此外，内地企业还必须满足香港联交所规定的申请上市企业的财务状况标准，包括三个指标：一是盈利测试指标，即要求申请企业必须由实质上相同的所有者和管理层的拥有和管理，并具备足够长的营业记录；二是市值/收益测试标准，要求企业具备不少于3个财政年度的营业记录，上市前三年合计盈利不低于5 000万港元，最近一个审计年度的收入（主营业务）至少为5亿港元，上市时的市值至少为40亿港元，上市时持有证券的人数至少为1 000名；三是市值/收益/现金流量测试标准，该标准要求企业除了满足上述市值/收益测试标准外，申请企业或有关集团在上市前的经营活动产生的3个财政年度的累计现金流量至少为1亿港元。

2. 中小企业在香港上市的利弊

（1）中小企业在香港上市的有利条件：

第一，香港的地理位置优越，香港和中国内地的深圳接壤，是3个海外市场中最接近中国的一个,在交通和交流上占有先机和优势。

第二,香港是全球第三大金融中心,在国际上拥有极高的声誉和地位。中国企业在香港上市,可以与国际接轨,主动参与国际市场竞争,学习西方的技术和管理,使企业尽快熟悉国际市场的运行规则,按照国际管理规范企业的经营与管理,增强企业在市场的竞争力。

第三,香港与中国内地的特殊关系,虽然在1997年中国香港主权才回归中国,但港人的生活习惯和社交礼节都与中国居民差别不大。随着普通话在香港的普及,港人和内地居民在语言上的障碍也已经消除,从心理情结上讲,香港是最为内地企业接受的境外市场。

第四,在香港实现上市融资的途径具有多样化。除了传统的 IPO 外,还可以采用逆向收购,俗称买壳上市的方式获得上市资金。

(2)中小企业在香港上市的局限:

第一,资本规模方面。与美国相比,香港的证券市场规模要小很多,它的股市总市值大约只有美国纽约证券交易所(NYSE)的 1/30、纳斯达克(NASDAQ)的 1/4,股票年成交额远远低于纽约证券交易所和纳斯达克市场。

第二,市盈率方面。香港证券市场的市盈率较低,大概只有 13,而在纽约证券交易所,市盈率一般可以达到 30 以上,在 NASDAQ 也有 20 以上。在其他条件相同的情况下,在香港上市募集的资金要少很多。

第三,股票换手率方面。中国香港证券市场的换手率很低,大约只有 55%,比 NASDAQ 的 300% 以上的换手率要低很多,同时也比纽交所 70% 以上的换手率要低。这表明在中国香港上市后要进行股份退出相对来说比较困难。

(二)在美国各级证券市场上市

1. 上市条件

美国拥有世界上最大最成熟的资本市场,其证券市场体现出多层次、为不同融资需求服务的鲜明特征。美国证券市场包括纽约证券交易所(NYSE)、美国证券交易所(AMEX)、世界上最大的电子交易市场纳斯达克自动报价与交易系统(NASDAQ)。此外,还有电子板市场(Over-The-Counter Bulletin, OTCBB)、Pink Sheets 等柜台交易市场。只要企业符合其中某一个市场的上市条件,就可以向美国证监会申请登记挂牌上市。美国证券市场的不同层级为不同条件的中小民营企业提供了更多的选择空间,实现了真正的"无缝市场"。中国企业在美国纽约交易所发行股票并上市的股票成为 N 股,在纳斯达克交易所上市的中国企业的股票被称为中国概念股。表 5-1 是美国的证券市场对上市公司的具体要求。

表 5-1

市场名称	纽约证交所	Nasdaq 全国市场	Nasdaq 小资本市场	美国证交所	OTCBB
最低有形资产净值(万美元)	6 000	1 500	500	400	无
税前净利要求(万美元)	250(或 3 年 650)	100	75	75	无
最低发行市值要求(万美元)	6 000	800	500	300	无

（续表）

市场名称	纽约证交所	Nasda 全国市场	Nasdaq 小资本市场	美国证交所	OTCBB
最低发行股数要求（万股）	110	110	100	100	无
最低股东人数要求（人）	2 000（外国5 000）	400	300	400	无
做市商	4	3	3	3	3
财报审计要求年限（年）	2	2	2	2	2
注册后核准时间	4—10 周	4—10 周	4—10 周	4—10 周	120 天

从美国各层次市场要求的条件可以看出,适合我国中小民营企业的市场主要是 NASDAQ 小型资本市场和 OTCBB 市场。目前我国中小企业的实力不足以直接登陆 NYSE、AMEX 及 NASDAQ 市场,但是中小企业可以选择先在 OTCBB 借壳上市,经过一年左右的培育期,达到相关标准后,再转板 NYSE、AMEX 或 NASDAQ 市场,这个赴美上市的路径是非常可取的。

2. 中小企业在美国上市的利弊

(1) 中小企业在美国上市的有利条件:

第一,美国证券市场的多层次多样化可以满足不同企业的融资要求。在美国 OTCBB 柜台市场挂牌交易对企业没有任何要求和限制,只需要三个券商愿意为这只股票做市即可。企业可以通过买壳方式先在 OTCBB 上市交易,筹集到第一笔资金,等满足了纳斯达克的上市条件,便可申请升级到纳斯达克上市。

第二,美国证券市场的规模是世界任何一个金融市场所不能比拟的,在美国上市,企业筹集到的资金要比其他市场多得多。

第三,美国股市的换手率、市盈率较高,这意味着在美国上市的中国企业拥有更高的估值,能够融到更多的资金,以及后期的股份退出更加方便,对中国企业来说具有相当大的吸引力。

(2) 中小企业在美国上市的障碍:

第一,中美两国在地域、文化、语言以及法律方面存在的巨大差异,企业在上市过程中会遇到不少障碍,这是很多中国企业不考虑在美国上市主要原因。

第二,美国资本市场对中国的大型或者是知名的企业的认可度较高,但对中国的中小企业的认知度并不高。不过,随着"中国概念"在美国证券市场上越来越清晰,这种局面已经得到改观。

第三,如果在美国选择 IPO 上市,面临的费用会较高,但如果选择买壳上市,费用则会降低不少。

第四,美国证券市场对企业内控要求提高。2002 年 7 月,美国国会通过的萨班斯法案第 404 条款要求,美国上市公司根据《1934 年证券交易法》编制的每份年度报告都应包括内部控制报告,公司管理层和外部审计师都必须就此做出评价,后者还必须对公司管理层的评估过程和内控体系出具意见,以确保企业财务报告的可靠性。404 条款对内控制度的严格要求,以及高额的执行成本,使美国资本市场的吸引力有所下降。

综上所述,美国的资本市场多层次化的特点以及上市方式的多样性为不同的企业提供了完备的服务,无论是大型企业还是中小企业,都可以选择在美国上市。但是,美国资本市场对企业的资本、财务报告、监管和信息披露等方面都提出了严格的高标准,中小企业在美国上市必须经受和本土完全不同的考验,承受较高的上市成本。

拓展阅读

26家中概股退市调查:市值被低估是主因

据悉,平安集团旗下的平安创新资本将参与巨人网络退市,目前正通过平安信托向投资者募资。据wind数据统计,截至2014年8月22日,已从美股市场摘牌的中国股票数量达到近173家,其中通过私有化主动退市的公司有26家。

与A股和港股市场动辄几十倍、上百倍的估值相比,美股市场显得格外冷静,无论像7天连锁酒店这样的传统行业,还是如巨人、盛大这样的网游公司,市盈率少则个位数,多也仅能达到十几倍。

和巨人网络公司一样,从上市到现在,市值严重缩水的公司不在少数。投资者对行业的不认可,浑水这类做空机构的打压,以及严厉的监管要求,使得在美的中概股公司顿生退意,纷纷通过私有化方式退出,并寻求下一步更广阔的市场。

根据理财周报产业与资本实验室统计,曾在美上市的中国公司,主动通过私有化方式寻求退市的共计26家。其中,软件与服务行业的公司占据数量最多,共8家,其次是医疗保健、生物医药类公司达到6家,而传统的日常消费类则占据了3家。

从退市时间来看,从2012年开始,美股市场的中概股私有化退市已成为一种逐渐流行的风气。从盛大网络,到分众传媒,再到诺康生物、7天连锁酒店,都受到中概股信任危机的影响,海外投资者对中概股的估值特别低。

从平均估值和市值增长幅度来看,截至2012年12月31日,除了4家公司的市值为正向增长外,其他22家上市公司都出现了市值缩水的情况,其中缩水最为严重的为WSP控股,从上市到2012年年底,市值蒸发了近96.67%,而诸如最近退市的巨人网络市值也下降了七成左右。

一位长期研究美股的分析师对记者表示,中概股选择主动退市的原因主要有两个方面,其中之一就是认为公司估值被市场严重低估,公司选择私有化的方式来寻求更好的估值和更大的发展。而另外一方面,则可能与公司业绩下滑,财务造假有关。

以7天连锁酒店为例,公司2009年11月登陆纽交所,公司主要运营模式为快捷酒店,在上市当初,该模式在中国还比较新,也受到了海外投资者的认可,上市首日发行价为11美元/股,然而,随着该行业竞争的激烈化,如家、桔子酒店等公司也如雨后春笋般冒出,海外投资者认为该公司的盈利模式并不是很新颖很有前途,因此,公司股价一直在低价徘徊。

针对该情况,公司创始人郑南雁曾公开表示,私有化的主要原因是7天连锁酒店的股价和市盈率被低估。从公司业绩来看,相对于汉庭和如家,7天一直保持盈利,然而从股价来看,却仅仅为如家股价的一半,为汉庭的70%。

分众传媒也是上述这种情况。艾瑞分析师王亭亭告诉记者,"分众传媒退市也主要还是因为商业模式和经营业绩方面的影响。对于该公司来说,2005年刚刚上市时公司主打的户外广告联播网络,覆盖范围包括楼宇、卖场、公寓等,上市时受到了海外投资者的追捧。然而,随着互联网从web1.0模式走向web3.0模式,分众传媒所主打的web1.0和web2.0模式业绩增长放缓,不再受市场青睐"。据了解,在江南春向公司提交的私有化建议之前,公司股价一度最低达到16.8美元/股,比上市首发日17美元/股的价格更低。最终公司江南春联合方源资本、凯雷、中信资本、CDHInvestments以及中国光大等财团以每股美国存托股27美元的价格将公司私有化。

　　此外,分众传媒公司曾多次遭到浑水机构做空,私有化也被外界解读为受此次做空事件的影响。据统计,目前被浑水打压的公司多达10家,有的中概股为了维持公司的名誉而主动退市。如从2013年10月和浑水打了几个回合的网秦,因被浑水公司指出产品存在安全隐患,在市场份额等数据上存在作假嫌疑,虽然公司对此予以否认,但是至今股价已经下跌近67%。目前,网秦收到野牛资本非约束性资本化要约,拟以每股美国存托股9.8美元收购网秦所有在外流通股和ADS。

　　最新从美股市场私有化退市的案例当属巨人网络了。

　　早在2007年巨人网络便登陆纽交所,上市首日发行价为15.5美元,首发募集总额为71.27亿美元。当时网络游戏还方兴未艾,巨人网络凭借《征途》获得了玩家的认可,《征途》在当年第二季度创造同时最高在线人数达107万人的最高纪录。然而,巨人网络在纽交所表面上看似风光,实际上作为以网页游戏和端游为主的游戏公司,在面对目前移动游戏的潮流的冲击,公司股价并未出现如预期般大幅上涨,反而出现了股价下跌的行情。据理财周报记者统计,从公司上市至2014年7月25日退市,公司股价跌幅为23.1%,在此期间,股票均价仅为7.8美元/股,远远低于首发日价格。在退市时,公司市值为28.68亿美元,较上市首日市值缩水近31.71%。这意味着巨人网络在美国市场的融资能力较低,至巨人网络私有化前,公司市盈率仅为8倍,当年盛大退市时市盈率更低,仅为6倍左右,而从2013年开始,A股市场的游戏概念让相关游戏公司股价飞涨,如中青宝目前静态市盈率为147倍,掌趣科技也达到了134倍。而如今,对于上市已经7年的巨人网络来说,在纽交所挂牌的意义并没有那么大。因此,史玉柱开始筹划私有化退市。理财周报记者向弘毅资本以及相关方面了解到,此次巨人网络私有化退出主要原因仍是在美国市场估值太低。此外,公司也将退市当作战略调整布局的契机。2013年11月25日,史玉柱以及霸菱亚洲投资基金组成的财团提出非约束性私有化要约,拟以每股11.75美元收购巨人网络所有在外流通股,交易价格为28亿美元。2014年7月18日,巨人网络与史玉柱以及霸菱亚洲、弘毅资本、鼎晖投资组成的买方财团签订并购协议,拟以30亿美元收购巨人网络在外流通股,每股存托股价格为12美元。同时,巨人网络也于当天正式从纽交所退市。

资料来源:http://www.nbd.com.cn/articles/2014-08-25/858640.html? all_page=true

(三)在新加坡主板市场及创业板市场上市

　　新加坡证券交易所目前有两个交易板,包括主板和二板市场(SESDAQ)。新加坡稳定的政治经济、良好的商业和法规环境、超过 800 家的国际基金经理和分析员网络是吸引中国企业赴新加坡上市的重要因素。中国已成为新加坡证券市场最大的外国企业来源地,中国企业占外国企业总数的 32%。中国企业在新加坡交易所发行股票并上市的股票被称为 S 股。

1. 上市条件

在新加坡上市的企业必须满足表 5-2 的上市条件。

表 5-2

	标准一	标准二	标准三
税前盈利标准	税前净利润 3 年累计大于 750 万新元,年税前净利润大于 100 万新元	近一年或两年税前净利润大于 1 000 万新元	上市市值不低于 8 000 万新元
	营业记录 3 年		
	控股股东全部股份在上市之日起 6 个月内不能出卖	控股股东全部股份在上市之日起 6 个月内不能出卖	控股股东全部股份在上市之日 6 个月内不能出卖,后 6 个月 50% 不能出卖
股权分布标准	25% 股份由至少 1 000 名股东持有,若市值超过 3 亿新元,可酌减至 12%		
会计标准	在新加坡主板上市的企业财务资料需要依照新加坡或国际会计准则编制;若计划向公众募股,则必须向社会公布招股说明书;若已有足够的合适股东和资本,则必须准备一份与招募说明书类似的通告给交易所,备公众查询		

2. 中小企业在新加坡上市的利弊

(1)中小企业在新加坡上市的有利条件。在新加坡上市的优势主要是上市门槛和上市费用相对较低。

主板市场对没有连续 3 年盈利甚至存续 3 年的企业只要满足其他标准也能上市,创业板市场的条件更低,对税前盈利、资本额等均无要求,而且,主板与创业板之间可以转市,创业板上市企业上市满两年,达到主板要求的,即可转入主板市场。更为诱人的是,企业上市后再融资也更为便利,只要市场投资者接受,再融资没有间隔期的要求,融资量也没有上限。

中国企业到美国上市所需费用约是上市筹集资金的 15% 左右,香港为 10%—20%,而新加坡为 6%—8%。此外,新加坡与中国距离近,由此所带来的交通等相关费用也要比欧洲和北美等地低得多。

(2)中小企业在新加坡上市的局限。新加坡证券市场的规模相对较小,中小民营企业在新加坡上市可以筹集的资金有限。适合在新加坡上市的企业是国内一些不希望等待审核、支付能力有限的中小民营企业。

二、境外间接上市融资

与直接上市相对应的是间接上市,间接上市可以节约直接上市带来的货币、时间和人力成本。以间接方式在境外上市的企业关键操作步骤是境外"壳"公司的成立,然后将内地资产及业务注入公司以达到上市融资的目的。如表 5-3 所示。

拓展阅读

表 5-3 直接上市与间接上市比较

项目	直接上市	间接上市
概念	指首次公开发行股票。国内企业上市普遍采取这种方式。IPO是企业实现多渠道融资的一种手段，公司通过IPO可以一次性地获得股权性资金以支持企业的发展	主要指买壳上市，也称反向收购，指定向增发的发行对象（收购方）通过用其资产认购发行方（目标公司）新发行股份向目标公司注入资产并获得控股权，实现收购方的借壳上市。借壳上市的关键在于保证壳资源的优良、定向发行价格的合理确定、对流通股股东的合理对价等问题
审核机构	证监会发审委审核	证监会重组委员会审核
优缺点	排队企业较多，审核周期长，审核标准严格	审核程序简单，审核周期短，审核标准较宽松
适用范围	绝大部分企业都适合采取但对财务状况、公司治理、历史沿革等问题要求很高	主要选择对象为IPO受限企业，以房地产企业和证券公司较多见，前者受国家宏观调控政策影响，后者因为盈利能力波动太大而导致不能符合连续三年盈利的基本要求
主要材料	招股说明书和保荐报告书	发行股份购买资产报告书和独立财务顾问报告
保荐人	需要两名保荐人签字	不需要保荐代表人签字
融资效果	公司增量发行的25%的股份可以帮助企业一次性募集到大量资金，而这部分资金的成本就是公司增量发行的股份，成本较低	买壳上市本身不能为企业带来资金，相反还需要支付巨额买壳费用。如需融资须在借壳上市后经过一段时间方可实施
二级市场影响	发行基本不受二级市场股价波动影响	受二级市场影响较大。一般根据董事会决议前20个交易日确定发行价格
发行不确定性	通过发审委审核即能发行	不仅需要重组委审核，在股东大会通过时还要充分考虑流通股股东的利益，因定向增发一般都会涉及关联交易，表决时关联股东依法需要回避，因此流通股股东的意见更需重视，已存在50万股小股东否决上市公司议案的先例
上市周期	一般为18—24个月，复杂企业为36个月时间，与证监会审核速度也有直接关联	一般为12—18个月，重组委审核一般较快
上市费用	一般按照募集资金额的一定比例来计算。费用包括律师费用、会计师费用和支付券商费用，一般为募集资金额的5%左右，费用大部分在上市之后支付	首先公司需要支付给壳公司大股东一定的对价，作为对其出让控股的补偿，也就是买壳费用，一般为5 000万—1亿元
风险	主要为审核风险及发行之后股票价格迅速下跌的风险	壳资源本身的质量风险，如或有负债、担保和诉讼、仲裁及税务纠纷等，可能会对公司上市之后产生潜在威胁
股份锁定	一般为12个月，控股股东或实际控制人为36个月	根据《上市公司重大资产重组管理办法》第43条，一般情况下锁定12个月，下列情况为36月：控股股东、实际控制人或者其控制的关联人；通过认购本次发行的股份取得上市公司的实际控制权；对其用于认购股份的资产持续拥有权益的时间不足12个月

间接上市的方式可以分为三种情况:造壳上市、买壳上市和借壳上市。下面分别介绍这三种方式的概念。

(一) 造壳上市

造壳上市是指中国内地股东在境外离岸中心,如英属维尔京群岛(BVI)、开曼群岛、巴哈马群岛、百慕大群岛等一些关税豁免或优惠的地区注册一家公司,然后以现金收购或股权置换的方式取得内地公司资产的控制权,条件成熟后在境外IPO挂牌上市。所谓"壳",是指上市公司的资格,是一种形象的称呼。造壳上市的形式有控股上市、附属上市、合资上市和分拆上市。

1. 控股上市

国内企业在境外注册一家公司,然后由该公司建立对国内企业的控股关系,再以该境外控股公司的名义在境外申请上市,最后达到国内企业在境外间接挂牌上市的目的,这种方式又可成为逆向收购上市。广西玉柴实业股份有限公司在纽约上市是通过控股上市的方式在境外间接挂牌上市的典型案例。

2. 附属上市

国内欲上市企业在境外注册一家附属机构,使国内企业与之形成母子关系,然后将境内资产、业务或分支机构注入境外附属机构,再由该附属公司申请境外挂牌上市。附属上市与控股上市的区别仅在于国内公司与境外注册公司的附属关系不同。国内的民办大型高科技企业四通集团即是采用附属上市的方式达到在香港联交所间接挂牌的目的。

3. 合资上市

一般是适用于国内的中外合资企业,在这类企业的境外上市实践中,一般是由合资的外方在疆外的控股公司申请上市。典型的代表有易初中国摩托车有限公司在美国上市。

4. 分拆上市

分拆上市适用于国内企业或企业集团已经是跨国公司或在境外已设有分支机构的情况。它是指从现有的境外公司中分拆出一子公司,然后注入国内资产分拆上市,由于可利用原母公司的声誉和实力,因而有利于成功上市发行。利用这种模式上市的一个典型例子是国内富益工程在境外的间接上市。

(二) 买壳上市

买壳上市又叫"后门上市"或"反向收购",是指非上市公司A(买壳公司)通过购买一些境外上市但业绩较差、筹资能力相对弱化的公司B(壳)取得上市地位,然后通过"反向收购"的方式向B公司注入与A公司有关业务和资产,从而实现在境外间接上市的目的。买壳上市不但规避了IPO所面临的障碍,而且理论上该上市方式的成功率几乎是100%。但买壳公司对于壳公司的选择必须慎重,需要考虑壳公司的股价、股东人数、负债情况、业务是否与拟买壳企业主营业务相似等众多因素。中小民营企业在美国OTCBB市场和香港主板市场上市时,较常采用买壳上市方式。

1. 买壳上市的一般模式

买壳上市一般模式的操作流程包括三个步骤:买壳、清壳和注壳。清壳这个步骤不是必须的,在实际操作中,也有只包括买壳和注壳两个步骤的情况。

买壳:非上市公司通过收购获得了上市公司的控制权,即买到了上市公司这个壳。如图

5-1 所示。买壳前后的差别是,非上市公司最后变成了上市公司的控股股东。

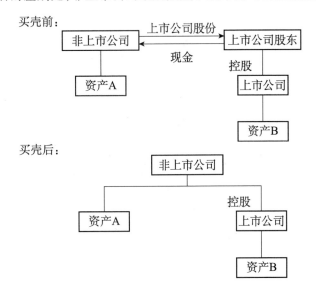

图 5-1 买壳

清壳:上市公司将其部分或全部资产出售给另一家公司,则上市公司就变成了空壳公司,即对上市公司这个壳进行清理。如图 5-2 所示。

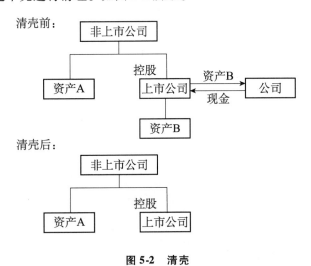

图 5-2 清壳

注壳:上市公司收购非上市公司的全部或部分资产,从而将非上市公司的资产置入上市公司,实现上市,如图 5-3 所示。

2. 买壳上市的置换模式

买壳上市置换模式是将一般模式的清壳和注壳两个步骤合并成资产置换一个步骤,即买壳上市的操作流程包括两个步骤:买壳和资产置换。

买壳:买壳上市置换模式的买壳步骤与买壳上市一般模式一样,可参见前面,在此不再赘述。

注壳前：

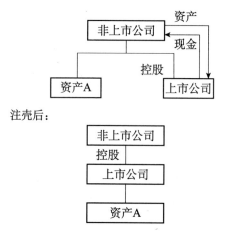

注壳后：

图 5-3 注壳

资产置换：非上市公司的资产与上市公司的资产进行置换。通过资产置换，上市公司的资产从上市公司置换出，实现清壳；同时，非上市公司的资产置入上市公司，实现注壳。因此，通过资产置换这一步骤，完成了清壳和注壳两个步骤。如图 5-4 所示。

资产置换前：

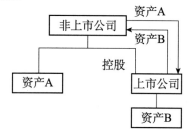

资产置换后：

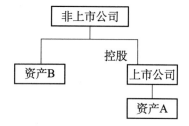

图 5-4 资产置换

3. 买壳上市定向发行模式

定向发行是指上市公司向非上市公司定向发行股份，非上市公司用资产支付购买股份的对价。通过购买定向发行的股份，非上市公司获得上市公司的控制权，实现买壳；同时，通过用资产支付对价，非上市公司的资产置入上市公司，实现上市。如图 5-5 所示。

定向发行的清壳步骤和买壳上市一般模式中一样,并非是必需的。

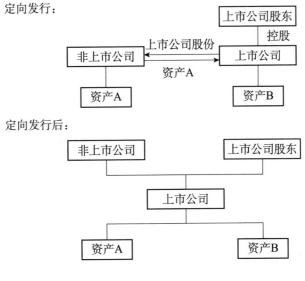

图 5-5　定向发行

(三) 借壳上市

借壳上市是指非上市的集团公司将其全部或部分非上市资产置入到其控股的上市公司中,利用其上市公司地位,从而实现其集团公司的资产得以上市。如图 5-6 所示。

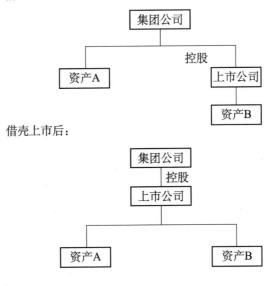

图 5-6　借壳上市

和买壳上市一样,借壳上市也有三种模式,分别是自由资金收购模式、定向发行模式和"定向发行 + 公开发行 + 收购模式"。

1. 自有资金收购模式

借壳上市自有资金收购模式中,上市公司以其自有资金向其控股股东非上市集团公司收购资产,从而实现集团公司的全部或部分非上市资产上市。如图5-7所示。

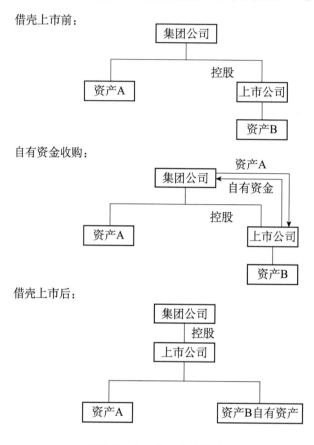

图 5-7　自由资金收购模式

这种模式适用于上市公司自身资金实力较强,而拟上市的资产总额不大的情形。

2. 定向发行模式

借壳上市的定向发行模式中,上市公司向其控股股东非上市集团公司定向发行股票,集团公司以其资产作为认购定向发行股票的对价,从而实现集团公司全部或部分资产进入上市公司,达到上市的目的。如图5-8所示。

3. "定向发行+公开发行+收购"模式

"定向发行+公开发行+收购"模式中分为两步:第一步为上市公司向集团公司定向发行与社会公众公开发行相结合的方式募集资金;第二步为上市公司用这些资金收购集团公司全部或部分资产,从而达到集团公司上市的目的。如图5-9和图5-10所示。

这种模式主要适用于实力强的企业集团整体上市,便于集团实施统一管理,理顺集团产业链关系。

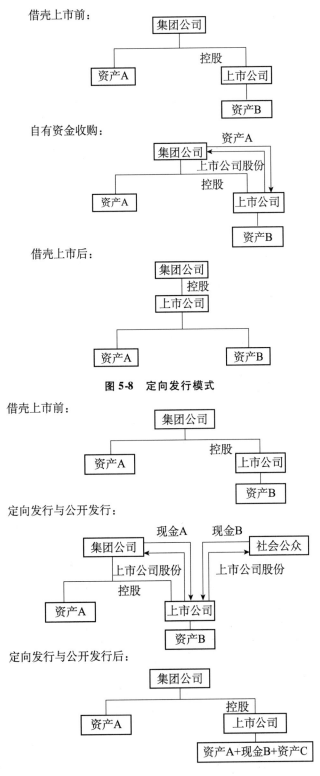

图 5-8 定向发行模式

图 5-9 第一步：定向发行 + 公开发行

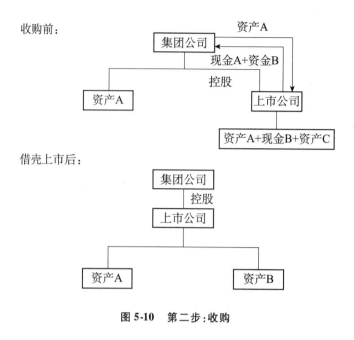

图 5-10 第二步：收购

拓展阅读

联游网络借壳登陆纳斯达克 16 个月后被摘牌

联游网络于 2012 年 2 月 22 日正式被纳斯达克摘牌,退至粉单市场,交易代码由 CCGM 变为 CCGM.PK。公开资料显示,联游摘牌前总股本 2 003.92 万,总市值 420 余万美元。"公司没有业绩支撑,甚至连业务都没有,退市很正常。"美股分析师梁剑表述了自己的观点。

自 2010 年 10 月联游借壳大华建设登陆纳斯达克算起,联游只在纳斯达克待了 16 个月。

实际上,早在 2010 年 7 月,联游(前身为"大华建设")就已经遭到纳斯达克退市警告,在最后期限 2010 年 12 月 28 日之前,联游通过 1∶4 并股将股价维持在 1 美元以上,暂时逃过一劫。然而随后联游股价再次跌下 1 美元,联游于 2011 年 8 月再次收到纳斯达克退市警告,最后期限就是 2012 年 2 月 22 日。2010 年 8 月唐骏将联游 60% 的股份装入大华建设,完成借壳上市,登陆纳斯达克,当年 12 月联游因股价长期低于 1 美元受到纳斯达克退市警告,其后唐骏通过四合一并股使股价重回 1 美元以上,暂时规避了退市风险。根据联游最后公布的一份财报,其 2011 年第三季营收为 0,2010 年同期为 16.134 万美元,净亏损为 260 万美元。报告显示,造成公司当年第三季度营收为 0 的主要原因是,该公司的唯一营收来源珠海项目停止运营。

资料来源:http://tech.163.com/12/0224/04/7R0JT81A000915BF.html。

关键术语

上市融资 主板市场 二板市场 造壳上市 买壳上市 借壳上市

复习思考题

1. 简述上市融资的利弊。
2. 简述境内上市融资的主要渠道。
3. 简述境外直接上市融资的主要途径。
4. 简述造壳上市的流程。
5. 简述买壳上市的流程。
6. 简述借壳上市的流程。

第六章

项目融资

学习目标

- 掌握项目融资的含义及基本特征,了解项目融资的适用范围及参与者
- 掌握项目包装融资的含义,熟悉项目包装融资的具体内容,理解出色项目包装融资的主要特征
- 了解各种项目融资模式的含义及特点,掌握BOT模式的含义、特点及运作程序

案例导读

广西来宾电厂B厂BOT融资模式

广西来宾电厂B厂的建设可谓一波三折。项目自1988年国家发展计划委员会批复项目建议书后,由于建设资金得不到落实,曾与20多家外商进行洽谈,均未能取得实质性进展。为使该项目早日建成,1995年初广西壮族自治区政府向国家发展计划委员会申请采用BOT方式进行试点。广西壮族自治区政府随即委托大地桥基础设施投资咨询有限责任公司为其招标代理人,正式开始了对外招标工作。整个招标过程共分为资格预审、投标、评标及确认谈判、审批及完成融资五个主要阶段。

(1) 资格预审阶段。1995年8月8日,广西壮族自治区政府在《人民日报》《人民日报(海外版)》和《中国日报(英文版)》发布了资格预审通告,公开邀请国外公司参加来宾项目的资格预审。截止到同年9月底,共有31个国际公司或公司联合体向广西壮族自治区政府递交了资格预审申请文件,这31家公司都是世界著名的大型电力投资运营公司、设备制造厂商和有实力的投资人。项目评标委员会(由国家发展计划委员会、电力部、广西壮族自治区政府和中国国际工程咨询公司的专家组成)经过对申请人的资格、专业能力、

业绩等方面综合审查,确定其中 12 家公司(或联合体)列为 A 组,它们有资格单独或组成联合体参加投标;其余 19 家列为 B 组,它们需加入列为 A 组的一家或几家所组成的联合体后方可参加投标。

(2)投标阶段。1995 年 12 月 8 日,广西壮族自治区政府正式对外发售了项目招标文件,通过预审列为 A 组的 12 家公司(或联合体)相继购买了招标文件,成为潜在投标人。1996 年 1 月 8—28 日,广西壮族自治区政府组织他们进行了现场考察,使潜在投标人对来宾项目的现场条件和广西经济发展现状有了进一步的实际了解。1 月 28 日,广西壮族自治区政府在南宁召开了标签会,解答潜在投标人普遍关心的一些问题,参加标签会议的潜在投标人代表超过 100 人。经过 6 个月的投标准备,至 1996 年 5 月 7 日(招标文件规定的投标截止日),共有 6 个投标人向广西壮族自治区政府递交了投标书,依照递交投标书的时间顺序,它们分别是中华电力联合体(香港中华电力投资/德国西门子)、美国国际发电(香港)有限公司、东棉联合体(日本东棉/新加坡能源国际/泰国协联能源);英国电力联合体(英国国家电力/三井物产)、法国电力联合体(法国电力国际/通用电气·阿尔斯通)、新世界联合体(香港新世界投资/ABB/美国 AEP)。

(3)标及确认谈判阶段。1996 年 5 月 8 日至 6 月 8 日,广西壮族自治区政府组成了专家组对投标人递交的标书进行评估,最终写出了专家评估报告。6 月 10 日至 15 日,项目评标委员会在专家组评估报告的基础上对每一份投标书进行了评审,经综合比较,充分讨论,评标委员会一致确定法国电力联合体、新世界联合体、美国国际发电(香港)有限公司为最具有竞争力的前三名投标人。

(4)评标结束后,广西壮族自治区政府组成了确认谈判小组,正式开始了与第一名法国电力联合体进行特许权协议的确认谈判,经过三轮四个阶段的紧张工作,至 1996 年 10 月底双方就所有需要确认的问题达成一致意见。1995 年 11 月 11 日,广西壮族自治区政府与法国电力联合体在北京进行了特许权协议的草签,同时经国家发展计划委员会批准,广西壮族自治区政府向法国电力联合体颁发了中标通知书。

(5)审批及完成融资阶段。项目特许权协议草签后,广西壮族自治区政府随即将草签的特许权协议正式报请国家发展计划委员会批复,经报请国务院批准,国家发展计划委员会于 1997 年 3 月 25 日正式批复了项目特许权协议。在此基础上,中标人法国电力联合体先后完成了项目初步设计、建设合同,运营维护合同、保险协议、融资协议的签署。同时,对外贸易经济合作部批准了项目公司的章程,完成项目公司的注册成立工作。1997 年 9 月 3 日,广西壮族自治区政府与项目公司在北京正式签署了特许权协议,邹家华同志出席了签字仪式。特许权协议的正式签署,意味着项目特许权协议正式生效,特许期开始并正式开工。

案例详情链接

http://zk.ono-bbb.com/cn/2012/9/25/2621.html

> **你是不是有下面的疑问**

1. 什么是 BOT？BOT 融资的基本特征有哪些？
2. 什么是项目融资？BOT 与项目融资之间是什么关系？
3. 项目融资方式与和其他传统的融资方式有什么不同之处？
4. 任何项目都可以用项目融资的方式筹集资金吗？
5. 除 BOT 融资外，项目融资模式还有哪些？

> **进入内容学习**

第一节 项目融资概述

一、项目融资的含义

项目融资是近年来兴起的新型融资方式，其雏形可以追溯到 20 世纪 30 年代。然而，项目融资开始受到人们的广泛重视，是以 20 世纪 60 年代中期，英国在北海油田开发项目中，使用有限追索权项目贷款为标志的。与传统的融资方式相比，项目融资方式能更有效地解决大型基础设施建设项目的资金问题，因此，世界上越来越多的国家开始采用这一方式。80 年代中期项目融资被介绍到我国，并在一些大型的水利电力项目中得到成功运用。目前，项目融资已经成为大型工程项目筹措资金的一种新方式。

项目融资作为一种新型融资方式，虽然在世界上一些国家已有多年的实践，但作为学术用语，尚没有一个公认的定义。但总体而言，可把项目融资的定义分为广义和狭义两类。广义的项目融资，是指凡是为了建设一个新项目或者收购一个现有项目以及对已有项目进行债务重组所进行的融资。它包括传统意义上的公司融资和为大型投资项目而专门组织的项目融资。狭义的项目融资，是指一种以项目资产和预期的收益为保证的、由项目的参与各方分担风险的、具有无追索权或有限追索权的特殊融资方式。我们一般提到的项目融资仅指狭义上的概念。按照这一定义，项目融资用来保证贷款偿还的首要来源被限制在被融资项目本身的经济强度之中。项目的经济强度是从两个方面来测度的：一方面是项目未来的可用于偿还贷款的净现金流量；另一方面是项目本身的资产价值。从而，在为一个项目安排项目融资时，项目借款人对项目所承担的责任与其本身所拥有的其他资产和所承担的其他义务在一定程度上是分离的。如果项目的经济强度不足以支撑在最坏情况下的贷款偿还，那么贷款人就可能要求项目借款人以直接担保、间接担保或其他形式给予项目附加的信用支持。因此，一个项目的经济强度，加上项目投资者（借款人）和其他与该项目有关的各个方面对项目所做出的有限承诺，就构成了项目融资的基础。

二、项目融资的基本特征

项目融资作为近年来兴起的新型融资方式，与传统的公司融资方式相比较有很大区别，

(一) 项目导向

项目融资是以项目为主体安排的融资,主要是依赖于项目的现金流量和资产而不是依赖于项目发起人的资信来安排融资。由于项目导向,有些对于投资者很难借到的资金则可以利用项目来安排,有些投资者很难得到的担保条件则可以通过组织项目融资来实现。因而,采用项目融资与传统融资方式相比较一般可以获得较高的贷款比例,根据项目经济强度的状况可以为项目提供60%—70%的资本需求量,在某些项目中甚至可以做到100%的融资。另外,项目融资的贷款期限可以根据项目的具体需要和经济生命期来安排设计,做到比一般商业贷款期限长,有的项目贷款期限可以长达20年之久。

(二) 有限追索或无追索

追索是指借款人未按期偿还债务时,贷款人要求借款人用除抵押资产之外的其他资产偿还债务的权利。在某种意义上,贷款人对项目借款人的追索形式和程度是区分融资是属于项目融资还是属于传统公司融资的重要标志。传统公司融资方式,如贷款,债权人在关注项目本身投资前景的同时,更关注项目借款人的资信及现实资产,追索权具有完全性。贷款人在借款人违约而项目不足以还本付息时,有权把借款人的其他资产也作为抵押品收走或拍卖,直到贷款本金及利息偿清为止。而项目融资方式,是就项目本身而言,属于有限追索或无追索。作为有限追索的项目融资,贷款人可以在贷款的某个特定阶段对项目借款人进行追索,或者在一个规定的范围内对项目借款人进行追索。除此之外,无论项目出现任何问题,贷款人均不能追索到项目借款人除该项目资产、现金流量以及所承担的义务之外的任何形式的财产。也就是说,项目融资完全依赖项目未来的经济强度,还本付息完全依赖项目收益,必须从项目拥有的资产中获取担保,项目收益不能还贷时,贷款人无权向项目发起人追索。而有限追索的极端是"无追索",即融资百分之百地依赖于项目的经济强度,在融资的任何阶段,贷款人均不能追索到项目借款人除项目之外的资产。然而,在实际工作中无追索的项目融资很少见。由于有限追索或无追索的实现,使投资者的其他资产能够得到有效保护,这就调动了大批具有资金实力的投资者参与开发与建设的积极性。

(三) 风险分担

任何项目的开发与建设都存在着风险。而且,与传统公司融资方式相比,通过项目融资的项目具有投资数额巨大,建设期长的特点,因此投资风险大,风险种类多。为了保证项目融资的顺利实施,实现项目融资的有限追索,对于与项目有关的各种风险要素,需要以某种形式在项目投资者(借款人)、与项目开发有直接或间接利益关系的其他参与者和贷款人之间进行分担。一个成功的项目融资结构应该是在项目中没有任何一方单独承担起全部项目债务的风险责任。项目借款人应学会如何识别和分析项目的各种风险,确定自己、贷款人及其他参与者所能承受风险的最大能力及可能性,利用一切优势,设计出对投资者具有最低追索的融资结构。

风险分担一般是通过出具各种保证书或作出承诺来实现的。保证书是项目融资的生命线,因为项目公司的负债率都很高,保证书可以把财务风险转移到一个或多个对项目有兴趣但又不想直接参与经营或直接提供资金的第三方。

(四) 非公司负债型融资

非公司负债型融资也称为资产负债表之外的融资。它是指项目的债务不表现在项目投资者(实际借款人)的资产负债表中的一种融资形式。这样的会计处理是通过对投资结构和融资结构的设计来实现的。这样,一方面可以实现贷款人对借款人有限追索;另一方面,使得项目所在公司有可能以有限的财力从事更多的投资,同时将投资的风险分散和限制在更多的项目之中。

由于大型工程项目的建设周期和投资回收期都比较长,对于项目的借款者而言,如果这种项目的贷款安排全部反映在公司的资产负债表中,很可能造成公司的资产负债比例失衡,超出银行通常所能接受的安全警戒线,并且这种状况在很长的一段时间内可能无法获得改善。公司将因此无法筹措新的资金,影响未来的发展能力。采用非公司负债型的项目融资则可以避免这一问题。

(五)信用结构多样化

在项目融资中,用于支持贷款的信用结构的安排是灵活和多样化的。一个成功的项目融资,可以将贷款的信用支持分配到与项目有关的各个关键方面。典型的做法包括:在市场方面,可以要求对项目产品感兴趣的购买者提供一种长期购买合同作为融资的信用支持;在工程建设方面,可以要求工程承包公司提供固定价格、固定工期的合同,或"交钥匙"工程合同,可以要求项目设计者提供工程技术保证等;在原材料和能源供应方面,可以要求供应方在保证供应的同时,在定价上根据项目产品的价格变化设计一定的浮动价格公式,保证项目的最低收益。

(六)融资成本较高

融资成本是为筹集和使用债务资金而花的代价,它包括融资的前期费用和利息成本两个主要组成部分。项目融资的前期费用与项目规模有直接关系,一般占贷款金额的0.5%—2%。由于项目融资涉及面广,融资结构、担保体系复杂,参与方较多,因此前期需要做大量协议签署、风险分担、税收结构、资产抵押、咨询顾问等工作,需要发生各种融资顾问费、成本费、承诺费、律师费等。项目融资利息成本一般要高于同等条件公司贷款的0.3%—1.5%,其增加幅度与贷款银行在融资结构中承担的风险以及对项目的借款人的追索程度密切相关。

项目融资的成本较高是项目融资被广泛运用的一个障碍。但其强大的筹资能力和其带来的规模经济效应能够抵消较高的成本代价,实现精心的财务管理和合理的融资结构是能够降低成本的。

(七)融资比例大

在传统公司融资方式下,一般要求项目投资者自有资金的比例至少达到40%以上才能融资。而项目融资主要考虑项目未来能否产生足够的现金流量偿还贷款以及项目自身风险等因素,对投资者的股权出资所占的比例要求不高,绝大部分资金是依靠银行贷款来筹集的。一般而言,股权出资占项目总投资的30%即可,而具体的债务比例根据项目的经济强度、融资规模等因素发生变化,结构严谨的项目融资可以实现90%以上的负债比例。因此可以说,项目融资是一种负债比例比较高的融资。

项目融资虽比传统的公司融资方式复杂,但可以达到传统公司融资方式实现不了的目标。其对借款人的有限追索,保证了项目投资者在项目失败时,不至于危及投资方其他的财产;在国家和政府建设项目中,政府可以通过灵活多样的融资方式来处理债务可能对政府预算的负面影响;对于跨国公司进行海外合资投资项目,可以有效地将公司其他业务与项目风险实施分离,从而限制项目风险或国家风险。这都表明,项目融资作为一种新的融资方式包含着丰富内容,具有特殊魅力,对于大型建设项目,特别是基础设施和能源、交通运输等资金密集型的项目具有更大的吸引力和运作空间。

三、项目融资的适用范围

尽管项目融资具有筹资能力强、风险分散等优点,但项目融资成本高、结构复杂,因此无论是发达国家还是发展中国家,采用项目融资方式都比较谨慎。不是任何项目都可以用项目融资的方式筹集资金,它主要应用于具有一定的垄断性或竞争性不强的项目,项目经济寿命较长,有可靠的现金流,经济效益较好。从各国应用项目融资方式的种类来看,主要有以下三种方式。

(一) 资源开发项目

这类项目一般可分为两大类:一是石油、天然气、煤炭、铀等能源开发类项目;二是铁、铜、铝等金属矿产资源开发类项目。一般地说,资源开发项目具有两大特点:一是开发投资数额巨大;二是一旦项目运作成功,投资收益丰厚。项目融资最早就是源于资源开发项目。典型的运用项目融资方式开发资源的项目有英国北海油田项目,被誉为"开创了澳大利亚铁矿史上新时代"的澳大利亚恰那铁矿开采项目等。

(二) 基础设施项目

无论发达国家还是发展中国家,项目融资应用最多的是基础设施项目。这类项目可分为三大类:第一类是公共设施项目,包括电力、电信、自来水、排污等;第二类是公共工程,包括铁路、公路、海底隧道、大坝等;第三类是其他交通工程,包括港口、机场、城市地铁等。在上述三类项目中,国际上已经成功运作的项目大都集中在电力、公路、海底隧道等项目。其中,电力项目有美国霍普威尔火力电站项目、巴基斯坦赫布河燃油发电厂项目、菲律宾大马尼拉汽轮机发电厂项目等,公路项目有马来西亚南北高速公路项目、泰国曼谷二期高速公路项目等,海底隧道项目有英法合作的英吉利海峡隧道项目、澳大利亚悉尼海底隧道项目、土耳其博斯普鲁斯海底隧道项目等。我国从20世纪初80年代开始尝试项目融资方式。项目融资主要运用于电力、公路、地铁、污水处理厂等基础设施项目。如电力项目有深圳沙角B电厂、广西来宾电厂B厂、山东日照电厂、合肥二电厂等项目;公路项目有广州至深圳高速公路、湖南东线高速公路、北京京通高速公路等项目;地铁项目有重庆地铁、深圳地铁等项目。

(三) 大型工业项目

随着运用范围的扩大,近年来,项目融资在工业领域也有运用。但与在资源开发项目、基础设施项目的运用相比,项目融资在工业项目中的运用还很少。不过,在这方面也有成功的典型,如澳大利亚波特兰铝厂项目、加拿大塞尔加纸浆厂项目和中国四川水泥厂项目。在工业领域,项目融资多用于工程上比较单纯或某个工程阶段中已使用特定技术的制造业项目。此外,也适用于委托加工生产的制造业项目。

四、项目融资的参与者

（一）项目公司

项目公司也称项目的直接主办者，是指直接参与项目投资和管理，直接承担项目债务责任和项目风险的法律实体。项目融资中普遍的做法是成立一个单一目的的项目公司，作为项目的直接主办人，而不是母公司的控股公司（即项目的实际投资者）作为项目的直接主办人。这种做法的好处是：(1) 有利于实现对项目投资者的有限追索；(2) 有利于实施表外融资；(3) 便于集中管理和操作。

（二）项目的实际投资者

项目的实际投资者，是项目的真正主办人、发起人，是真正的借款人，也可以是项目产品的购买者。其可以是单独一家公司，也可以是由多家公司组成的投资财团；可以是私人公司，也可以是政府机构或者是两者的混合体。其通过项目投资获取利润并实现综合目标要求。在有限追索的融资结构中，项目投资者除了拥有项目公司的全部股权或部分股权，提供一部分股本资金外，还需要以直接担保或者间接担保的形式为项目公司提供一定的信用支持。作为项目融资中的真正借款人，项目投资者在融资中需要提供的担保的性质、金额和时间要求，主要取决于项目的经济强度和贷款银行的要求。

（三）项目的贷款人

项目的贷款人是项目融资债务资金来源的主要提供者，包括商业银行、非银行金融机构（如租赁公司、财务公司、某种类型的投资基金等）和一些国家政府的出口信贷机构。由于采用项目融资的项目投资规模大，资金需求量很大，风险往往也很大，一家贷款人很难独立承担贷款业务，也不愿意冒很大风险为一个大项目提供全部贷款。因此，通常情况下是由多家银行组成银团共同为项目提供贷款。在为项目融资提供债务资金的银团中，银行参与数目主要根据贷款规模和项目风险（特别是项目所在国的国家风险）两个因素决定。根据一般经验，贷款额超过 3 000 万美元以上的项目，通常需要至少三家以上的银行组成银团来提供资金。但是，对于一些被认为是高风险的国家，几百万美元的项目贷款，也常常需要由多家银行组成的国际银团提供。

（四）项目的信用保证实体

1. 项目产品的购买者或项目设施的使用者

一般由项目发起人本身、对项目产品（设施）有需求的独立第三方，或有关政府机构（多数在交通运输、电力等基础设施项目中）承担。项目产品的购买者通过与项目公司签订长期购买合同，特别是具有"无论提货与否均需付款"和"提货与付款"性质的合同，保证了项目的市场和现金流量，为投资者对项目的贷款提供重要的信用保证。项目产品的购买者作为项目融资的一个参与者，可以直接参加融资谈判，确定项目产品的最小承购数量和价格。

2. 项目建设的工程公司或承包公司

项目建设的工程公司或承包公司通过与项目公司签订"项目工程合同"，成为项目融资的重要信用保证者。项目建设的工程公司或承包公司的资信情况、工程技术能力和以往的经营历史记录，在很大程度上影响项目融资的贷款人对项目的建设期风险的判断。一般来说，如果有信用卓著的工程公司承建项目,如果有较为有利的合同安排,可以帮助项目投资者减少在项目建设期间所承担的义务和责任,可以在建设期间就将项目安排成为有限追索的形式。

3. 项目设备、能源、原材料供应者

通过"固定价格的长期供货协议"或延期付款或低息优惠出口信贷的安排,项目设备、能源、原材料供应者为项目融资提供信用保证。项目设备供应者通过延期付款、低息优惠、出口信贷的安排,可以构成项目资金的一个重要来源。这种做法为许多国家在鼓励本国设备出口时所采用。项目能源、原材料供应者为了寻找长期稳定的市场,在一定条件下愿意以长期的优惠价格条件为项目供应能源和原材料。这种安排有助于减少项目初期以至项目经营期间的许多不确定因素,为项目投资者安排项目融资提供便利条件。

(五)项目融资顾问

项目融资的组织安排工作需要具有专门技能的人来完成,绝大多数的项目投资者缺乏这方面的经验和资源,需要聘请专业融资顾问。包括财务与金融顾问、技术顾问、法律顾问、保险顾问及会计税务顾问等。项目融资顾问分为两类:一类是只担任项目投资者的顾问,为其安排融资结构和贷款,而自己不参加最终的贷款银团;另一类是在担任融资顾问的同时,也参与贷款,作为贷款银团的成员和经理人。多数情况下,项目融资安排完成后,融资顾问也加入贷款银团并成为其经理人,代表银行参加一定的项目管理和决策;有时也会根据银团的要求控制项目的现金流量,安排项目资金的使用,确保从项目的收益中拨出足够的资金用于贷款的偿还。

(六)有关政府机构

政府机构能够在项目融资中发挥多方面的作用。从宏观方面讲,政府可以为项目建设提供一种良好的投资环境,例如,利用批准特殊外汇政策和特殊税务结构等种种优惠政策降低项目的综合债务成本,提高项目的经济强度和可融资性。从微观方面讲,政府部门可以为项目的开发提供土地、良好的基础设施、长期稳定的能源供应、某种形式的经营特许权,减少项目的建设风险和经营风险;政府部门还可以为项目提供条件优惠的出口信贷和其他类型的贷款担保,这种贷款或贷款担保可以作为一种准股本资金进入项目,促成项目融资的完成。

上述项目融资参与者之间的关系如图6-1所示。

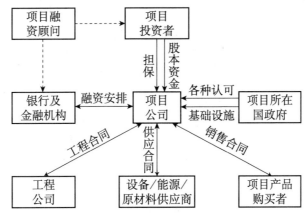

图6-1 项目融资参与者之间的关系

第二节 项目包装融资

一、项目包装融资的含义

所谓项目包装融资,是根据市场运作规律,经过精密的构思和策划,对具有潜力的项目进行包装和运作,以丰厚的回报吸引投资者,为项目融得资金,从而完成项目的建设。项目离不开包装,要想取得良好的经济和社会效益,必须做好项目的包装。

做好项目包装融资,一定要认识到对项目的包装是成功融资的关键,绝非可有可无。包装是对一个项目各种要件的充分准备和尽可能地完善。项目的名称、外观、环境、采用的材料既属于项目自身的内容,又属于项目包装的范畴。所以做好项目自身,也包含着做好项目包装的含义。任何一个项目的投资者必须按市场经济规律办事,看该项目是否具有市场效益和发展前景,是朝阳产业还是夕阳产业,是能够在短时间内见效益赚钱的,还是在很长的时间才能收回成本的,每一个投资者都会做出一个可观的成本核算,最终作出自己是否投资的决策。所以,对于一个项目的包装,其最终目的,就是要让国内外投资者在很短的时间内,选择既是政府所需要的,又是投资者投资风险较小和发展前景看好的项目。

二、项目包装融资的具体内容

项目包装中最核心的部分是可行性研究的内容。以寻找国际合作伙伴和为项目集资融资为例,通常包括如下具体内容。

(一)项目名称

项目名称包括合作伙伴的历史、产品、合作方式、初步提议投资方的出资比例。特别应注意项目名称与国际通用标准一致,如许多化工、高科技产品,在使用和翻译过程中,极容易出差错,导致误解和不必要的麻烦。

(二)合作伙伴

合作伙伴包括合作伙伴的历史、经营现状、发展战略以及主要人员的重要履历等。

(三)项目现状

项目现状包括项目是否立项及批准部门,支持项目的法律、法规和经济政策。特别应注意提供:与项目有关的法律、法规;国家和本地区的有关产业政策;上级机关关于项目的指示性文件;国民经济有关的长远规划;行业发展规划、专业协作规划等。

(四)市场预测

市场预测包括现有产品的市场、3—5年市场占有比例的科学预测、合资产品的内销及出口比例预测、产品经销网络的具体说明和营销战略。重点是分析产品竞争力、国际国内市场需求量。

(五)项目前景

项目前景包括时代发展主题、行业发展趋势、未来可预期相关因素的影响对项目的盈利前景、营销前景的影响等。

（六）投资概算

投资概算包括各方的出资列项及比例，重点是编制资金筹措表、总投资费用支出预算表和建设投资估算表。

（七）财务预测

财务预测包括项目计算期、折旧费、经营收入、经营成本、经营税金及附加、利息等财务预测前提，以及投资回收期、净现值、投资回报率、年内部收益率等财务结论。

（八）基础设施及其他条件

基础设施及其他条件包括项目所在地的支柱行业、工农业产值、进口状况及与项目相关的交通运输、水电等。

（九）融资需求及项目合作方式

融资需求及项目合作方式包括建议融资方式、项目合作方式、合作或管理方式、投融资流程表等。

三、出色项目包装融资的主要特征

出色的项目包装融资，应通过完善、科学的准备工作，将项目回报展现给投资者，从而吸引投资者向项目投放资金，为项目的开展和建设融到现金流。成功的项目包装融资，一般而言具有以下特点。

（一）科学性

要求在进行项目包装时，要以财务会计学、管理会计学、技术经济学等自然科学和社会科学为依据，对项目的经济效益进行科学论证。同时，一个好的项目包装，其论证结果必须达到一定的精确度。为此，在进行项目包装时，必须坚持实事求是的原则，数据资料要真实可靠、据理论证、公正客观。而故意缩小投资风险、夸大经济效益的包装做法，为招商引资留下了纠纷，同时对企业的发展也极为有害，是在进行项目包装时需要避免的。

（二）可行性

招商引资项目包装应认真做好市场需求预测，充分考察项目产品的国际国内市场供求情况，对未来企业产品的销售前景进行可行性分析，采用动态和静态两种分析方法，提出投资项目可行或不可行的结论以及多种选择的方案。在项目可行性研究中，对一些基础数据和经济评价的主要指标，如投资额、成本费用、生产量、销售收入、收益率、经济净现值、投资净效益率等数据计算方法、结论要准确；对政治、法律环境等各种因素的变化对经济评价指标的影响及项目的风险要合理预测与推算，对各项动态经济指标和对项目的盈亏平衡分析、敏感性分析等要具有充分的科学依据；对设备选择、建设规模、发展方向等方案要进行多方案比较。在项目可行性研究中，要尽量减少主观性描述，多用客观经济分析；保证数据的正确性、合理性、可靠性，结论应清晰、简洁。对项目在技术、市场、经济上的问题以及实施过程中对产品质量保证、消化技术的能力等可能出现的困难以及应注意和预防的问题要充分估计，不能有意隐瞒可能出现的困难以及应注意和预防的问题要充分估计，不能有意隐瞒可能出现的风险。

（三）规范性

项目包装的程序、内容、语言、格式要符合国际惯例。这就需要做到：一是要把定量分析和定性分析结合起来,凡能定量化的经济要素都应进行定量分析和计算,将有关工艺技术方案、工程方案、环境方案等经济价值用定量表现出来。二是语言文字要规范化。语言文字是项目包装中影响信息沟通的一个重要因素,避免发生因语言处理不当而碰到麻烦。要注意规范用语,准确反映并表达项目的真实状况。三是格式要符合特定项目的要求。世界一些重要的国际金融组织如世界银行等都把项目包装作为申请贷款的必要条件,国际上对不同种类的项目基本上形成了固定格式,为此,项目包装应严格遵照有关格式要求。

(四) 吸引力

项目有无吸引力,直接决定着招商引资的效果,为此,应充分挖掘项目的优势和潜力,在多因素的对比分析中,展示项目的可行性;把宏观和微观结合起来,结合项目的内容、技术、经济等方面做深度分析和界定;按照项目的整体结构和思路进行全方位的策划,把创新贯穿项目包装的始终。项目包装要具有较高的立意,总体策划要充满新意,准确把握时代脉搏,与国际市场的需求和最新发展尽量保持同步。项目包装对投资者关心的重点问题要深入论述,包装项目在内容上层次分明,重点突出,深入分析相关市场,衬托出项目的特色和优势。项目包装要结合当地和本企业的特殊优势,注重从整体上充分挖掘和深入分析当地和本企业自身资源优势,揭示项目的独特性,如对项目如何扬长避短、增强地区经济实力、合理利用地区资源以及如何与企业发展规划相衔接等问题进行深入和紧凑的分析,利用外部优势来渲染项目本身独特性。包装形式避免过于简陋,包装格式、计算方法和标准尽量与国际惯例接轨,要善于利用地图、方位图、详细地图等图表,形象生动地反映和表现项目的本质特征。对一些专业名称的表达,要尽量规范,避免引起投资者的误解。

(五) 出色的融资项目说明书

一个项目包装融资要取得成功,必须具有一份出色的融资项目说明书。目前我国已有的项目包装融资实践中,项目说明书表述过于模式化,千篇一律。项目包装融资首先要让项目吸引人,要让投资方看到投资前景,认识到有个良好的适于投资的环境,特别是对投资风险的论证。因此,一定要站在投资方的角度去撰写项目说明书。而且,融资项目说明书必须突出项目特色。因为缺乏独特性的项目说明书便很难将投资者的注意力吸引过来,这样最突出的"投资额"和"回收期"等融资具体内容就在投资方眼中变得生硬了。对于需要创意的旅游、文体、轻工、环保项目一定要贡献出优秀的创意和包装。这类都是融精神和文化在内的项目,可以说需要的是富有灵感的创意,需要融资前做比较详尽的准备。

四、中小企业项目包装融资应注意的主要问题

中小企业进行项目包装融资,不仅是吸引投资者的过程,同时也是展示企业形象的过程,项目包装成功与否对中小企业的发展起着至关重要的作用。中小企业要确保项目包装融资的成功,应该注意以下六个方面。

(一) 要清楚认识项目包装的内在规律

在一般情况下,完成一个项目的包装,应当按规范化的程序来进行。经过开始申请、立项、审核、建议、中介介入、审查、评估、计划说明书、推介等步骤,逐步去完成。具体讲,就是对于一个未成型的项目包装,要设计并填写相关内容的申请表格,由相关决策者作出决策。

然后看一个完整的商业计划书或项目建议书是否已完成,如果完成,那么就将其委托给有一定资质的中介机构。该中介机构对提交的资料自行初步审查和评估后,根据实际情况提出咨询意见,进而形成正式的商业计划说明书。同时依照专业要求加以改进,进一步完善商业模式和各项实施细节。对于一些发展潜力巨大的项目,还要进行深入、全面的分析研判和策划,建立起该项目的文本档案,并通过网络媒体等多种手段,向策略投资者大力推荐。项目包装全部完成后,还要继续做好项目包装相关的跟踪及提供专业的后续支持服务。通过提供企业重组和改制、市场调研、公关策划、工商税务咨询等全方位的管理咨询服务,帮助企业提升竞争力和盈利能力。实际上,中小企业对项目包装的过程就是一个招商引资的过程,就是一个从项目开始包装到融资成功,并实现项目推介方与投资方"双赢"的过程。

(二)要掌握与项目包装相关的知识

要努力掌握国际咨询业的发展动态,高度重视和认真研究项目的包装问题。要清醒地认识到,在当前市场经济条件下,招商引资项目包装的理论与方法不仅是专业人士,也是各类企业或组织的管理者、决策者甚至是政府负责招商引资部门的工作人员,也应当了解和掌握的一门实用性和操作性较强的科学。对一个企业来讲,项目包装不是生产经营之外的事情,而是企业寻求合作与发展、开拓新市场的基础和前提。

(三)要注重发挥社会中介组织的作用

社会中介组织在项目包装上具有得天独厚的优势,因为社会中介组织大多专业性较强;有广泛的对外联络渠道,了解国际上著名跨国企业、金融投资机构在项目投资方面的要求;熟悉国际咨询业和项目包装领域发展的最新动态,了解世界通用国际软件的功能和作用并与国内外咨询机构建立了广泛的联系;具有进行项目包装的实践经验。重视和发挥社会中介组织的作用已是大势所趋,也是市场经济的内在要求。

(四)要善于利用国际通行软件

对融资项目进行包装利用国际软件的好处是:有信誉;具有科学性,能够满足投资者的需要;规范化,用数据说话;通用性,能在国际和各领域间通行;简易性,利用规范图表提供全方位服务。以目前国际上流行的 COMFAT III 为例,该软件是联合国工业发展组织支持开发,主要用于工业项目和基础设施项目投资前的可行性分析。该系统已广泛用于各国工业发展银行、咨询公司、跨国公司和大学,它对投资项目的经济估算是一个非常实用和灵活的工具。它能够帮助投资方筹划和估算整个工程,模拟资金的流入和流出,利用计算机进行投资前的机遇分析、敏感性分析和前期可行性分析;提供调研阶段投资估算标准所需要的有关财务特性的预测等。该系统通过改变项目的参数来建立多个项目能力,即可以做几种方案以便于分析和估算,确定计划变量对项目敏感性变化的影响。由此可见,利用规范化的国际软件对招商引资项目进行包装,既是我们按照世界贸易组织规则的要求与世界经济接轨的一个重要步骤,也是我国企业开展国际经济技术合作的有效途径和最佳选择。

(五)要善于开展市场调研并做好统计工作

要积极开展市场调研并做好统计工作,可以说统计工作是招商引资工作的晴雨表。只有对各种数据进行长时间的积累,才能使项目包装更有选择性、针对性和有效性,更多地反映企业全面真实的情况。同时,还要积极开展市场调研,积累和完善各种行业的数据,了解各种行业发展的状况。这样才能在项目包装中做好同行业比较,让投资者对行业投资一目了然,进一步坚定投资的信心和决心。

(六)要加大项目包装后推介的力度

一个项目的成功与否,可以说与包装有很大关系。可以通过将松散的生产要素集中起来进行重组,形成一种新的资源。但如何将松散的生产诸要素,通过筛选、认定、重组,使之变成招商引资的资源,这就需要加强对相关项目材料进行充分的准备,经过包装后再"隆重推出"。当然,包装的主要目的还在于能够让投资者"一见倾心"、"一拍即合",最终完成项目招商的目的。所以,对于进行了成功包装的项目,就不能束之高阁,要积极、主动、全方位地向外推介,尽可能地给投资者以最大的选择余地。要充分利用办展、参会、来访和信息网络寻求招商引资的合作伙伴。通过推广委托代理招商、网上招商、"小分队"招商等多种形式和渠道,加大项目推介的力度,不断提高招商引资的成效,使招商引资工作迈上一个新的台阶。

第三节 项目融资模式

一、直接融资模式

(一)直接融资模式的含义

直接融资模式是指由投资者直接安排项目的融资,并直接承担起融资安排中相应的责任和义务。它是最简单的一种融资模式,适用于项目发起人本身财务结构不是很复杂的情况。

(二)直接融资模式的类型

1. 投资者面对同一贷款银行直接安排融资

根据合资协议,投资者分别投入一定比例的自有资金,统一安排项目融资,由各投资者独立与贷款银行签协议;投资者按投资比例合资组建一个项目管理公司,负责项目建设,代表投资者签订工程建设合同,监督项目建设,支付项目建设费用;项目建成后,项目管理公司负责项目的经营与管理,并作为投资者的代理人销售项目产品;项目的销售收入进入贷款银行监控下的账户,按融资协议中规定的资金使用的优先序列用于支付生产费用、再投资,到期债务及盈余资金分配。

2. 投资者各自独立直接安排融资

投资者按照投资比例,直接支付项目的建设费用和生产费用,根据自己的财务状况自行安排融资;项目投资者根据合资协议组建合资项目,任命项目管理公司负责项目的建设和生产管理;项目管理公司代表投资者安排项目建设和生产经营,组织原材料供应,并根据投资比例将项目产品分配给项目投资者;投资者按协议规定的价格购买产品,销售收入根据与贷款银行之间签订的现金流量管理协议进入贷款银行监控账户,并按照资金使用优先序列进行分配。

(三)直接融资模式的特点

1. 选择融资结构比较灵活

项目投资者可以根据其投资战略的需要,较灵活地安排融资结构。这种灵活性一般表现在三个方面：第一，在选择融资方式及资金来源上比较灵活。投资者可以根据不同需要在多种融资方式、多种资金来源方案之间充分加以选择和组合。第二，在债务比例的安排上比较灵活。投资者可以根据项目经济强度和本身资金状况灵活安排债务比例。第三，可以灵活运用投资者在商业社会中的信誉，从而降低融资成本，对于大多数资信良好的公司来说其信誉本身就是一种担保。

2. 税务安排比较灵活

投资者直接拥有项目资产并控制现金流量，有利于作灵活的税务安排，可以比较充分地利用项目的税务亏损降低融资成本。

3. 实现有限追索相对复杂

贷款由投资者安排并直接承担债务责任，将融资结构设计成有限追索时比较复杂。若不同投资者在信誉、财务状况、营销和管理能力等方面不一致，以现金流量及项目资产作为融资担保和抵押在法律上就较为复杂，在安排融资时需要划清投资者在项目中所承担的融资责任和其他业务责任之间的界限。

二、项目公司融资模式

（一）项目公司融资模式的含义

项目公司融资模式是指投资者通过建立一个单一目的项目公司来安排融资的一种模式。

（二）项目公司融资模式的类型

1. 单一项目子公司安排融资

单一项目子公司安排融资由项目投资者通过建立一个单一目的的项目子公司的形式作为投资载体，以该项目公司的名义与其他投资者组成合资结构安排融资。这种形式的特点是项目子公司将代表投资者承担项目中全部的或主要的经济责任，但是由于该公司是投资者为一个具体项目专门组建的，缺乏必要的信用和经营历史（有时也缺乏资金），所以可能需要投资者提供一定的信用支持和保证。这种信用支持一般至少包括完工担保和保证项目子公司具备较好经营管理的意向性担保。

2. 合资项目公司安排融资

合资项目公司安排融资由投资者共同投资组建一个项目公司，以项目公司的名义建设、拥有、经营项目和安排有限追索融资。项目建设期间，投资者为贷款银行提供完工担保。采用这种模式，项目融资由项目公司直接安排，主要的信用保证来自项目公司的现金流量、项目资产以及项目投资者所提供的与融资有关的担保和商业协议。对于具有较好经济强度的项目，这种融资模式可以安排成为对投资者无追索的形式。

（三）项目公司融资模式的特点

1. 法律关系较简单

项目投资者通过出资设立项目公司，并由项目公司享有项目的所有权，对外独立进行公司行为，负责项目的建设、运营、融资。作为独立法人，项目融资的抵押比较简单易行，项目的现金流比较容易被贷款人监管，项目公司与贷款人的法律关系简单、明确，借贷关系表现为贷款人(如果为银团贷款的话,则由银团的代理行作为贷款人的代理人)与作为借款人的项目公司之间的关系。这种形式对于贷款人而言,如果以项目自身资产和现金流为主要担保,辅之以其他的信用保证方式,比较容易接受,会使项目融资成本降低,效率提高。

2. 投资者的债务责任清楚

在项目公司融资模式中,项目投资者对项目承担的责任仅仅限于其出资部分,换句话说,根据公司有限责任原则,贷款人对项目投资者的追索权紧紧锁定在项目公司的特定范围。除此之外,投资者并不直接进行项目融资,而仅仅通过间接的信用保证方式来支持项目公司的融资,如提供完工担保、以"无论提货与否均需付款"或"提货与付款"等形式。这种担保一般不反映在投资者的会计报表中,对于投资者的资产负债比例不会产生不良影响,不会对投资者的项目外正常经营产生消极影响,从而便于投资者资产负债表外融资。

3. 在税务安排和债务形式选择上缺乏灵活性,很难满足不同投资者对融资的各种要求

主要表现在虽然投资者可以选择多种形式进行投资,但由于投资者难以直接控制项目现金流量,各个投资者难以单独选择债务形式。

三、BOT 模式

(一) BOT 模式的含义

BOT 是英文单词 Build、Operate 和 Transfer 第一个字母的缩写。BOT 模式指项目所在国政府将一个基础设施项目的特许权授予承包商,承包商在特许期内负责项目设计、融资、建设和运营,并回收投资和成本、偿还债务、赚取利润,特许期结束后将项目移交政府的一种融资模式。BOT 一词通常直译为"建设—运营—移交",这种译法直截了当,但不能反映 BOT 的实质。所以,意译为"基础设施特许权"更为合适。

BOT 是国际上近十几年逐渐兴起的一种基础设施建设的融资模式,是一种利用外资和民营资本兴建基础设施的融资模式。BOT 既是一种融资方式,也是一种投资方式。项目融资只是 BOT 的一个阶段。政府是 BOT 项目实施过程的主导。政府只是让渡 BOT 项目经营权,但拥有终极所有权;政府不干涉项目公司的正常经营,但要参与项目实施过程的组织协调,并对项目服务质量和收费进行监督。政府与项目公司是经济合同关系,在法律上是平等的经济主体。项目特许权通常通过规范的竞争性招标来授予。

(二) BOT 模式的特点

1. 通常采用 BOT 模式的项目主要是基础设施建设项目

通常采用 BOT 模式的项目主要是基础设施建设项目,如道路、桥梁、轻轨、隧道、铁路、地铁、发电厂、水厂、污水处理厂、垃圾处理厂等。特许期内项目生产的产品或提供的服务可能销售给国有单位,或直接向使用者收取费用。

2. 利用私人资金,能减少政府的直接财政负担

基础设施建设项目需要巨额资金,而 BOT 项目所有的项目融资负债责任都被转移给项目发起人,建设资金来自外资或民间的闲置资本,可在一定程度上弥补政府在基础设施投资方面的不足,减轻基础设施建设项目对政府财政的压力和外债的负担。

3. 项目风险转移给项目公司,有利于降低风险

采用传统的开发模式时,国有项目建设经常发生项目延期和成本超支。采用 BOT 方式

后,这些风险转移给公司,而私人开发商则会采取更为严密的计划和措施,严格控制工期和预算。此外,由于基础设施项目建设和运营时间长,在项目建设期和运营期还存在着一系列风险,如利率和汇率风险、市场风险、技术风险等。而采用 BOT 模式可以把这些风险转移给私人开发商,从而降低了政府因相关风险可能造成的损失。

4. 有利于提高项目的运作效率

BOT 被看作提高基础设施运营效率的一种方式。一方面,BOT 项目一般都涉及巨额资金的投入,以及项目周期长所带来的风险,由于有私营企业的参加,贷款机构对项目的要求就会比对政府更严格;另一方面私营企业为了减少风险,获得较多的收益,客观上会加强管理,控制造价,减低项目建设费用,缩短工期。

5. 可以提前满足社会和公众的需求

采取 BOT 投资方式,可在私营企业的积极参与下,使一些本来急需建设而政府目前又无力投资建设的基础设施项目,在政府有力量建设前,提前建成发挥作用,从而满足社会和公众的需求。

6. 可以带来先进的技术和管理经验

BOT 项目通常由国外、境外发达国家和地区具有实力的公司来承包,而多数 BOT 项目都吸收当地企业参与。因此,这会给项目所在国带来先进的技术和管理经验,促进本国承包商提高技术和管理水平。

(三) BOT 的衍生形式

1. BOOT 形式

BOOT 是英文单词 Build、Own、Operate 和 Transfer 第一个字母的缩写,直译为"建设—拥有—运营—移交"。这种方式明确了 BOT 方式的所有权,项目公司在特许期内既有经营权又有所有权。

2. BOO 形式

BOO 是英文单词 Build、Own 和 Operate 第一个字母的缩写,直译为"建设—拥有—运营"。这种方式是项目主办人在获得政府特许授权、在事先约定经营方式的基础上,从事基础设施项目投资建设和经营,但并不将此基础设施移交给政府或公共部门。项目公司实际上成为建设、经营某个特定基础设施而不转让项目设施财产权的纯粹的私人公司。例如,近年活跃于香港资本市场的沪杭甬高速公路公司和沪宁高速公路公司对其名下道路设施就采用了类似 BOO 的投资经营方式。

3. BOOST 形式

BOOST 是英文单词 Build、Own、Operate、Subsidy 和 Transfer 第一个字母的缩写,直译为"建设—拥有—运营—补贴—移交"。开发商在项目建成后,在授权期限内,既直接拥有项目资产又经营管理项目,但由于存在相当高的风险,或非经营管理原因的经济效益不佳,须由政府提供一定的补贴,授权期满后将项目的资产转让给政府。

4. FBOOT 形式

FBOOT 是英文单词 Finance、Build、Own、Operate 和 Transfer 第一个字母的缩写,直译为"融资—建设—拥有—运营—移交"。它类似于 BOOT,只是多了一个融资环节,只有先融通到资金,政府才考虑是否授予特许经营权。

5. BTO 形式

BTO 是英文单词 Build、Transfer 和 Operate 第一个字母的缩写,直译为"建设—移交—运营"。它与 BOT 的不同之处在于"运营"和"移交"发生了次序上的变化,即在项目设施建成后由政府先行偿还所投入的全部建设费用、取得项目设施所有权,然后按照事先约定由项目公司租赁经营一定年限。国际惠民环保技术有限公司获得的香港新界东南区一个垃圾填埋场项目,采用的就是 BTO 形式。

6. BLT 形式

BLT 是英文单词 Build、Lease 和 Transfer 第一个字母的缩写,直译为"建设—租赁—移交"。它指项目完工后在项目运营期内出租给第三者,以租赁分期付款方式收回工程投资和运营收益,授权期满后,所有项目资产再转移给政府公共部门。

7. ROT 形式

ROT 是英文单词 Renovate、Operate 和 Transfer 第一个字母的缩写,直译为"重整—经营—移交"。在这一模式中,重整是指在获得政府特许授予专营权的基础上,对过时、陈旧的项目设施、设备进行改造更新;在此基础上由投资者经营若干年后再转让给政府。这是 BOT 模式适用于已经建成但已陈旧过时的基础设施改造项目的一个变体,其差别在于"建设"变化为"重整"。

8. IOT 形式

IOT 是英文单词 Investment、Operate 和 Transfer 第一个字母的缩写,直译为"重整—经营—移交",即收购现有的基础设施,然后再根据特许权协议运营,最后移交给公共部门。

此外,还有 BT、BRT、TOT、DBOT、DBOM 等形式,虽然提法不同,具体操作上也存在一些差异,但它们的结构与 BOT 并无实质差别,所以习惯上将上述所有方式统称为 BOT。从 BOT 及其变异形式看,BOT 投融资模式的核心内容在于项目公司对特定基础设施项目特许专营权的获得,以及特许专营权具体内容的确定。而建设(重整、购买)、转让则可以视项目不同情况而有所差异。这样既能解决政府财政资金不敷项目需求的困难,又能保证项目公司在经营期间的获益权和国家对基础设施的最终所有权。政府通过项目特许权的授予,赋予私营机构在一定期限内建设、运营并获取项目收益的权利,期限届满时项目设施移交给政府。同时,作为项目发起人的私营机构除投资自有资金外,项目建设所需资金的大部分来自银行贷款等融资渠道,借款人还款来源限于项目收益,并以项目设施及其收益设定浮动抵押为债务担保。

(四) BOT 模式的参与者

1. 政府

在 BOT 项目融资中,政府选择项目的建设经营者,是特许权授予者,又是项目的最终所有者。政府是 BOT 项目成功与否的关键角色之一,为项目的建设运营提供保障(政策支持、后勤保证、收入保障、财政支持等),往往是项目产品的购买人。政府对于 BOT 的态度以及在 BOT 项目实施过程中给予的支持将直接影响项目的成败。从项目所在国政府的角度,采用 BOT 融资结构的主要吸引力在于:第一,可以减少项目建设的初始投入,政府部门可以将有限的资金投入到更多的领域;第二,可以吸引外资,引进新技术,改善和提高项目的管理水平。

2. 项目发起人

项目发起人是项目的实际投资者,是项目公司的股本投资者和特殊债务(如无担保贷款)的提供者和担保者。他通过项目的投资和经营活动,实现项目投资和融资的综合目标要求。由于 BOT 项目一般是大项目或特大项目,具有投资多、收益高、风险大的特点,所以项目发起人一般具有很高资信的机构和项目所在国政府指定的机构,有时也可以是许多与项目有关的公司(如项目承包商、设备供应商、原材料供应商、产品的买主或最终用户等)组成的投资集团,或者是政府指定的机构与私营机构的混合体。在 BOT 期间,项目发起人在法律上既不拥有项目,也不经营项目,而是通过发起项目而给项目投入一定数量的股本金、从属性贷款。

3. 项目公司

项目公司是 BOT 融资模式的主体,是项目的直接承办者,是项目发起人为建设、经营某项目而组建的自主经营、自负盈亏的公司,具体负责项目开发、建设和融资的单位。正是这种做法,可以实现项目借款不出现在项目发起方原有的资产负债表上。项目公司的组成以在这一领域具有技术能力的经营公司和工程承包公司作为主体,有时也吸收项目产品(或服务)的购买者和一些金融性投资者参加。

4. 项目的贷款人

BOT 模式中的贷款人是项目融资中的资金提供者,其组成较为复杂,具体包括商业银行和非银行金融机构,以及政府的出口信贷机构和世界银行或地区性开发银行等。在实践中,项目的贷款人可以是一家或几家银行,也可以是由几十家银行组成的银团。贷款的条件取决于项目本身的经济强度、项目经营者的经营管理能力和资金状况,但是在很大程度上主要依赖于项目发起人和所在国政府为项目提供的支持和特许经营协议的具体内容。

特许经营协议通常包括三个方面的内容:一是批准项目公司建设开发和经营项目,并给予使用土地、获得原材料等方面的便利条件;二是政府按照固定价格购买项目产品,或者担保项目可以获得最低收入;三是在特许权协议终止时,政府可以根据协议商定的价格购买或无偿收回整个项目,项目公司保证政府所获得的是一个正常运转并保养良好的项目。

除以上参与者外,BOT 项目的参与者还有保险公司、财务顾问、承包商、供应商、运营商等。

(五) BOT 模式的融资结构

以 BOT 方式组织项目实施的结构类型根据具体项目的特征、项目所在国的情况以及项目承包商的情况等不同而存在着差别,但是也可以总结出典型的 BOT 融资结构,如图 6-2 所示。(1)由项目经营公司、工程公司、设备供应公司以及其他投资者共同组建一个项目公司,并以同政府签订的"特许经营协议"作为项目建设开发和安排融资的基础。(2)项目公司将特许经营协议等权益转让给贷款人作为抵押来安排融资,并且设计专门的机构控制项目的现金流量。有时,贷款人要求项目所在国政府提供一定的从属性贷款和贷款担保作为融资的附加条件。(3)工程承包商与项目公司签订承包合同进行项目建设,并提供完工担保。(4)经营公司根据经营协议负责项目公司投资建造的公用设施的运行、维护,获得投资收益并支付贷款本息,并保证在特许经营期结束时将一个运转良好的项目移交给项目所在国政府或其他所属机构。

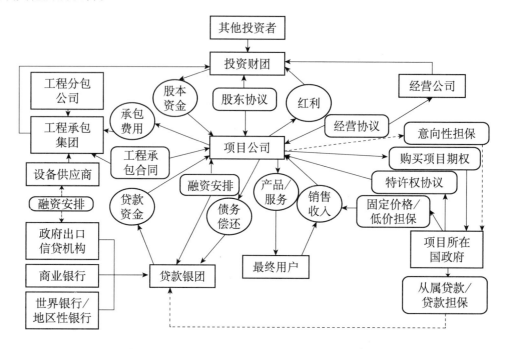

图 6-2 典型的 BOT 融资结构

（六）BOT 模式的运作程序

一般来说，BOT 模式的运作程序主要包括确定项目、项目招投标、合同谈判和签约、项目融资、项目实施和项目移交等阶段。

1. 确定项目阶段

这一阶段的主要目标是研究并提出项目建设的必要性，并进一步研究确定设计规模和项目需要实现的目标，而不需要确定项目采用的技术、项目投资额或者投资收益水平。一个项目是否采用 BOT 方式，不是由领导拍板决定，而是由政府聘请咨询公司进行可行性研究，提出项目技术参数并进行实施方案的比较。

一经确定采用 BOT 模式后，政府需要成立项目委员会或全权委托一家机构代表政府运作项目。其具体工作任务是做好项目的准备工作：一是按有关程序制定建设规划；二是选择项目发起人，通常采用招标方式来选择项目发起人。

2. 项目招投标阶段

在这一阶段，政府有关部门对拟参与项目的投标者进行深入对比，从中选择最合适的招标者。这一过程具体可分为以下步骤：

第一步是招标准备。成立招标委员会和招标办公室，并由其聘请中介机构（包括专业的投融资咨询公司、律师事务所和设计院）来帮助政府进行充分和细致的招标准备工作：在规划条件、技术标准、工艺和设备水平、环境保护等方面提出明确的要求；准备资格预审文件，在资格预审文件中明确资格预审标准；设计项目结构，逐项落实项目的各种条件；准备招标文件、特许权协议、制定评标标准。

第二步是资格预审。邀请对项目有兴趣的公司参加资格预审,如果是公开招标则应该在媒体上刊登招标公告。招标委员会应该组织资格预审专家组,对参加资格预审的提交资格申请文件(包括技术力量、工程经验、财务状况、履约记录等方面的资料)进行完整性、有效性及正确性的资格预审,拟定一个数量不多、参加最终投标的备选名单,并在项目条件基本落实和招标文件基本准备就绪之后,发出资格预审结果通知。为了在确保充分竞争的前提下尽可能减少招标评标的工作量,通过资格预审的投标人数量不宜超过 5 家。如北京第十水厂 BOT 项目的资格预审通告发布后,共有 34 家跨国公司或银行购买了资格预审文件,7 家联合体提交了资格申请文件。招标委员会选择了其中的 5 家联合体参加项目投标。这些公司分别来自法国、英国、日本、意大利和中国香港地区。

第三步是邀请投标。投标资格预审后,招标委员会应邀请通过资格预审的投标人投标。为防止投标人在投标后撤标或在中标后拒不签订合同,还通常要求投标人提供一定比例或金额的投标保证金,该保证金在确定中标人后予以退还。在获得招标委员会的书面邀请后,通过资格预审的投标者,如果决定继续投标,则应按照招标文件的要求和条件,在规定的日期前呈交投标书。在准备标书阶段,投标人应认真分析研究招标人的真实需求,了解项目的详细情况,必要时到现场进行实地考察,结合自己的实际情况,编制标书。

第四步是评标与决标。投标结束后,招标委员会将组建评标委员会,按照招标文件中规定的评标标准对投标人提交的标书进行评审,以选择和确定最终的中标者。评标标准必须在招标文件中做出明确陈述,而且一般情况下,招标文件中规定的评标标准不允许更改。

3. 合同谈判和签约阶段

定标后,招标委员会应邀请中标者与政府进行合同谈判。在一系列合同谈判中,特许权协议是 BOT 项目的核心。由于 BOT 项目涉及的内容较多,牵涉一系列合同以及相关条件,谈判的结果要使中标人能为项目筹集资金,并保证政府把项目交给最合适的投标人,一轮谈判可能解决不了所有问题,一般需要 3—5 轮谈判,因此 BOT 项目的合同谈判时间较长。在特许权协议签订之前,政府和中标人都必须准备花费大量的时间和精力进行谈判和修改合同。如果政府与排名第一的中标候选人者不能达成协议,政府可能会转而与排名第二的中标候选人进行谈判,以此类推。运作良好的 BOT 项目,由于投标人之间竞争十分激烈,使政府在谈判中的地位非常主动。如北京第十水厂 BOT 项目,谈判工作共进行了三轮。第一轮主要是了解双方的观点,第二轮解决了水价等核心问题,第三轮解决了遗留问题。谈判结果在很多方面突破了国内类似项目的惯例,使中方的利益得到了更好的保护。

4. 项目融资阶段

项目融资是 BOT 项目实施的关键环节,BOT 项目一般要求在签订特许权协议后 1 年内完成项目融资。谈判结束且草签特许权协议以后,中标人将组建项目公司。项目公司的主要工作包括:进行融资决策,在项目可行性研究的基础上进行项目融资可行性研究,并在决定采用项目融资后,进行融资结构的初步设计;在初步确定融资方案后,就要物色潜在的债权人,起草项目融资的有关文件,进行融资谈判,与贷款人一起协商起草融资协议条款,并签署最终的贷款协议。此外,为了配合项目融资谈判,中标人还要与建筑承包商、运营维护承包商和保险公司等进行谈判和签订相关合同。

5. 项目实施阶段

项目公司在签订所有合同之后,开始进入项目的实施阶段。实施阶段包含 BOT 项目建设阶段与运营阶段。在项目建设阶段,项目公司通过顾问咨询机构,对项目组织设计与施工,安排进度计划与资金营运,控制工程质量与成本,监督工程承包商,并保证财团按计划投入资金,确保工程按预算按时完工。在项目运营阶段,项目公司的主要任务是要求运营公司尽可能边建设边运营,争取早投入早收益,特别要注意外汇资产的风险管理及现金流量的安排,以保证按时还本付息,并最终使股东获得一定的利润。同时在运营过程中要注意项目的维修与保养,以期项目以最大效益地运营以及最后顺利地移交。

需要强调的是,在实施阶段的任何时间,政府都不能放弃监督和检查的权利。因为项目最终要由政府或其指定机构接管并在相当长的时间内继续运营,所以必须确保项目从设计、建设到运营和维护都完全按照政府和中标人在合同中规定的要求进行。

6. 项目移交阶段

BOT 项目特许期期满后,项目公司需要按照特许权协议中规定的项目质量标准和资产完好程度等,将项目的资产、经营期预留的维护基金和经营管理权全部移交给东道国政府。BOT 项目移交可以是无偿的,也可以是有偿的。项目移交政府后,项目公司还可继续经营,但这时的经营是受政府委托代为经营,项目公司本身不再享有原特许协议中授予的各项权利。

四、"设施使用协议"融资模式

(一)"设施使用协议"融资模式的含义

"设施使用协议"(Tolling Agreement)是指在某种工业设施或服务性设施的提供者和使用者之间达成的一种具有"无论使用与否均需付款"性质的协议。利用这种协议安排项目融资,要求项目设施的使用者无论是否真正利用了项目设施所提供的服务,都要无条件地在融资期间定期向设施的提供者支付一定数量的预先确定下来的项目设备的使用费。此承诺合约与完工担保一起构成项目信用保证结构的主要组成部分。项目设施的使用费在融资期间应能够足以支付项目的生产经营成本和项目债务还本付息。以设施使用协议为基础的项目融资方式适用于资本密集、收益相对较低但相对稳定的基础设施类项目。

(二)"设施使用协议"融资模式的特点

1. 投资结构的选择比较灵活

采用"设施使用协议"融资模式,既可以采用公司型合资结构,也可以采用非公司型合资结构、合伙制结构或者信托基金结构。投资结构选择的主要依据是项目的性质、项目投资者和设施使用者的类型及融资、税务等方面的要求。

2. 适用于基础设施项目

项目的投资者可以利用与项目利益有关的第三方即设施使用者的信用来安排融资,分散风险,节约资金投入,以降低融资成本。因而特别适用于资本密集、收益较低但相对稳定的基础设施项目。

五、"杠杆租赁"融资模式

(一)"杠杆租赁"融资模式的含义

"杠杆租赁"融资模式是一种承租人可以获得固定资产使用权而不必在使用初期支付其全部资本开支的一种融资结构。其一般形式为:当项目公司需要筹资购买设备时,由租赁公司向银行融资并代表企业购买或租入其所需设备,然后租赁给项目公司。项目公司在项目营运期间以营运收入向租赁公司支付租金,租赁公司以其收到的租金向贷款银行还本付息。

采用该融资模式,资产出租人的收入主要来自避税收益和租赁费,融资成功的关键在于税务安排的有效性以及避税收益的数额。杠杆租赁模式的税务减免主要包括对设备折旧提取、贷款利息偿还和其他一些费用项目开支上的减免,这些减免与投资者可以从一个项目投资中获得的标准减免没有任何区别。但一些国家对于杠杆租赁的使用范围和税务减免有很多具体的规定和限制,使其在减免数量和幅度上较其他减免要多。这就要求在设计融资结构时必须了解和掌握当地法律和具体的税务规定。

(二)"杠杆租赁"融资模式的优缺点

1. "杠杆租赁"融资模式的优点

(1)可以利用项目的避税收益降低融资和投资成本。杠杆租赁充分利用了项目的税务好处,如税前偿息等作为股本参加者的投资收益,在一定程度上降低了投资者的融资成本和投资成本,同时也增加了融资结构中债务偿还的灵活性。据统计,杠杆租赁融资中利用税务扣减一般可以偿还项目全部融资总额的30%—50%。

(2)应用范围比较广泛。既适合于大型项目融资,也适合于专项设备融资。

2. "杠杆租赁"融资模式的缺点

(1)融资结构比较复杂。由于杠杆租赁融资模式的参与者较多,资产抵押以及其他形式的信用保证在股本参加者与债务参加者之间的分配和优先顺序问题上比一般项目融资模式复杂,再加上税务、资产管理与转让等方面的问题,造成组织这种融资模式所花费的时间要相对长一些,法律结构及文件的确定也相对复杂,但其特别适于大型项目的融资安排。

(2)灵活性差。杠杆租赁融资模式一经确定,重新安排融资的灵活性较小。

六、"生产支付"融资模式

(一)"生产支付"融资模式的含义

生产支付(Production Payment)融资模式是建立在由贷款银行购买某一特定矿产资源储量的全部或部分未来销售收入的权益的基础上的,即提供融资的贷款银行从项目中购买到一个特定份额的生产量,这部分生产量的收益成为项目融资主要偿债资金的来源。一般适用于资源储量已经探明并且项目现金流能够较准确计算的资源开发型项目。

生产支付融资的基本思路是:第一,由贷款银行或者项目投资者建立一个"融资的中介结构"(一般为信托基金结构),从项目公司购买一定比例项目资源的生产量(如石油、天然气、矿藏储量)作为融资的基础。第二,贷款银行为融资中介机构安排用以购买这部分项目资源生产量的资金,融资中介机构再根据生产支付协议将资金注入项目公司作为项目的建设和资本投资资金;作为生产支付协议的一个组成部分项目公司承诺按照一定的公式(购买价格加利息)安排生产支付;同时,以项目固定资产抵押和完工担保作为项目融资的信用保证。第三,在项目进入生产期后,根据销售代理协议,项目公司作为融资中介机构的代理销售其产品,销售收入(即生产收入)将直接进入融资中介机构用来偿还债务。在生产支付融资中也可以不使用中介机构而直接安排融资,但是这样融资的信用保证结构将会变得较为复杂;另外,使用中介机构还可以帮助贷款银行将一些由于直接拥有资源或产品而引起的责任和义务(例如环境保护责任)限制在中介机构内。

(二)"生产支付"融资模式的特征

1. 信用保证结构较其他融资方式独特

生产支付是通过直接拥有项目的产品和销售收入,而不是通过抵押或权益转让的方式来实现融资的信用保证。

2. 融资容易被安排成为无追索或有限追索的形式

由于所购买的资源储量及其销售收益被用作生产支付融资的主要偿债资金来源,因此融资比较容易被安排成为无追索或有限追索的形式。

3. 贷款银行只为项目的建设和资本费用提供融资

在生产支付融资结构中,贷款银行一般只为项目的建设和资本费用提供融资,而不承担项目生产费用的贷款,并且要求项目投资者提供最低生产量、最低产品质量标准等方面的担保。

关键术语

项目融资 项目包装融资 直接融资模式 项目公司融资模式 BOT 模式 "设施使用协议"融资模式 "杠杆租赁"融资模式 "生产支付"融资模式

复习思考题

1. 简述 BOT 模式的特点。
2. 简述项目融资的特点。
3. 简析项目融资成本高的主要原因。
4. 简述"杠杆租赁"融资模式的优缺点。
5. 简述"设施使用协议"融资模式的特点。

第七章

中小企业专项扶持基金

学习目标

- 掌握政策性融资的含义及分类
- 了解我国中小企业专项扶持基金体系
- 熟悉中小企业发展专项资金的支持范围及支持方式
- 熟悉科技型中小企业技术创新基金的宗旨、定位及支持方式
- 熟悉中小企业国际市场开拓资金的支持对象及支持内容

案例导读

高科技企业绿色奇点融资之路

2003年的"十一"假日,绿色奇点公司的总经理袁克文没有像很多人一样举家出游,他正在忙着准备一些重要材料,向国家科技部申请中小高科技创新基金。在一些游资或舶来的风险投资者私下称为"毛毛雨"的这类政府专项基金,却往往成为绿色奇点公司这样的中小高科技企业的"及时春雨"。

北京绿色奇点科技发展有限公司从2001年成立以来,在每一个不同的发展阶段,都及时得到各种金融和资本手段的支持,可以说集资本市场创新手段之大成。从绿色奇点企业发展的远景,可以看到一场关乎生态与人类命运的绿色革命正在展开。而从绿色奇点的资本获得途径,可以看到,这是一个资本的渐变过程。

第一阶段:来自电子公司的研发成果

作为一种科技成果,"旱露植宝"林业保水剂在2001年诞生。这笔前期研发经费来自一家电子公司。2000年,袁克文说服了电子公司的负责人,得到60万元启动研发,一年

后，这种兼具保水生根、抗旱节水、改良土壤、营养缓释和无公害降解等多功能的林业保水剂产品研发成功了。

第二阶段：风险投资的专业孵化器

在"旱露植宝"科技成果研发成功后，为了更迅速地推动绿色奇点的科技产品在植树造林的广大领域的应用。袁克文在2001年找到了BVCC所属生物领域的专业孵化器——海银科生物专业孵化器、蓝色奇点公司以及星通公司等多家股东，共注资100多万元（占60%的股份）。专业孵化器能够为该专业技术领域的企业提供共用技术平台和其他专业支持，海银科生物专业孵化器尤其在使产品尽快占领市场方面使绿色奇点得到了快速成长。"2002年的销售额是200多万元"，袁克文介绍说。

第三阶段：企业集团资金，以及国家创新基金

随着市场工作的推进，和许多在经济不发达的潜在市场中推广新科技产品的企业一样，绿色奇点公司的"旱露植宝"在西北贫困边远等地区推广应用中，确实遇到了资金问题。尽管随着我国生态环境的不断恶化，已经引起国家的高度重视，并已陆续推出了一系列相应的对于推广应用"旱露植宝"利好的政策。但需要保水剂产品的西北地区资金短缺问题在短期内还不可能彻底解决，潜在市场的开发仍需要大量资金。

但是，"旱露植宝"林业保水剂的市场前景又极为被看好。北京科技风险投资公司曾经为其做过一个财务预测：该公司产品在2003年如按市场预测销售300吨计，预计可实现销售收入900万元，利润在200.3万元左右，投资收益率在32%左右，每股收益率可达0.50元。到2005年如果达到计划产销量1 500吨的规模，则可实现销售收入4 350万元，预计利润在1 676万元左右，投资收益率在21%左右，每股收益可达0.56元。从投资回报率预测结果来看，该项目回报率比较高。

正是这种预测，促使来自国内大型投资集团——光彩事业集团有意在2003年内以1 000万元的投资介入该项目。同时，袁克文总经理也忙于为绿色奇点申请国家创新项目基金的支持。有业内人士认为：如果投资规模过大，对于资金接受方来说可能在谈判地位上会处于相对不利的地位。尽管此原因未经证实，但显而易见的是：对于袁克文来说，无论资金大小，如何尽快得到可利用的资金并顺利而迅速地进行产品市场的广泛开拓，是当务之急。而一旦市场现金流到达一定量级，初步展现出企业和项目的高成长性，无疑会更加有利于得到进一步和大规模的融资或获得投资机会。

案例详情链接

http://www.cs.com.cn/cqzk/cqal/200703/t20070330_1075996.html

你是不是有下面的疑问

1. 什么是创新基金？是否所有中小企业都可获得创新基金支持？

2. 国家为什么要设立创新基金？它的宗旨和支持对象是什么？
3. 什么是政策性融资？除创新基金等专项扶持基金外，还有哪些政策性融资方式？

第一节 政策性融资与中小企业专项扶持基金体系

一、政策性融资的含义

中小企业政策性融资是专门为中小企业设计的一种融资服务。政策性融资是政府调控经济的重要工具和现代金融体系的重要组成部分，它广泛存在于发展中国家和金融体制完善的发达国家。

政策性融资是根据国家的政策，以政府信用为担保的，政策性银行或其他银行对一定的项目提供的金融支持。中小企业政策性融资则是指那些由政府出资、参股或保证的，不以盈利为目的的，专门为贯彻执行政府有关经济政策，为帮助中小企业发展、提高中小企业运行效率和提升中小企业在国民经济中地位，直接或间接提供融资或信用保证的政策性融资活动。政策性融资适用于具有行业或产业优势、技术含量高、有自主知识产权或符合国家产业政策的项目，通常要求中小企业运行良好且达到一定的规模、中小企业基础管理完善等。政策性融资活动可以通过政策性金融机构开展，也可以通过商业金融机构开展。而在发达国家，则大多通过政策性金融机构与商业金融机构以共同合作、共担风险的形式开展。政策性融资强调采用金融手段实现国家特定的经济与社会发展战略意图和政策目标。

二、政策性融资的分类

根据融资方式的不同，政策性融资可分为以下五类。

（一）政策性贷款

一般来说，政策性银行贷款利率较低、期限较长，有特定的服务对象，其放贷支持的主要是商业性银行在初阶段不愿意进入或不涉及的领域。例如，国家开发银行服务于国民经济发展的能源、交通等"瓶颈"行业和国家需要优先扶持领域，包括西部大开发、振兴东北老工业基地等，这些领域的贷款量占其总量的91%。进出口银行则致力于扩大机电产品和高新技术产品出口以及支持对外承包工程和境外投资项目。农发行主要承担国家政策性农村金融业务，代理财政性支农资金拨付，专司粮棉油收购、调销、储备贷款业务等。

（二）政策性担保

随着市场经济的发展，担保制度逐渐衍生出另一种功能——经济激励功能。政策性担保是配合国家特定经济和社会发展政策而进行的一种特殊性资金融通行为，是公共财政在市场经济体制下调节经济发展、维护社会公平的间接调控工具，它以优惠的担保费率和扶持条件等对国家政策支持发展的产业、产品和技术提供融资担保支持,特别体现在技术密集型和劳动密集型产业方面,体现了一定的政策引导意向。

(三) 财政贴息

财政贴息是政府为支持特定领域或区域发展,根据国家宏观经济形势和政策目标,对承贷企业的银行贷款利息给予的补贴。它是政府提供的一种较为隐蔽的补贴形式,即政府代企业支付部分或全部贷款利息,其实质是向企业成本价格提供补贴。财政贴息主要有两种方式:(1)财政将贴息资金直接拨付给受益企业;(2)财政将贴息资金拨付给贷款银行,由贷款银行以政策性优惠利率向企业提供贷款,受益企业按照实际发生的利率计算和确认利息费用。

(四) 专项扶持基金

专项扶持基金是国家或有关部门或上级部门下拨的具有专门指定用途或特殊用途的资金,是国家为了发展、扶持某领域或区域经济健康快速发展而专门设立的。专项扶持基金独立运作,其使用方向由政策加以限定,而且要求进行单独核算,专款专用,不能挪作他用。

(五) 政策性投资

政策性投资又称非盈利性投资,是指用于保证社会发展和群众生活需要而不能或允许不能带来经济盈利的投资。它是以社会效益为主、政府决策的投资活动。政策性投资通常集中于基础性项目,这些项目投资规模大、周期长、收益低,难以激起企业投资和个人投资的兴趣,因而要由政府决策,由政府负责融资。

三、我国中小企业专项扶持基金体系

中小企业在经济运行中发挥着越来越重要的作用,如充当经济增长引擎、创造就业机会、活跃市场以及优化调整产业结构等,是我国建设社会主义市场经济所不容忽视的生力军。然而,中小企业由于其自身的特殊性,融资始终是其企业发展的瓶颈。为解决中小企业融资难,我国各级政府都设立了种类繁多的基金、专项资金,有针对性地对中小企业的发展提供资助和扶持,形成了较为完整的中小企业资金支持体系。中小企业无论在其发展的种子期、初创期、初步成长期或快速成长期,只要符合国家和地方的产业政策,都可以申请并获得中央或地方财政资金的扶持。

具体而言,我国各级政府提供的基金或专项资金主要有:(1)综合资金,包括中小企业发展专项资金;(2)科技创新资金,包括科技型中小企业技术创新基金、科技型中小企业创业投资引导基金、国家高技术研究发展计划(863计划)、星火计划、火炬计划项目、重大产业技术开发专项等;(3)人才培训资金,包括银河培训工程、服务外包人才培训基金、阳光工程等;(4)信息化推广应用资金,包括倍增计划;(5)产业发展资金,包括电子信息产业发展基金、农业科技成果转化资金、下一代互联网专项基金、信息安全专项基金、国家重点新产品计划等;(6)市场开拓资金,包括家电下乡补贴、中小企业国际市场开拓资金;(7)公共服务资金,包括中小企业公共服务体系补助资金。

本书将重点介绍中小企业发展专项资金、科技型中小企业技术创新基金以及中小企业国际市场开拓资金。

第二节 中小企业发展专项资金

一、专项资金的设立

中小企业发展专项资金(以下简称专项资金)是根据《中华人民共和国中小企业促进法》,由中央财政预算安排主要用于支持中小企业发展的专项资金。

2002年出台的《中华人民共和国中小企业促进法》第10条明确规定:"中央财政预算应当设立中小企业科目安排扶持中小企业发展专项资金。地方人民政府应当根据实际情况为中小企业提供财政支持。"2004年,财政部与国家发改委制定了《中小企业发展专项资金管理暂行办法》,并自2004年开始,我国中央财政预算安排了中小企业发展专项资金,专项资金的申报和立项周期为每年一次,申报时间为上半年,每年的项目内容会略有不同。

自2004年起,财政部负责专项资金的预算管理、项目资金分配和资金拨付,并对资金的使用情况进行监督检查。国家发改委负责确定专项资金的年度支持方向和支持重点,会同财政部对申报的项目进行审核,并对项目实施情况进行监督检查。此后,专项资金主管部门于2008年起变更为财政部以及工业和信息化部。2014年,由于整合了多项中小企业专项资金,专项资金主管部门则包括财政部、工业和信息化部、科技部以及商务部。2015年,专项资金主管增加了国家工商行政管理总局、国家民委等部门。

二、专项资金的支持范围

自2004年,我国中央财政预算安排中小企业发展专项资金以来,专项资金的支持范围都会略有不同。

2004年,财政部与国家发改委制定了《中小企业发展专项资金管理暂行办法》,规定专项资金主要用于支持中小企业专业化发展、与大企业协作配套、技术创新、新产品开发、新技术推广等方面。

2006年,财政部与国家发改委对2004年《中小企业发展专项资金管理暂行办法》进行了修改,出台了《中小企业发展专项资金管理办法》,规定专项资金主要用于支持中小企业专业化发展、与大企业协作配套、技术进步和改善中小企业发展环境等方面。

2008年,财政部与工业和信息化部对2006年《中小企业发展专项资金管理办法》进行了修改,规定专项资金主要用于支持中小企业结构调整、产业升级、专业化发展、与大企业协作配套、技术进步、综合利用、品牌建设,以及中小企业信用担保体系、市场开拓等中小企业发展环境建设等方面。

2012年,财政部与工业和信息化部对2008年《中小企业发展专项资金管理办法》进行了修订,规定专项资金主要用于支持中小企业特别是小型微型企业技术进步、结构调整、转变发展方式、扩大就业,以及改善服务环境等方面。并明确专项资金主要用于:(1)促进中小企业特别是小型微型企业结构调整和优化。重点支持中小企业技术进步和技术改造,创建和保护自主知识产权及加强品牌建设,提升"专精特新"发展能力,加强与大企业协作配套,稳定和扩大就业,开展节能减排和安全生产,挖掘和保护特色传统工艺和产品,发展国家重点培育的产业,提升经营管理水平等。(2)改善中小企业特别是小型微型企业服务环境。重点支持高技术服务业、商务服务业、现代物流业等生产性服务业企业,以及中小企业服务机构等提升服务能力和服务质量,加强和改善中小企业创业、创新、质量、管理咨询、信息服务、人才培养、市场开拓等服务。

2014年,财政部、工业和信息化部、科技部以及商务部整合多项中小企业专项资金,四部门联合发布了《中小企业发展专项资金管理暂行办法》,规定专项资金用于支持中小企业特别是小微企业科技创新、改善中小企业融资环境、完善中小企业服务体系、加强国际合作等方面。此外,该《暂行办法》还明确了各方面支持的具体内容:(1)在支持科技创新方面,专项资金安排专门支出支持中小企业围绕电子信息、光机电一体化、资源与环境、新能源与高效节能、新材料、生物医药、现代农业及高技术服务等领域开展科技创新活动。(2)在改善融资环境方面,专项资金安排专门支出支持中小企业信用担保机构、中小企业信用再担保机构增强资本实力、扩大中小企业融资担保和再担保业务规模。(3)在完善服务体系方面,专项资金安排专门支出支持各类中小企业公共服务平台和服务机构的建设和运行,增强服务能力、降低服务成本、增加服务种类、提高服务质量,为中小企业提供全方位专业化优质服务。重点支持科技服务、商贸服务、综合性服务以及其他促进中小企业发展的服务。(4)在促进国际合作方面,专项资金安排专门支出支持国内中小企业与欧盟企业、研究单位等在节能减排相关领域开展科研合作。包括促进国内中小企业与欧方合作机构联合研究开发国际尖端节能减排技术、引导国内中小企业转化中欧节能减排先进技术合作成果、鼓励国内中小企业从欧方合作机构引进消化吸收国际先进节能减排技术,以及推动国内中小企业与欧方合作机构加强节能减排技术交流与合作。

2015年,财政部对《中小企业发展专项资金管理暂行办法》进行了修订,规定专项资金用于优化中小企业发展环境、引导地方扶持中小企业发展及民族贸易、少数民族特需商品定点生产企业发展等。该《暂行办法》明确了专项资金的支持范围,包括:小微企业创业创新基地城市示范;中小企业参加重点展会、完善中小企业公共服务体系、中小企业创新活动、融资担保及国内贸易信用保险等;民族贸易和少数民族特需商品定点生产企业发展;其他促进中小企业发展的工作。此外,还规定财政部会同相关部门,根据国家促进中小企业发展的决策部署适时适当调整专项资金支持的重点领域,并通过发布工作指南等组织实施。

拓展阅读

财政部有关负责同志就小微企业创业创新基地城市示范政策答记者问

2015年4月16日,财政部、工信部、科技部、商务部、工商总局联合印发了《关于支持开展小微企业创业创新基地城市示范工作的通知》。近日,财政部有关负责同志就"两创示范"工作回答了记者提问。

问:近期财政部等五部门联合开展的"两创示范"工作引起了社会广泛关注,请介绍一下该项政策出台的背景与重要意义。

答:中小微企业是创业的主渠道、创新的主力军。党中央、国务院高度重视中小企业特别是小微企业发展,财政部、工信部、科技部、商务部、工商总局五部门认真贯彻落实,出台了税收优惠、商事制度改革、发展众创空间等多项政策，有力地促进了小微企业发展。当前，经济发展进入新常态，2015年第一季度经济下行压力较大，党中央、国务院就"稳增长、促改革、调结构、惠民生"作出了系列部署，五部门联合开展"小微企业创业创新基地城市示范"是贯彻落实党中央、国务院决策部署，打造"大众创业、万众创新"新引擎的有力举措；是聚集政策要素、整合财政资金推动创新创业的重要制度建设；是财政政策加力增效，激发经济增长内生动力、促进经济平稳运行的重要内容。

问：与以往中央扶持小微企业的资金政策相比，"两创示范"政策有何新特点？

答：近年，财政不断加大资金投入支持小微企业发展，取得了积极效果。但也存在着资金使用较为分散、仍以项目管理为主、支持政策传递距离长、"最后一公里"问题仍较为突出等，此次开展"两创示范"工作，主要实现了两个改变：一是将对小微企业的项目直接支持，改为对示范城市整体支持，发挥地方贴近小微企业、处理复杂信息的优势，突出地方在组织实施中的责任主体地位，缩短了政策流程，可以有效解决"最后一公里"问题；二是将分部门分行业专项推进，改为财政、工信、科技、商务、工商五部门联合实施，各自发挥职能作用共同推动工作，真正为"大众创业、万众创新"加油助力。

问：数量众多的小微企业是市场经济重要的微观主体，财政政策应当重点支持哪些内容？在这个过程中应当如何正确处理政府与市场的关系？

答：小微企业的成长发展最终是靠创业者自身不懈的努力。政府关键是创造公平竞争的环境，发挥好市场配置资源的决定性作用，财政资金支持立足于弥补市场失灵，聚焦小微企业实际需求，不干预市场正常运行，着力为小微企业发展营造良好的政策环境和制度环境。按此原则，财政资金重点支持内容包括：一是支持为小微企业提供创业创新空间。提升创业创新基地(众创空间、创业基地、科技孵化器、商贸集聚区等)服务能力；充分利用闲置库房、工业厂房以及新增场地为小微企业提供生产、经营、试验场所；在租金、税费等方面采取减免措施为小微企业降低创业创新成本等。二是支持改进对小微企业的公共服务。采取"互联网+公共服务"的模式，鼓励建设综合服务平台，为小微企业提供多元化服务，如人才培训、创业辅导、法律维权、技术服务、会展服务等，并运用大数据、云计算等信息化手段，促进服务体系互联互通、资源共享。三是鼓励地方对接创业担保贷款贴息、税收优惠、科技创新等政策措施，将各项既定支持政策落到实处。

资料来源：《财政部有关负责同志就小微企业创业创新基地城市示范政策答记者问》，http://jjs.mof.gov.cn/zhengwuxinxi/zhengcejiedu/201505/t20150518_1233172.html。

三、专项资金的支持方式

自2004年中小企业专项资金设立以来，一直到2014年对多项中小企业专项资金进行整合，专项资金主要采取的支持方式为无偿资助和贷款贴息方式。以自有资金为主投资的固定资产建设项目，一般采取无偿资助方式；市场开拓等项目，一般采取无偿资助方式；以金融机构贷款为主投资的固定资产建设项目，一般采取贷款贴息方式；中小企业信用担保体系建设项目，一般采取无偿资助方式，特殊情况可采取资本金注入方式。

2014年，财政部、工业和信息化部、科技部以及商务部整合多项中小企业专项资金，四部门联合发布了《中小企业发展专项资金管理暂行办法》,专项资金的支持方式也相对多样化。该《暂行办法》第五条规定:"专项资金综合运用无偿资助、股权投资、业务补助或奖励、代偿补偿、购买服务等支持方式,采取市场化手段,引入竞争性分配办法,鼓励创业投资机构、担保机构、公共服务机构等支持中小企业,充分发挥财政资金的引导和促进作用。"该《暂行办法》明确规定专项资金运用业务补助、增量业务奖励、资本投入、代偿补偿、创新奖励等方式,对担保机构、再担保机构给予支持;专项资金运用无偿资助、业务奖励、政府购买服务等方式,对中小企业公共服务平台和服务机构给予支持;专项资金运用无偿资助方式,对科技型中小企业创新项目给予资助。此外,该《暂行办法》还规定专项资金安排专门支出设立科技型中小企业创业投资引导基金(以下简称引导基金),用于引导创业投资企业、创业投资管理企业、具有投资功能的中小企业服务机构等(以下统称创业投资机构)投资于初创期科技型中小企业。引导基金运用阶段参股、风险补助和投资保障等方式,对创业投资机构及初创期科技型中小企业给予支持。

2015年,财政部对《中小企业发展专项资金管理暂行办法》进行了修订,规定专项资金补助对象按照政府机构、事业单位和企业等分类,专项资金补助根据支持内容的不同,可以采取无偿资助、投资补助、政府购买服务等方式。

第三节 科技型中小企业技术创新基金

一、创新基金的设立

科技型中小企业技术创新基金(以下简称创新基金)是经国务院批准,专项用于扶持和引导科技型中小企业技术创新活动的政府专项资金。创新基金在促进中小企业技术创新,优化创新创业环境,引导带动地方和社会资金,推动我国高新技术产业发展等方面发挥了重要促进作用。

科技型中小企业具有建设资金少、建成周期短、管理成本低廉、市场适应性好等特点,这些特点决定了它在创新机制和创新效率方面具有其他企业无法比拟的优势。但是由于科技型中小企业在发展初期所具有的高度不确定性和高风险性,使其在资金筹集上存在较大的困难。

借鉴工业化国家扶持科技型中小企业发展的具体做法,结合我国科技型中小企业发展的特点和资本市场的现状,国务院于1998年7月提出要建立以促进科技成果转化、引导社会支持企业技术创新为目的的科技型中小企业技术创新基金,并于1999年5月21日批准了由科技部、财政部联合制定的《科技型中小企业技术创新基金暂行规定》,1999年6月25日正式启动科技型中小企业技术创新基金。2007年新修订的《科学技术进步法》将设立科技型中小企业技术创新基金写入其中,使支持科技型中小企业创新活动进一步获得了法律保障。

二、创新基金的宗旨

(一)支持技术创新

创新基金支持的项目应拥有自主知识产权,并要求在技术、工艺或产品性能上有较大的创新或有实质性的改进,技术水平至少达到国内或国际先进水平。

（二）鼓励技术创业,培养技术创业企业家

创新基金重点支持初创期的科技型中小企业,优先支持由高素质的科技人员和留学归国人员创办、领办的企业,使其能够在创新基金的帮助下,利用其拥有或掌握的具有自主知识产权的先进技术和高水平的技术成果进行创业。通过创新基金的支持,提高初创企业抵御早期风险的能力,帮助企业渡过发展的困难时期。

（三）促进产业发展

鼓励和扶持中小企业按照产业链专业化分工和规模化生产的要求,形成功能部件研发和配套生产,推动区域经济快速发展。

（四）引导社会资金,加速科技成果转化

创新基金的建立,一方面通过直接资助缓解科技型中小企业创新资金的不足,另一方面通过引导和示范,吸引和带动各级政府、金融机构加强对科技型中小企业创新活动的关注和支持,带动符合市场经济规律、服务于科技型中小企业技术创新的投融资体系的建立,缓解科技型中小企业融资困难的状况。

三、创新基金的定位

创新基金作为政府对科技型中小企业技术创新的资助手段,将以贷款贴息、无偿资助和资本金投入等方式,通过支持成果转化和技术创新,培育和扶持科技型中小企业。创新基金将重点支持产业化初期（种子期和初创期）、技术含量高、市场前景好、风险较大、商业性资金进入尚不具备条件、最需要由政府支持的科技型中小企业项目,并将为其进入产业化扩张和商业性资本的介入起到铺垫和引导的作用。因此,创新基金将以创新和产业化为宗旨,以市场为导向,上联"863"、"攻关"等国家指令性研究发展计划和科技人员的创新成果,下接"火炬"等高技术产业化指导性计划和商业性创业投资者,在促进科技成果产业化,培育和扶持科技型中小企业的同时,推动建立起符合市场经济客观规律、支持科技型中小企业技术创新的新型投资机制。

四、创新基金的基本特性

（一）政策性

创新基金是政策性基金,它体现了政府的宏观引导和政策导向,通过支持高技术成果的转化,鼓励和引导中小企业参与技术创新活动,推动科技与经济的结合,加速高新技术产业的发展。

（二）引导性

创新基金是引导性基金,它按照市场经济的客观规律进行运作,通过向中小企业提供资助,带动和吸引地方政府、企业、风险投资机构和金融机构对科技型中小企业进行投资,逐步推动建立起符合市场经济客观规律的高新技术产业化投资机制,从而进一步优化科技投资资源,营造有利于科技型中小企业创新和发展的良好环境。

（三）非营利性

新基金是非营利性的基金，它不以自身盈利为目的，而是通过扶持科技型中小企业的发展，对国家经济结构调整和总量增长做出贡献以及创造更多的就业机会作为回报。它重点支持产业化初期，风险较大，商业性投资者不愿出资，最需要由政府支持的项目。

五、创新基金的支持方式

自1999年启动科技型中小企业技术创新基金以来，一直到2014年对多项中小企业专项资金进行整合，把科技型中小企业技术创新基金纳入中小企业专项资金，创新基金分别以贷款贴息、无偿资助、资本金投入等不同的方式给予支持。贷款贴息主要用于支持产品具有一定的技术创新性、需要中试或扩大规模、形成小批量生产、银行已经贷款或有贷款意向的项目；无偿资助主要用于技术创新项目研究开发及中试阶段的必要补助、科研人员携带科技成果创办企业进行成果转化的补助；采取资本金投入方式，支持少数起点高、具有较广创新内涵、较高创新水平并有后续创新潜力、预计投产后具有较大市场需求、有望形成新兴产业的项目。

2014年，财政部、工业和信息化部、科技部以及商务部整合多项中小企业专项资金，四部门联合发布了《中小企业发展专项资金管理暂行办法》，把科技型中小企业技术创新基金纳入中小企业专项资金。该《暂行办法》规定，专项资金运用无偿资助方式，对科技型中小企业创新项目给予资助。此外，专项资金安排专门支出设立科技型中小企业创业投资引导基金，用于引导创业投资企业、创业投资管理企业、具有投资功能的中小企业服务机构等（统称创业投资机构）投资于初创期科技型中小企业。引导基金运用阶段参股、风险补助和投资保障等方式，对创业投资机构及初创期科技型中小企业给予支持。阶段参股是指引导基金向创业投资企业进行股权投资，参股比例最高不超过创业投资企业募集资金总额的25%，且不做第一大出资人，不参与创业投资企业的日常经营和管理；风险补助是指引导基金对创业投资机构投资于年销售收入不超过2 000万元的初创期科技型中小企业的投资项目给予一定比例的投资奖励和损失补偿；投资保障是指创业投资机构将正在进行高新技术研发、有投资潜力的，且年销售收入不超过2 000万元的初创期科技型中小企业确定为"辅导企业"，引导基金对"辅导企业"给予投资前保障或投资后保障。

六、创新基金申报流程

2014年四部门联合发布的《中小企业发展专项资金管理暂行办法》，把科技型中小企业技术创新基金纳入中小企业专项资金，作为科技型中小企业技术创新项目。创新项目申报工作全面实行数字化管理，企业需登录网络工作系统进行网上申报。

（一）企业注册

（1）企业登录当地省级科技主管部门的网站（也可以通过科技部创新基金网站进入当地省级科技主管部门网站），在线填写企业信息；

（2）企业下载注册承诺书、注册信息表，法人代表签字，加盖公章；

（3）企业将注册资料（加盖企业公章的注册承诺书、注册信息表、企业法人营业执照、税务登记证、企业章程等）送交当地科技主管部门进行审核认证。

(二)项目申请

(1)企业按注册的用户名和密码登录当地省级科技主管部门网站(也可以通过科技部创新基金网站进入当地省级科技主管部门的网站),选择申报项目栏目进行操作;

(2)企业按照系统的详细提示,了解和明确操作要求;

(3)企业填写申报材料;

(4)企业将完成的内容发送省级科技主管部门,同时提交相关材料。

(三)项目上报

(1)省级科技主管部门对企业申报资料的规范性、完整性进行审核后,在网上激活;

(2)省级科技主管部门对通过审核的项目组织评审,并会同同级财政主管部门对拟报送项目进行公示;

(3)省级科技主管部门会同同级财政主管部门将已公示项目汇总表、上报文件及企业书面申报材料邮寄创新基金管理中心,并通过"创新基金网络工作系统"提交项目电子申报资料,完成项目上报工作。

典型案例

创新基金让点击科技张开创新的翅膀

党的十六大明确提出了提高技术创新能力,加速科技成果的转化,实现信息化与工业化相结合的目标。可以说党的十六大为科技工作指明了方向,明确了任务,也为像点击科技公司这样的高科技公司的发展提供了难得的机遇。

成立于2001年的北京点击科技有限公司,是国内第一个将协同理念应用于软件的软件开发商。点击科技的创始人、总裁王志东先生是中国IT界著名人士。从创业之初,王志东就希望将成熟的软件技术与先进的网络技术、发达的通信技术相结合,最终整合成基于协同应用的发展模式,推动协同软件在国内各行业、企业和商务中的应用,实现互联网与主流经济的完美结合。

和众多高科技企业一样,点击科技公司在发展与创新的过程离不开国家在政策和资金上的支持。

为了解决点击科技在资金上的后顾之忧,支持其技术创新、鼓励科技人员创业、加快科技成果转化、促进地方经济增长,2003年6月,国家科学技术部、财政部联合向点击科技颁发了"科技型企业技术创新基金"。

创新基金的注入对于正处于发展期,急需资金支持的点击科技来说是"雪中送炭"。创新基金的获得激发公司员工的创新热情,公司借创新基金项目之机加快了发展速度。其产品已在各类大中企业中得到应用,市场反应良好。点击科技创新的翅膀在得到强有力的支持后,迎风张开。

1. 产品线不断丰富

2003年是点击科技产品进入市场的第一年。在创新基金的支持下,点击科技在"竞开协同之星"(GK-Star)的基础上,陆续推出了竞开工作流系统(GK-Workflow)、竞开邮件服务器(GK-Mail)、竞开中转服务器(GK-Relay Server)等一系列协同产品,并推出了竞开协同通用解决方案和行业解决方案。目前,点击科技正继续开发销售管理系统、VoIP 通信系统等新产品,从而将产品线延长到业务管理和产品开发平台,为用户提供更丰富、更加个性化的服务。

2. 收益持续增长

自从获得"科技型企业技术创新基金"以来,点击科技创新的脚步就没有停止,而公司也实现了经济指标的不断增长。2002 年北京点击科技公司推出第一款协同应用产品 GK-Star 以后,立即引起了强烈的反响,在电子政务、公安、电信、制造、零售、服务、IT 与网络业、媒体、教育等不同行业建立了众多典型客户。到 2003 年年底,GK-Star 的销售量已经突破 10 000 套大关,销售额更是达到数千万元。

2004 年 3 月,北京市科学技术委员会对点击科技的 GK-Star 技术鉴定,对其技术含量、应用前景予以肯定。鉴定结果表明,具有自主知识产权的 GK-Star,符合国家产业发展方向,市场前景良好,处于同类软件的国内领先水平。

3. 筑巢引资

由于在协同软件创新方面所取得的成绩,点击科技吸引了国际资金市场的眼光。2004 年 2 月,点击科技获得全球领先的独立基金管理公司——富达国际牵头的高达 1 300 万美元的投资。这笔额度超过 1 亿元的融资有明显意义:创下了软件业单笔融资之最,给点击科技公司以极大鼓舞。王志东总裁对这次融资评价颇高:"完全符合我的期望——最佳的时机,最佳的人,最适当的方式。当然,真正做评价还要过 2 年时间,现在我们只是说初步融资,可以让点击的商业计划得以完成,可以快速发展。"

4. 渠道体系初步形成

作为中国协同软件市场的代表,点击科技与其他 IT 厂商的合作已经初步建立。目前,包括英特尔、中国网通、四川移动、方正科技等十余家企业成为点击科技的战略合作伙伴。在渠道方面,点击科技公司先后与北京乐满地科技有限公司、郑州江山科技有限公司、上海金鑫电脑有限公司、广州移动科技有限公司、大连大显网络、陕西明讯腾达信息技术有限责任公司、江苏邦基科技等十多家公司签订了省级经销协议。再加上遍布全国的地区与行业经销商,点击科技的渠道体系初步形成。

5. 人员不断壮大

2004 年是"走向规模的一年",随着公司业务的发展,公司员工的数量也在迅速地增长,员工队伍日趋壮大。公司员工已经由成立时的 20—30 人,发展到目前的近 200 人,不断增加的员工满足了公司业务持续发展的需求。

6. 成绩得到社会肯定

在创新基金的激励后,点击科技全体员工励精图治,公司取得了较大的成绩的同时,也获得了社会的肯定。2003 年,GK-Star 荣获"中关村十大软件品牌"、点击科技荣获"2003 电子政务 IT 百强企业";2004 年 3 月 23 日在"2004 中国软件年会"上,王志东和点击科技被分别授予"2003 年度中国软件企业十大领军人物"、"2003 年最具成长性的中国软件企业"奖;2004 年 4 月 20 日,点击科技被中国电子信息产业研究院授予"2003 年度中国信息技术最具潜力创新企业";2004 年 4 月 22 日,在"2004 年中国信息技术趋势大会"上,点击科技公司和王志东总裁分别被授予"2004年度中国IT技术创新奖"和"2004年度中国创新技术推动奖";2004年5月15日王志东总裁被ERP世界网授予"影响信息化的50人"奖与"行业新锐奖";2004年5月22日王志东总裁被授予"TOP10中国科技领袖"奖;2004年6月王志东先生获得了"十大中华经济英才"奖。

科技型企业技术创新基金对于点击科技这样的高科技公司来说也许并不算多,但对公司的促进作用却是不可低估的。创新基金激发了整个公司的创新热情,对公司起到了四两拨千斤的作用,公司的整体发展也步入了快车道。创新热情加上创新基金,点击科技展着创新的翅膀飞向未来。

资料来源:http://www.innofund.gov.cn/innocontent/view.asp?ID=380&column=23。

第四节 中小企业国际市场开拓资金

一、中小企业国际市场开拓资金的设立

中小企业国际市场开拓资金(简称市场开拓资金)是中央财政用于支持中小企业开拓国际市场各项活动的政策性基金。该基金分为中央补贴和地方补贴两部分,实行中央和地方两级管理。中央使用部分由商务部中小企业国际市场开拓资金管理办公室承办;地方使用部分,由地方外经贸委(厅)或商务局承办。

为鼓励中小企业积极参与国际市场竞争,促进中小企业的健康发展,发挥中小企业在国民经济和社会发展中的重要作用,自2001年起,国家正式设立"中小企业国际市场开拓资金",该项政策以广大中小企业为扶持对象,专用于支持中小企业开拓国际市场的各种活动。原外经贸部(现商务部)和财政部于2000年联合颁布《中小企业国际市场开拓资金管理(试行)办法》和《中小企业国际市场开拓资金管理办法实施细则(暂行)》,对市场开拓资金的相关政策作出具体规定。2010年商务部联合财政部发布了《中小企业国际市场开拓资金管理办法》。根据该管理办法,由省级财政和商务部门制定配套的《实施细则》。2014,财政部、商务部联合制定《外经贸发展专项资金管理办法》,中小企业国际市场开拓资金纳入外经贸发展专项资金统筹管理。

二、市场开拓资金的支持对象

根据2010年商务部、财政部联合发布的《中小企业国际市场开拓资金管理办法》,中小企业独立开拓国际市场的项目为企业项目;企、事业单位和社会团体(以下简称项目组织单位)组织中小企业开拓国际市场的项目为团体项目。(1)申请企业项目的中小企业应符合下列条件:①在中华人民共和国关境内注册,依法取得进出口经营资格的或依法办理对外贸易经营者备案登记的企业法人,上年度海关统计进出口额在4500万美元以下;②近三年在外经贸业务管理、财务管理、税收管理、外汇管理、海关管理等方面无违法、违规行为;③具有从事国际市场开拓的专业人员,对开拓国际市场有明确的工作安排和市场开拓计划;④未拖欠应缴还的财政性资金。(2)申请团体项目的项目组织单位应符合下列条件:①具有组织全

国、行业或地方企业赴境外参加或举办经济贸易展览会资格;②通过管理部门审核具有组织中小企业培训资格;③申请的团体项目应以支持中小企业开拓国际市场和提高中小企业国际竞争力为目的;④未拖欠应缴还的财政性资金。

2014,财政部、商务部联合制定《外经贸发展专项资金管理办法》,中小企业国际市场开拓资金纳入外经贸发展专项资金统筹管理。根据该《管理办法》,财政部商务部在关于2014年度外经贸发展专项资金申报事项通知中指出,鼓励各地区对2013年进出口额低于4 500万美元的企业提升国际化经营能力提供支持。而财政部商务部在关于2015年度外经贸发展专项资金申报事项通知中则指出,鼓励各地区对2014年进出口额低于6 500万美元的企业提升国际化经营能力提供支持。

三、市场开拓资金的主要支持内容

根据2010年商务部、财政部联合发布的《中小企业国际市场开拓资金管理办法》,市场开拓资金用于支持中小企业和为中小企业服务的企业、社会团体和事业单位组织中小企业开拓国际市场的活动。

(1)境外展览会:指在中国境外举办的国际性或地区性的综合或专业展览会,以及经我国相关主管部门批准在境外主办的各类展览会。支持内容包括企业参加境外展览会的展位费、公共布展费、大型展品回运费。

(2)企业管理体系认证:企业进行管理体系认证应由在中国境内注册,并经中国国家认证认可监督管理委员会批准的认证机构进行认证。支持内容包括企业通过ISO9000系列质量管理体系标准认证、ISO14000系列环境管理体系标准认证、职业安全管理体系认证、卫生管理体系认证等管理体系认证的认证费。企业管理体系认证须在认证结束并取得相应资质的当年申请资金支持。

(3)各类产品认证:产品认证视具体产品进口国的有关法律、合同或机构对认证证明文件的要求以及对证明文件发出机构的要求进行。从事产品认证的机构应经我国或要求认证企业所在国主管部门批准、具有产品认证的合法资格。支持内容包括软件生产能力成熟度模型(CMM)认证的认证费、其他产品认证的检验检测费。产品认证须在认证结束并取得相应资质的当年申请资金支持。

(4)国际市场宣传推介:包括企业用于国际市场宣传推介的有关材料翻译及制作费、宣传光盘翻译及制作费、企业网站的创建维护费、境外发布宣传广告的广告费用、境外注册产品商标的注册费用。

(5)开拓新兴市场:包括企业进行国际市场分析策划的有关费用、开展境外新建与技改项目的前期可行性分析的费用,以及中小企业境外市场考察费用等。国际市场分析策划及境外新建与技改项目的前期可行性研究报告,是指企业对开拓国际市场有迫切需要又没有相应专业人才,必须借助省级以上专业研究机构才能完成的有关分析、研究报告。境外市场考察费用指进行境外市场考察人员的交通费和生活补贴费用。境外市场考察,是指为全面了解和掌握国际市场商品销售情况、建立和完善销售渠道而对境外市场进行的商务考察和调研活动。境外市场考察不包括在境外举办的各类会议、学习、参观等。

(6)企业培训:指各级主管部门择优选择项目组织单位,统一对中小企业进行外经贸业务基本知识、外经贸政策、开拓国际市场方法等内容进行培训的费用(主要是省厅及各市外经局组织的),不包括各类研讨会、论坛和境外培训的费用。

(7)境外投(议)标:境外投(议)标项目是指通过境外新闻媒体发布进行公开招(投)标或定向招(投)标的项目。支持内容包括企业进行国外投标需要支付的标书购制费、项目初步设计费、初步考察及调研费。

2014,财政部、商务部联合制定《外经贸发展专项资金管理办法》,中小企业国际市场开拓资金纳入外经贸发展专项资金统筹管理。根据该《管理办法》,财政部、商务部根据外经贸事业发展需要,建立有关重点项目库,提出外经贸发展专项资金的支持重点。2014年鼓励各地区对2013年进出口额低于4 500万美元的企业提升国际化经营能力提供支持。包括企业培训和信息化建设,国际市场考察、宣传、推介及展览,境外专利申请、商标注册及资质认证,境外投(议)标等。其中对面向拉美、非洲、中东、东欧、东南亚、中亚等新兴市场的拓展,以及取得质量管理体系认证、环境管理体系认证和产品认证等国际认证予以优先支持。2015年鼓励各地区对2014年进出口额低于6 500万美元的企业提升国际化经营能力提供支持。包括企业培训,外贸软件云服务等信息化建设,国际市场考察、宣传、推介及展览,境外专利申请、商标注册及资质认证,境外投(议)标等。

拓展阅读

中小企业国际市场开拓资金十周年回眸之助推老工业基地出口

十年来,辽宁省外经贸厅与省财政厅通力配合,遵循公开、公正、公平、定向使用资金的原则,不断提高服务意识,"市场开拓资金"为企业可持续发展起到了推进和促进作用。

推动了中小出口企业的快速发展。2001年全省有出口实绩的中小企业仅2 705家,到2010年发展到10 480家,出口额从2001年的22.03亿美元增长到173亿美元。

扩大了机电产品出口规模。自2001年起,辽宁省连续10年重点扶持省内企业参加美国拉斯维加斯国际汽车零部件展会及德国汉诺威国际工业博览会,累计扶持资金868.21万元。围绕着辽宁省工业加工制造等优势产品、汽车零部件等商品,积极组织相关企业参加博览会,为中小机电出口企业提供信息、展位预订、展位国际化装修、展品物流、展会多渠道推介等服务。十年累计参加企业达805次,参展人数超过1 263人次,总展出面积近7 708平方米,展出展品280种,达成了多项合资合作项目。2001年辽宁省机电产品出口40.26亿美元,2010年实现出口187.36亿美元。

开拓了新兴出口市场。积极组织中小企业参加南非开普敦、摩洛哥和柬埔寨等新兴市场展销活动,使辽宁省的机械、化工、纺织品、家电、轻工等产品通过展览和洽谈的平台,亮相新兴市场国家。

积极支持企业进行质量认证体系认证及出口产品广告宣传和商标注册,提高了企业和出口产品的知名度。铁岭川顺食品加工有限公司实施质量体系认证、产品认证后,企业的管理水平又上新台阶,国外订单纷纷而至。企业2003年出口创汇57万美元,2010年达到460万美元,已成为铁岭市农产品出口的龙头企业。

"市场开拓资金"政策的出台和实施,进一步调动了中小企业开拓国际市场的积极性,加快了企业"走出去"的步伐。辽宁省将继续努力,积极为企业服务,取得更大成效。

资料来源:http://finance.jrj.com.cn/opinion/2011/10/13131011279151.shtml。

关键术语

政策性融资 中小企业发展专项资金 科技型中小企业技术创新基金 中小企业国际市场开拓资金

复习思考题

1. 简述科技型中小企业技术创新基金的宗旨。
2. 简述科技型中小企业技术创新基金的基本特性。
3. 简述申请使用中小企业国际市场开拓资金的的企业需要符合的条件。
4. 简述中小企业发展专项资金的支持方式。

第八章

互联网融资

学习目标

- 了解互联网金融的内涵与结构
- 理解企业互联网融资的各种方式及其特点
- 理解互联网融资的风险及其管理

案例导读

中小企业互联网融资靠不靠谱

与传统融资方式相比,互联网金融具有信息开放对称、低成本高效率、自主互动选择、时空灵活便捷等突出优势,与中小企业融资需求之间存在天然的"适配性"。但同时,互联网金融在安全、规范等方面还存在一些突出问题,使人们对互联网金融能否解决中小企业融资难问题产生了争论。那么,中小企业借助互联网融资,靠谱吗?

首先,应明确互联网金融解决中小企业融资难问题确有优势。一是有助于增加中小企业融资机会;二是有助于降低中小企业融资成本;三是有助于降低中小企业信贷风险;四是有助于实现中小企业个性化融资;五是有助于建立微风险预警机制。

其次,应高度重视互联网金融存在的突出问题。一是P2P网贷信用风险管理不足,平台风险高。目前发展最快的P2P网贷平台除了数据安全、网络安全问题,还存在行业准入门槛低导致资质良莠不齐、运作不规范导致道德风险、信用管理不足产生融资风险隐患、资金监管不力导致违规设立资金池等问题。二是股权众筹合法性存在障碍,作用空间有限。目前,股权众筹融资对于初创的中小企业而言具有现实融资意义,但合法性问题的存在制约其发展。我国公司法和证券法的相关人数规定,导致大量股权众筹平台开展业务

> 时不得不以"领投""代持"等模式规避法律障碍。合法性问题不解决,终将制约股权众筹融资发展的空间。三是互联网金融成本优势未能充分体现。以P2P为例,不同标准的平台费推高了中小企业融资总成本。《中国中小微企业金融服务发展报告(2014)》调查数据显示,绝大部分小贷公司贷款利率为10%—25%。这就意味着很多P2P借款人成本超过小贷公司和民间融资的利率水平。另外,当前互联网金融与传统金融割裂,有效协同不足,也是重要问题之一。

案例详情链接

赵卫东,人民日报热点辨析:中小企业互联网融资靠不靠谱,人民日报,2015年4月1日07版。

你是不是有下面的疑问

1. 互联网金融的内涵和结构是什么?对于解决中小企业融资困难有何优势?
2. 中小企业互联网融资的方式有哪些?
3. 互联网融资存在哪些风险和问题?
4. 如何有效发挥互联网融资的特点?

进入内容学习

进入20世纪90年代以来,随着信息网络技术的迅猛发展,经济网络化的特征日益显著。金融作为现代经济的核心,经历了多种形式的重组和创新,网络金融(Internet Finance)这一全新的模式和概念也应运而生。网络技术开始广泛应用于金融业的各个领域,并逐渐对传统金融的业务运作和政策监管产生深远的影响。网络金融又称电子金融(E-finance),是以计算机通信网络为支撑的各项金融活动、制度和行为的总称,包括电子货币、电子支付、网络银行、网络保险、网络证券以及网络金融安全、管理和政策等内容。网络金融不同于传统的金融活动,是存在于电子空间中,呈现网络化运行的金融活动,是网络经济时代的新型金融运行模式。

互联网金融则是近几年才出现的概念。2013年6月13日,阿里巴巴旗下第三方支付平台支付宝推出"余额宝"并迅速热销,随后,各互联网公司、银行纷纷推出各自的"宝宝类"货币基金产品,掀起了互联网货币基金产品的竞争热潮。同时,我国的P2P网络借贷和众筹融资也迅速兴起,互联网理财平台不断出现,人们积极参与互联网投融资活动,互联网金融这一新概念,旋即成为社会各界的热门词汇,受到了金融界乃至政府层面的高度关注。2014年,李克强总理更是把"促进互联网金融健康发展"的建议,写进了政府工作报告,互联网金融迅速家喻户晓,逐渐取代了网络金融的称谓。

第一节　互联网金融的内涵与结构

一、互联网金融的内涵与原理

（一）互联网金融的含义

互联网金融,这一概念由谢平等人于2012年首次提出。[①] 他们认为,以互联网为代表的现代信息科技,特别是移动支付、社交网络、搜索引擎和云计算等,将对人类金融模式产生根本影响;可能出现既不同于商业银行间接融资,又不同于资本市场直接融资的第三种融资模式,称为"互联网金融模式"。[②] 互联网金融涵盖了受互联网技术和互联网精神的影响,从传统银行、证券、保险、交易所等金融中介和市场,到瓦尔拉斯一般均衡对应的无金融中介或市场情形之间的所有金融交易和组织形式,是一个谱系的概念。

罗明雄等人在2013年10月出版的《互联网金融》一书中认为:互联网金融是利用互联网技术和移动通信技术等一系列现代信息科学技术实现资金融通的一种新兴金融服务模式。[③]

综合上述观点,本书作者认为,互联网金融是依托互联网信息科技(如移动支付、云计算、社交网络和搜索引擎等),秉承互联网精神(分享、协作、自由、平等、普惠、民主等),进行资金融通、支付交易、金融信息交换等金融活动的新模式。

一方面,它不同于传统的以物理形态存在的金融活动(传统金融业),而是存在于电子空间中,形态虚拟化,运行方式网络化,这一点是互联网金融与网络金融的共性。另一方面,它绝不是简单的技术升级,它改变了金融业的交易结构、交易协议和内容,重塑了传统金融业的部分规则,它属于金融创新的范畴。例如,非金融机构的第三方支付——支付宝,使得直接支付结算绕过了银行;P2P网络借贷,使得个人对个人的借贷、个人或企业借贷可以不通过银行完成;货币基金,如余额宝,没有了传统货币基金的门槛。

（二）互联网金融的运作原理

互联网金融融合了互联网信息科技的创新,以互联网支付、第三方支付改变了传统支付模式,以云计算和互联网信息搜集处理技术拓宽了传统的人工信息搜集和处理方式,提高了资源配置的效率,推动了资源的优化配置。

1. 电子支付是互联网金融发展的基础

支付方式反映了资金转移的过程,是金融发展的基础,支付方式的稳定和效率直接影响资源分配的效率和质量。电子支付是互联网金融发展的基础,使得跨地区交易也可以即时支付;第三方支付则使得免费支付成为可能,不同银行不同地区的转账、支付可以在实时地免费完成,大大降低了用户的支付成本(支付手续费、支付时间成本),给用户带来便利。

[①] 谢平、邹传伟、刘海二:《互联网金融模式研究》,《新金融评论》,2012年第1期。
[②] 谢平、邹传伟:《互联网金融模式研究》,《金融研究》,2012年第12期。
[③] 罗明雄、唐颖、刘勇:《互联网金融》,中国财政经济出版社,2013。

2. 强大的信息处理能力是互联网金融发展的动力

在信息处理方面,在云计算的保障下,资金供需双方信息通过社交网络揭示和传播,被搜索引擎组织和标准化,最终形成时间连续、动态变化的信息序列,由此可以给出任何资金需求者(机构)的风险定价或动态违约概率,而且成本极低。正是这种信息处理模式,使互联网金融模式迅速发展,并逐渐替代商业银行和证券公司的主要功能。

3. 互联网技术促进金融资源的优化配置

信息搜集处理方式,反映金融信息匹配的效率,一定程度上影响着资源分配的优化水平。现代互联网技术,如云计算、大数据处理等,拾起个人或企业在网络上的信息碎片,挖掘、计算、处理成有价值的信息组合,如信用评价、供求状况等。因为信息不对称程度和交易成本极低,"交易可能性集合"会大力拓展,资金供需双方可以直接联系和交易,无须经过金融中介,互联网金融模式使个体之间直接金融交易突破传统的安全边界和商业可行边界,焕发出新的活力。互联网技术使得金融信息搜集和处理方式的以更高效率和更低成本完成资源更加优化的配置。

二、互联网金融的结构

(一) 传统金融业的结构

经济学家雷蒙德·W. 戈德史密斯(Raymond W. Goldsmith)是金融结构理论的提出者,他认为,金融发展的实质是金融结构的变化,而金融结构就是各种金融工具和金融机构的相对规模,一国金融结构的主要特点反映为金融总流量在各种金融工具、各个经济部门之间的分布,金融机构的金融交易额在金融工具总流量和每种金融流量中所占的比重,以及各种金融工具在每个部门和子部门金融交易额中所占的份额等方面。基于此,戈德史密斯建立了一系列指标分析一国某一时点的金融结构及其发展,并认为,根据直接融资和间接融资在金融结构中的地位,经济中存在市场主导型和银行主导型两种类型的金融结构。

依靠该理论的判定,我国金融结构应属于银行主导型的金融结构,银行在金融机构和金融市场中居于主导地位,多层次的资本市场未得到充分的发展,社会的投融资主要集中于银行借贷和存款,使得间接融资大大超过直接融资,银行资产占金融总资产的绝对比重。在这种金融业生态中,我国的传统金融业显示出以下问题:

(1)金融产品和服务同质化严重。金融机构(特别是银行)主导着金融产品和服务的生产和供给,居于垄断地位,缺乏创新意识,造成产品和服务同质化严重,在中国金融未完全开放的条件下,个人和企业没有更多的选择渠道,只能依赖于国内金融机构的金融产品和服务。例如,银行都提供极低的活期存款利息而且收取各种手续费,中小储户则没有选择的余地。

(2)金融产品和服务难以普及中小客户。金融机构的低风险偏好,使得强势的个人和大企业容易获得金融产品和服务,弱势的个人和中小企业则难以享受到金融服务。例如中小企业就难以通过银行的审核得到贷款,大企业特别是国有企业就能比较容易地得到贷款。

(3)金融产品和服务的用户体验欠缺。传统金融业的大部分业务主要依赖于传统的纸质化和面对面式流程,造成了客户有一定的时间成本和效率损失。例如传统的贷款审核过程复杂、周期长,影响个人和企业的效率。

(二) 互联网金融的结构

近年来,P2P 网络借贷、众筹融资、互联网理财平台等数量剧增,银行、保险、证券也推出互联网业务,迎合了互联网时代人们的投融资需求和特点,互联网金融得到快速发展。

互联网金融,与生俱来地融合了互联网的技术优势。从内容、方式、表现和影响等方面看,它主要有以下特征:

1. 金融的互联网化(脱媒化)

互联网金融最大的特点就是金融与互联网的充分结合,其利用了大数据、云计算等互联网技术和互联网工具,使金融活动摆脱了空间的束缚,如线上支付、网络投融资等。它使得互联网金融具有传统金融不具备的优势,也是互联网金融快速发展的一个关键的外部条件。

2. 资源配置高效化

搜索引擎、社会化网络、云计算、数据挖掘等互联网技术的飞速发展将信息获取变得更为简单高效。大数据处理能力的提高使市场信息不对称大大降低,同时,信用记录、互联网行为分析、消费行为分析等技术的成熟使得数据精度大幅提升,这些都使金融需求与金融供给能够快速匹配,而且成本低且效率高。

3. 金融渠道虚拟化

互联网金融依靠互联网技术,打破了传统金融时空上的限制,理论上只要网络和移动通信能到达的地方,都是互联网金融的市场范围。金融产品和服务在网络平台上架,合同和协议在线完成,只需要轻松地支付,就可以完成交易。

4. 金融产品和服务大众化

传统金融行业对进入者的专业知识技能要求较高,对参与资金规模要求较大,使金融活动主要局限在少数人群当中。而互联网金融通过互联网将金融产品和服务的协议内容、交易方式变得简单、便捷,并整合了网络客户群的金融需求,将资金准入门槛降低,使更多人可以参与到金融活动中来。

以上特征表明互联网金融的结构倾向于市场主导型,互联网金融模式下的金融机构更加注重市场需求和客户服务。它借助互联网技术,实现资金融通、支付交易、金融信息交换等金融活动的在线完成,优化了传统金融服务、提高了用户体验。从融资角度看,互联网融资,如 P2P 网络借贷、众筹和应收账款交易平台等,利用互联网技术实现融资需求的匹配,适应了个人和中小企业的融资需求和特点,拓宽了直接融资的渠道,弥补了传统金融业融资体系的不足;从投资角度看,互联网金融的产品和服务兼顾了中小投资者资金少和周期短的需求,如阿里巴巴联合天弘基金公司推出的"余额宝",以极低的门槛和较高的流动性在短时间内就吸引了大批投资者。

互联网金融的结构不同于传统金融业,并在各方面补充了传统金融业的不足:第一,互联网金融的发展增加了金融产品和服务的供给和渠道,以创新的金融产品和服务打破了同质化的竞争局面,此外,互联网金融的投融资活动切合个人和中小企业的金融需求,推动了传统金融机构的市场化转型。第二,互联网金融为参与者提供了普惠的金融产品和服务,降低了一些金融产品的门槛,使得弱势的个人和中小企业可以在线上迅速地实现投融资活动。与此同时,互联网金融拓宽了人们的投融资渠道,有利于转变以存款为主的投资方式和以银行贷款为主的融资方式。第三,互联网金融提高了金融服务的用户体验,利用了互联网技术和互联网工具,使金融活动摆脱了空间的束缚。互联网金融以便捷的交易程序替代了传统金融严重的信息不对称、繁冗的交易程序,降低了金融交易成本,提高了资源配置的效率,实现金融需求的满足和发展。

总之,互联网金融的影响是全方位的,改变的不仅仅是一个行业的状态和格局,更是极大地改变了社会金融供需的匹配效率、方式以及均衡状况,进而深刻地影响了人们的生活方式。因此,我们应该以更开放、积极的态度,推动互联网金融的健康发展,改变传统金融的垄断状态,激发金融的改革和创新,让社会真正实现金融的普惠,同时也要把握好风险监管与金融创新的脉搏,科学引导和发挥金融的积极作用。

第二节 互联网融资的方式

融资难问题一直困扰着个人和中小企业,但是,随着互联网信息技术的成熟,P2P网络借贷、众筹融资、应收账款交易平台等国内互联网融资方式的逐渐兴起并迅速发展,让缺乏银行贷款资质的个人和中小企业能在互联网融资平台上快速筹得资金,补充了传统银行融资渠道的不足,迎合了互联网时代个人和中小企业的融资的要求和特点,同时也受到社会上的广泛关注。

互联网融资是指依托互联网信息科技,实现金融信息交换、资金融通和支付交易的融资模式。互联网融资(见图8-1)以直接融资为主,互联网融资方式多为无抵押、无担保融资,融资成本低且效率高。投融资双方直接对接,配置效率和资源优化水平很高,个人和企业在互联网提供信用信息或资产信息,发布融资信息,由互联网融资平台审核和评级完成后,个人和企业可以直接向投资者借贷资金或者出让资产获得资金。

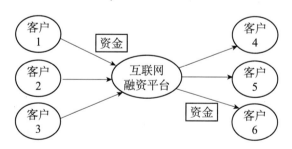

图8-1 互联网融资模式

注:互联网融资平台提供专业的服务,客户1、客户2、客户3的资金直接流向客户6、客户5、客户4。

根据国内外主流的互联网融资方式,我们把互联网融资的方式分为P2P网络借贷、基于大数据征信的网络贷款、众筹融资、债权票据交易平台、应收账款交易平台、非流动资产交易平台六种。

一、P2P 网络借贷

(一) 概念

P2P(peer-to-peer)网络借贷,是网上个人对个人、点对点的借贷,其核心技术是通过借贷平台的内部信用评级和贷款利率定价,进行资金的匹配。代表企业有国外的 Lending Club、Zopa,中国的拍拍贷、宜信、人人贷等。

P2P 网络借贷平台主要为 P2P 借贷的双方提供信息、信息价值认定和其他促成交易完成的服务,但不作为借贷资金的债权债务方。具体服务形式包括但不限于借贷信息公布、信用审核、法律手续、投资咨询、逾期贷款追偿以及其他增值服务等。有些 P2P 借贷平台事实上还提供了资金中间托管结算服务,也依然没有逾越"非债权债务方"的边界。

P2P 借贷并非只是一种技术手段,而是理念与方法的革新。与传统金融行业相比,目前 P2P 规模并不大,但发展速度惊人。究其发展原因,主要有四个方面:其一,细分市场的需求;其二,利润和成本空间的吸引;其三,准入门槛较低、无特殊监管;其四,互联网技术、数据挖掘技术和信用体系的必要支撑。而随着客户互联网使用习惯的成熟和 P2P 平台自身实力的增强,该行业将出现"爆炸式增长"。

P2P 网络借贷发展模式主要有三种:(1)无抵押无担保的纯中介型平台,平台不对贷方担保,贷方违约,借方损失自负,如拍拍贷;(2)无抵押有担保型平台,平台对贷方担保,贷方违约,平台偿还借方资金和利息并向贷方追偿,如人人贷;(3)有抵押有担保型平台,平台要求贷方出具抵押物,以控制违约风险,如青岛 P2P。

(二) 发展概况①

P2P 借贷行业自 2005 年诞生以来,在全球范围内都表现出快速发展态势。沛丰中园首席代表徐凯(Kai Hsu)表示,中国 P2P 市场已经远远超过全球其他市场,从账面价值看,中国 P2P 规模约为美国 7 倍,是全球最大的 P2P 市场。

英国的 Zopa 是世界上第一个 P2P 网贷平台;2010 年,RateSetter 成为英国第一个设立风险储备金的 P2P 平台,设立风险准备金主要是防范借款人违约、保护投资者;Funding Circle 则是第一个设立风险储备金的 P2B(个人对企业)借贷平台,主要向小型企业提供融资服务,它目前也是英国第二大的网上借贷平台,注册用户超过 7 万人,发放的总贷款超过 2.3 亿英镑。英国的 P2P 借贷行业由 P2P 金融协会自我监管,该协会设定行业标准。正常来讲,P2P 借贷平台的投资者无法获得英国金融服务补偿方案(FSCS)的保护,该方案为每个银行的每个储户提供最高 8.5 万英镑的担保。但是 P2P 金融协会强制要求协会成员采取措施确保借贷服务,即使平台已经破产。英国政府宣布从 2014 年 4 月开始,P2P 借贷行业会受到金融市场行为监管局的监管。

2006 年 2 月,美国首家 P2P 借贷网站 Prosper 开始运营,随后(2007 年 5 月)Lending Club 成立。这两家网站成为美国 P2P 借贷行业的领头羊。P2P 借贷成为美国增长最快的投资行业,每年的增长率超过 100%。其贷款利率为 5.6%—35.8%,违约率为 1.5%—

---

① 谢平等:《互联网金融报告 2014——通往理性繁荣》。

10%。那些被传统金融机构排斥在外的人们纷纷加入 P2P 借贷平台,成为借款人或投资人,甚至成为 P2P 借贷公司的董事会成员,意味着这一新型的金融模型正逐步迈入主流投资渠道。

网贷之家数据显示,截至 2015 年 10 月底,国内正常运营的 P2P 平台数量从 2009 年的 9 家增加为 2520 家,成交量达 1196.49 亿元,2015 年 1 月到 10 月成交量累计超 7000 亿元。

(三) 风险与监管

P2P 网络借贷面临的风险主要包括法律风险、信贷技术风险和平台欺诈风险等,这就需要从行业自律和政府监管两方面加以监管。

行业自律包括必要财务数据的透明、运营关联性的合理切割、投资者风险的必要说明、独立意见机构(第三方支付机构、独立审计机构、独立律师事务所、独立资产评级机构)的监督管理、行业自律组织与行业标准的制定等。

对于涉及公众利益的金融行为,仅有行业自律是不够的,必须有严格的他律。政府部门需要研究确定 P2P 网贷平台机构性质,确定监管主体、监管内容和监管形式;从监管内容上看,主要从资金流动性监、行业准入门槛、机构风险评级机制和控制措施等方面加强严格审慎监管。

二、基于大数据征信的网络贷款

(一) 概念

基于大数据征信的网络贷款是指互联网企业利用云计算、搜索引擎等技术,将电子商务平台上积累的客户信用数据和行为数据映射为企业和个人的信用评价,批量发放小额贷款的模式。它主要是通过分析和挖掘客户的交易和消费信息,掌握客户的消费习惯,以此作为客户的信用数据挖掘客户潜在的融资需求,使金融机构和金融服务平台在营销和风险控制方面做到有的放矢。基于大数据征信的网络贷款以电商平台开展的互联网融资为典型,国外有 Kabbage,国内主要有阿里小额信贷、京东小额贷款、苏宁信贷等。

(二) 发展状况

国外著名的网络贷款公司 Kabbage 成立于 2009 年,其数据金融已经发展得相当成熟。Kabbage 公司主要面向小微企业提供资金借贷服务(Small Business Loans),而贷款申请人不需要做出任何抵押和担保,只需要提供一种网络数据信息作为信用审核依据。Kabbage 自身并不积累客户的历史数据,主要依赖从第三方获取数据,它和 eBay/Amazon、PayPal、UPS、Facebook/Twitter、QuickBooks 等互联网企业合作获取贷款申请人的信息流、现金流、物流、社交网络、记账软件等不同的网络数据信息,通常 Kabbage 的客户只需要提供一个互联网数据信息就可以作为审核专用的信用记录,如贷款申请人提供 Facebook 的信息。Kabbage 得到风投(Thomvest Ventures, Mohr Davidow Ventures, and BlueRun Ventures)的青睐,得到快速的发展,2013 年 Kabbage 开始在英国上线,2014 年 Kabbage 又推出了针对个人信贷的服务平台 Karrot。

在国内,随着电子商务购物网站的发展,一批以电子商务购物平台为依托的网络贷款公司也逐渐兴起,如阿里小贷、京东小贷、苏宁信贷。以阿里小贷为例,阿里小贷成立于 2010

年,它是阿里巴巴集团旗下的针对淘宝网平台卖家和阿里巴巴网平台供应商的小微信贷业务。阿里小贷所有贷款流程都在网上完成,通过支付宝发放贷款,基本不涉及线下审核,最短放贷时间仅需 3 分钟。信誉较高的客户还可以通过申请和人工审核获得超额贷款,金额在 1 000 万元以内。阿里小贷最大特点是"金额小、期限短、随借随还",阿里巴巴数据显示,2012 年其客户实际融资成本为 6.7%。依赖于数据和自动化处理,信贷操作基本依靠系统,阿里小贷成本低、效率高。截至 2013 年第二季度末,阿里小微信贷累计投放贷款 1 000 亿元,户均贷款 4 万元,不良贷款率仅为 0.87%。

近年,针对电商平台卖家和供应商的融资服务在我国取得快速发展,京东、苏宁易购、阿里巴巴分别针对自己的卖家和供应商提供多样化的融资信贷服务,取得了不错的效果。

(三)风险与监管

基于大数据征信的网络贷款首先要解决技术问题,我国数据挖掘技术依赖于 Hadoop 平台,没有核心技术,影响长期的发展;其次,它面临着操作和安全风险,计算机网络系统的故障和中断、网络黑客攻击及内部操作人员失误等,都会造成客户隐私性数据泄漏的风险。最后,大数据挖掘涉及大量客户的个人隐私数据,过度挖掘必然会影响人们的日常生活。

三、众筹融资

(一)概念

众筹融资(Crowd Funding)是指融资者借助于互联网平台为其项目向广泛的投资者融资,每位投资者通过少量的投资金额从融资者那里获得实物(例如预计产出的产品)、资金利息回报或股权回报的模式,包括借贷融资、股权融资等。以 Kickstarter(美国)、天使汇、点名时间网为代表。众筹融资展示实际项目,吸引投资者进行投资(有些是纯兴趣的或捐赠),能够汇集互联网每个投资者的力量,完成个人或企业负担不起的巨额投资。

(二)运作原理

众筹融资平台迅速崛起是因为具有符合众筹融资逻辑、解决融资信息和降低融资成本的关键功能。(1)作为资金需求的一方——创新项目的管理者(生产者)与众筹融资平台进行信息交流,听取平台的建议,按照平台规则发布较为详细的项目信息、发展计划、股权配置以及奖励回报等信息。(2)创新项目在众筹融资平台发布后,资金提供方在平台上输入出资条件、搜寻符合条件的创新项目,直接与项目管理者进行谈判;或者委托银行进行投资,银行可以投资既定的项目,也可以投资符合条件的非既定项目,类似于信托贷款。这一过程的参与者更多的是小额投资者自主在平台上查找各自偏好的项目进行投资。(3)随着资金的划转,项目管理者启动生产,逐步向出资者派发收益。众筹融资运作关系如图 8-2 所示。

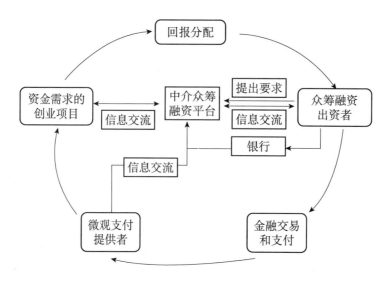

图 8-2　众筹融资基本过程

（三）发展概况①

美国是众筹平台最活跃的国家，截至 2013 年 11 月，其平台数目为 344 家，占全球众筹平台数的一半左右，筹资额也遥遥领先。美国的众筹平台涵盖了创意、商业、慈善、教育、人权等广泛的领域，几乎无所不包。其中影响力最大的众筹平台是 Kickstarter 和 Indiegogo。

英国众筹平台的活跃度仅次于美国，截至 2013 年 11 月，英国众筹平台的数量为 87 家，位列全球第二。英国众筹行业的立法比较健全，众筹平台的生存和发展环境都比美国同行要好。但是限于经济总量等原因，众筹行业的规模仍然显著低于美国。

美国众筹平台 Kickstarter 的巨大成功激起了国内创业者的热情，他们纷纷期待打造"中国的 Kickstarter"。2011 年 6 月，国内首家众筹平台点名时间上线运营，同年 11 月首家股权众筹平台天使汇上线，据不完全统计，截至 2013 年年底，众筹平台数量已有 16 家。

据统计，全球范围内的众筹平台筹资规模在 2011 年为 15 亿美元，2012 年为 27 亿美元，预估 2013 年的互联网众筹网站数目为 500—800 家，交易额为 51 亿—60 亿美元（某些平台同时开展多种融资业务，涵盖部分 P2P 借贷数据）。2011—2013 年，行业每年交易额的增长超过 80%。世界银行预测，到 2025 年，全球发展中国家的众筹投资将达到 960 亿美元，中国有望达到 460 亿—500 亿美元。

（四）风险与监管

众筹融资面临的风险包括众筹机制不完善的风险、众筹项目的执行风险、众筹平台的道德风险、投资者维权难的风险以及国内众筹融资面临的法律风险（非法集资和非法发行股票）等。这就需要政府主管部门从对发行人的限制、对众筹融资平台的限制、对投资者的限制等方面对众筹融资加强风险监管，确保其健康发展。

---

① 谢平等：《互联网金融报告 2014》。

四、债权票据交易平台

(一) 概念

债权票据交易平台提供 P2P 借贷产品的转让服务,即个人对个人的债权转让,P2P 借贷的出借人为保持自身流动性,可以将持有一段时间(由平台规定)的债权发布在平台上,根据产品的信用信息(原始贷款人的偿还记录、贷款记录、信用状况等),以折价或溢价的方式转让给他人。而投资人按照拍卖或固定价格购买转让债权票据。债权票据交易平台服务于 P2P 借贷平台,形成债权票据的二级交易市场。

该平台主要有两种形式:一种是与 P2P 借贷平台合作的独立第三方平台,例如美国的 Foliofn 债权票据交易平台,它与美国的 P2P 借贷平台 Lending Club 和 Prosper 合作分别建立二级交易平台功能,后两者的用户可以注册使用 Foliofn 购买或转让债权票据产品,Foliofn 收取交易手续费用。另一种形式是 P2P 借贷平台自营债权票据交易,即 P2P 借贷平台建立债权票据二级交易的功能,该种模式广泛被中国 P2P 借贷平台采用,如人人贷、陆金所,也对交易收取管理费。

债权票据转让服务的出现加快了资金的流动性,满足了投资者的融资需求,提升了平台自身服务范围,同时也推动了 P2P 网贷平台的发展,有效地补充了一级市场的融通,这使得债权票据平台和 P2P 借贷平台实现双赢。

(二) 发展状况

美国的 Foliofn 建立于 1999 年,后来与 P2P 借贷平台 lending club 和 prosper 合作分别建立二级债权票据交易平台,Foliofn 作为两个平台的建设运营者,负责提供交易的平台,撮合用户双方交易,并收取 1% 左右的手续费。用户必须注册为 lending club 和 prosper 成员方可在 Foliofn 债权票据平台交易。平台功能主要有 P2P 贷款组合快速变现功能、监控贷款组合的信用变化功能,这两个功能使得用户可以保持自身的流动性和规避信用风险,同时可以自由选择和购买不同利率水平、贷款偿还状况、剩余偿还数量的产品。Foliofn 债权票据平台在美国并不是得到各州合法资格,在一些州是不被允许的,但是由于债权票据被 SEC 认定为证券,该平台接受证券业务的监管。

在中国,国内各 P2P 网贷平台相继推出债权转让服务,如人人贷、陆金所、宜人贷、红岭创投等。以人人贷为例,2013 年 10 月 14 日人人贷债权转让功能上线,债权持有 90 天后且债权没有处于逾期状态即可进行转让,该平台的用户可以将债权切割成适当的份额进行转让,购买方可以根据债权的信用登记、年利率、剩余期限、每份价值和剩余份额,自由选择购买份额。债权通常以折价方式转让。根据人人贷官网数据显示,人人贷债权转让交易总额每季度快速增长,转让时间仅为 10 分钟以内,截至 2015 年 1 月 1 日,人人贷债权转让累计成交总金额达 66 831.56 万元,累计转让总笔数为 894 864 笔,单笔转让平均耗时 7 分 44 秒。数据表明,债权转让功能的推出立即受到了平台用户的欢迎,成交活跃度高,成交量增长快,潜力大。

中国还未出现独立的债权票据交易平台(如美国的 Foliofn 模式),中国债权票据交易附属于 P2P 借贷平台,但是发展迅速,在未来可能会出现第三方独立的债权票据交易平台。

(三) 风险与监管

中国债权票据交易平台是建立在 P2P 借贷平台的基础之上,其二级市场必然依赖于一级市场运作,一级市场的违约也必然导致二级市场的违约,因此债权票据交易平台的主要风险来自 P2P 借贷(P2P 借贷平台的风险和监管上文有详述)。目前,美国 Foliofn 债权票据交易平台接受 SEC 证券业务的监管,而我国的 P2P 借贷的债权转让业务并没有进入监管层的视野。同样面临着法律风险、信贷技术风险和平台欺诈风险,也需要通过行业监督和政府监管来规范和引导行业的健康发展。

五、应收账款交易平台

(一) 概念

应收账款交易平台依托互联网、以应收账款为交易标的物,为持有应收账款需要融资的企业和持有资金的投资者(机构或者个人)进行信息匹配和交易撮合,以实现双方的投融资需要。应收账款交易平台以应收账款为标的,实现了资产证券化和应收账款投融资全市场化。

(二) 原理

应收账款交易平台的出现是满足了企业(特别是中小企业)的融资需求,有效地降低了融资成本,其运作原理(见图 8-3)如下:(1)满足平台资质要求的应收账款债权人(企业)在平台发布应收账款信息和融资金额;(2)平台或第三方合作机构对应收账款信息进行审核、存在性审查、价值估算、信用评级等;(3)债权受让人(个人或机构投资者)通过根据平台信息,通过竞价或固定价格方式购买企业的应收账款;(4)应收账款债权人(企业)完成融资后,在约定时间,向债权受让人进行还本付息。

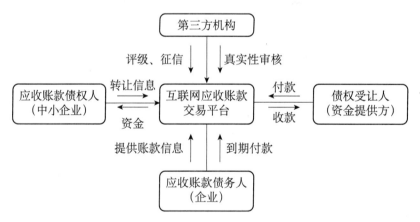

图 8-3　应收账款交易平台原理图

(三) 发展状况

在国外,美国应收账款交易中心建立的应收账款交易平台(Receivables Exchange,简称 RecX)是面向全社会的电子化交易系统,该公司于 2008 年 11 月正式上线运行。应收账款的卖方在交易平台拍卖合格的应收账款,买方通过在线投标完成交易。成为 RecX 的卖家企业必须满足一定的条件如经营历史、年营业收入等,RecX 的买家主要是银行、基金等机构投资者。

在平台上,应收账款可以分割拍卖,但是卖家每次挂单不限账单份额数量但总额必须大于 1 万美元(到期期限不大于 90 天),可以设置拍卖时长、预付款数和贴现率等。买家则根据卖家的信用度、交易活跃度、公司名气等进行竞买报价。之后卖家可以在拍卖中选择价格最高的一个或多个竞标者达成交易。

RecX 平台与美国纽约证券交易所(NYSE)进行战略合作,平台应收账款交易快速增长,许多企业和投资者加入。据 RecX 官网数据显示,99.7% 的应收账款拍卖账单可以售出,平均拍卖时长为 11 小时,88.2% 的拍卖在 24 小时内关闭;2013 年 6 月 RecX 平台应收账款的交易量突破了 10 亿美元,2014 年 7 月 RecX 平台应收账款的交易量突破了 30 亿美元。

在我国,应收账款交易平台也开始发展,较为完善的有前海跨境应收账交易中心,建设中的有中征应收账款融资服务平台(主要以信息服务,不能实现在线交易)。以前海·应收账款交易中心为例,它是全国第一家以企业之间应收账款为标的物的互联网融资平台,实现了应收账款的在线投融资,目前已经有 47 805 注册用户。该平台负责对注册企业和投资者的审核,收取企业年费和双方各 0.25% 的交易费用。平台初期发展,平台交易有限,目前运行情况资料不详细。2013 年中国商业保理行业研究报告显示,全国企业应收账款规模在 20 万亿元以上,市场潜力巨大,中国应收账款交易平台的发展对于中小企业融资渠道的拓展,有利于解决国内中小企业融资难的困境。

(四)风险与监管

应收账款交易平台的风险来自企业信用风险、平台交易风险、企业违约风险。企业注册上传企业基本信息和应收账款信息的真实性问题,中小企业没有完善的企业财务管理系统和财务信息报告,加重了交易平台信息审核的难度;交易平台的信息控制、监督、管理问题以及交易安全问题是目前国内平台缺乏的;中小企业自身的健康状况和信用状况影响着履约行为,一旦出现违约,投资者的损失的保障并没有相关的规定。

因此,应收账款交易平台的发展必须依赖于法律法规和监管的落实,依靠征信系统信息的接入、权威第三方机构的认证、明确的权责规定和相关部门的监管都必须跟上,否则应收账款交易平台难以健康发展。

六、非流动资产交易平台

(一)概念

非流动资产交易平台是依托互联网、以非流动资产为交易标的物,为交易双方进行信息匹配和交易撮合,实现双方的投融资需要的二级交易平台。平台提供多种非流动性资产的交易,极大地便利了机构和个人的融资行为,增强了机构和个人的融资能力,激发和满足社会的投融资需求。

(二)发展状况

在国外,美国 SecondMarket 成立于 2004 年,起初仅交易非流通股票,后来发展为目前美国最大的非流动资产交易平台,平台交易的资产包括拍卖利率证券(如市政债券)、破产债权、抵押债权、有限合伙权益、私有公司证券、居民和商业按揭支持证券、非流通证券和上市公司大额股权和整体贷款等。SecondMarket 平台拥有 100 000 多名用户,涵盖全球金融机构、对冲基金、私有股权公司、共同基金、公司和其他机构以及受信投资者。

SecondMarket 平台交易不同类型的非流动性资产,受美国金融业监管局(FINRA)和美国证券交易委员会(SEC)以及提供服务的 50 多个州的官方机构共同监管和多项 SEC 监管法律条例制约,如证券交易法(Securities Exchange Act)、证券卖空规则(Regulation SHO)、全美市场系统规则(Regulation NMS)和另类交易系统规则(Regulation ATS)。同时,SecondMarket 平台和众多领域机构合作,如会计、数据分析、法律、交易咨询、资产评估等方面的机构。

平台为交易双方提供专业信息和估值等咨询服务,并运用程序算法和深度网络化接触来实现买卖双方匹配最优化,常规的流程是当一个卖家在页面上发布他的商品时,系统便自动运行一系列算法对成员的档案进行运算,根据他们的历史交易信息(例如交易量和已经实现或有兴趣的交易等)对可能的买家进行排序。然后 SecondMarket 便尝试联系排序最高的买家实现交易。如果卖家的要价与买家认同的价值之间差异太大无法实现交易(这种情况很常见),平台的谈判专家会参与进来。买卖双方达成协议后,平台还可提供相关法律程序来处理合同具体事项和偿付细节,平台收取交易额的 2%—5% 作为手续费。

SecondMarket 虽然已经成为美国最大的非流动性资产二级市场交易平台,但是还有众多平台不断发展(如 Sharepost);成为竞争者。

国内还没有出现非流动资产交易平台,但是随着政策的放开和互联网金融的发展未来可能会出现这一形式的互联网融资平台。

(四) 风险与监管

非流动资产交易平台如果要在国内发展首先面临着政策法律的风险,它涉及不同类型的资产交易,部分资产的交易在我国需要符合相应的法律政策并在相应的市场交易,许多衍生产品也未被政策允许;同时,平台本身也面临着信用风险和平台交易风险,这和其他融资模式类似。

第三节 互联网融资的风险管理

互联网融资作为一种新的融资模式,在融资方式、信息交换手段和支付交易模式等方面都发生了深刻变化。由此产生的一系列新问题,也从一定程度上对推进和完善现有监管体系提出了更高要求。

一、互联网融资存在的挑战

(一) 监管体系不完善,监管措施欠缺

对于新生的互联网融资,最大的风险在于未建立系统的监管体系。主要表现在以下三个方面:

(1) 现行监管体系无法完全覆盖,互联网融资管理分散凌乱。传统金融体系中的银行、信托、小贷公司等都能找到对口的监管机构,但目前互联网融资监管处于缺位状态,中国人民银行、中国银监会、中国证监会、政府部门等监管机构的职责并不明确,通常依靠互联网融资平台自身管理和控制风险,而仅仅依靠行业自律显然难以促进行业的可持续发展。

(2) 缺乏相应的监管法规和运营监管标准。互联网融资的兴起异常迅速,针对互联网融资的法规政策还未能跟进,法律红线较为模糊;对筹资人的审查和项目中后期的监督职责应如何履行等一系列的环节,既没有相应部门进行监管,也没有相关法律规定如何落实各方的法律责任。

(3) 监管手段匮乏,监管队伍欠缺。互联网融资交易的虚拟化,交易对象的全球化和交易时间缩短以及交易频率加快等给监管带来了极大难度,传统的监管手段已不能完全适应;由于互联网金融行业具有技术相对密集的特点,现有监管部门的监管队伍和监管人才已经不能满足网络监管的实际需要。

(二) 存在经营主体合法性风险

互联网金融机构合法性难以确定,投资者合法权益难以得到保障。目前对互联网融资机构的市场准入没有国家标准,也没有按照金融机构的法定市场准入程序进行注册登记,投资者难以确认互联网融资机构的合法性,也无法掌握和了解其资质、信用度等信息的真实性。

(三) 业务合法性难以界定

目前,网络借贷和众筹触及非法集资红线,存在潜在的法律风险。依据《最高人民法院关于审理非法集资刑事案件具体应用法律若干问题的解释》第一条规定,违反国家金融管理法律规定,向社会公众(包括单位和个人)吸收资金的行为,同时具备下列四个条件的,除刑法另有规定的以外,应当认定为"非法吸收公众存款或者变相吸收公众存款":一是未经有关部门依法批准或者借用合法经营的形式吸收资金;二是通过媒体、推介会、传单、手机短信等途径向社会公开宣传;三是承诺在一定期限内以货币、实物、股权等方式还本付息或者给付回报;四是向社会公众即非特定对象吸收资金。从形式上看,目前国内网络借贷和众筹融资模式满足了这四个要素,即未经审批、公开推荐、承诺回报、向不特定对象吸收资金。不过其本质是通过吸收公众存款来支持实体经济发展,而不是通过扰乱市场经济秩序来谋取私利。但是形式上的相符造成二者的界限不明朗,使得业务合法性难以界定。而债券票据交易、应收账款交易和非流动资产交易在国内还未得到充分发展,还没有明确的法律条文可以遵循。

(四) 筹资人较高的信用风险

互联网融资平台未纳入央行征信系统,平台在进行交易撮合时,主要根据筹资人提供的身份证明、财产证明、缴费记录、熟人评价等信息评价借款人的信用。一方面,此种信息极易造假;另一方面,无法通过以上信息全面了解筹资人。除此之外,由于互联网融资平台掌握着账户资金的调配权,资金的去向不能被投资人完全掌握,存在资金被挪用的风险。同时,筹资人也可能由于自身经营不善、资金周转等问题导致违约,造成投资者的损失。

(五) 技术操作风险

目前,我国互联网金融机构多通过购买系统模板实现技术保障,没有核心技术,系统维护、技术保障和应急管理投入相对不足,抵御黑客攻击和防范突发事件能力较差;而且互联网金融的运行高度依赖电子支付平台,一旦遭到系统故障、黑客攻击等,随时可能出现交易异常、客户资料外泄和资金被盗用的重大风险事故。操作风险则是由于工作人员操作不当，造成交易错误引发一方或多方的损失，例如乌龙指事件。

（六）运营风险

1. 高杠杆率

尽管大多数网络借贷平台承诺"包赔本金"，但几乎没有相应的资本去约束和保证。国内部分网络借贷平台对出资人的本金提供相应担保，但这种本金保障模式很有可能将出资人面临的信用风险转嫁给网络借贷平台，从而形成流动性风险。而《融资性担保公司暂行管理办法》规定，担保公司的杠杆不得超过10倍，但大多数网络借贷平台的成交量与风险保障金总量极不相称，远无法达到这项规定。以"人人贷"为例，2012年，该公司网络借贷平台总成交额为3.54亿元，但风险保障金总量仅为0.03亿元，超担保杠杆100倍以上。2013年，仍然远超担保公司杠杆10倍规定。在网络借贷公司杠杆率极高的情况下，若坏账率大规模出现，将超出自身偿付能力，会因流动性不足给网络借贷公司带来灾难性打击。

2. 潜藏洗钱和套现风险

与银行等传统金融机构相比，互联网融资机构对用户的身份审查不够严格，对交易真实性的核实缺少有效手段，不法分子完全可以实现匿名交易。实际操作中网络交易的买卖双方只需在平台上注册虚拟账户，并通过虚假商品交易，就可以完成洗钱、套现等非法行为。

二、规范互联网融资的政策建议

从互联网融资所面临的上述挑战可以看出，各国政府有必要认识到互联网融资在发展过程中可能引起的风险和后果，注意协调发展与规范之间的关系，积极将互联网融资纳入监管体系，明确监管措施，在充分考虑潜在风险的基础上，保证互联网融资稳步、可持续发展，实现高效的资金配置以推动实体经济发展。具体而言，可以从以下七个方面对互联网融资（互联网金融）进行原则性地引导和规范。

（一）健全完善相关法律制度

目前，中国对互联网金融进行专门立法的条件尚未成熟，当务之急是要在现有立法的基础上，对相关制度规定进行补充、修订和完善，加强信息披露，降低信息不对称，以最大限度地保护借贷双方交易的安全性。具体可在以下几方面着手：首先，建立并完善互联网金融的统计调查和风险监测分析体系；其次，针对互联网金融机构的特点完善监管制度；最后，推动互联网金融行业自律组织建设，发挥行业自律管理作用。

（二）提高互联网金融市场透明度

在互联网金融的发展和规范中，我们可以借鉴增加金融市场透明度这一全球性的金融监管趋势，努力提高互联网金融市场透明度。建立互联网金融交易信息库机制，确保交易信息库收集、储存并向公众和监管者报告互联网金融交易的全部数据。监管当局可在必要时采取立法措施，消除限制信息收集和发布的法律障碍。

（三）严格互联网融资市场准入

互联网金融作为一种新型的融资模式，在其发展初期必然鱼龙混杂，良莠不齐，此时由于市场并未发展健全，单纯依靠市场机制可能无法实现优胜劣汰的筛选。因此政府机构可在初期对互联网金融的市场准入做出管理，设立基本的准入标准。如互联网金融企业是否具备合格的经营设施和条件，业务流程是否规范，是否具有良好的风险管控体系，高级管理人员需要具有一定的金融知识和从业经验，并能够通过一定的背景审查等。不仅如此，相关机构还可以在必要时引入一定程度的行政化手段，如实行牌照准入制，只有互联网金融企业在信息技术水平、业务流程、风险控制等方面符合准入标准之后，才可以进入市场。

（四）规范互联网融资企业行为

资金方面，互联网金融企业需严格隔离自有资金与客户资金，防止出现资金挪用、混用的情况，掩盖真实风险敞口。业务方面，在互联网金融发展的初期，考虑到风险在金融体系内的传染性，为维护金融稳定，可针对某些特定的、风险外部性较强的互联网金融形态，采取一定措施，以限制其业务范围。信息方面，互联网金融企业有如实披露融资项目信息的义务，不得虚构或篡改信息，不得对投资者做出误导陈述和虚假宣传，并依法保障客户信息安全。此外，互联网金融企业还需要了解自己的客户，采取有效手段对客户身份进行识别和认证，防范不法分子进行交易欺诈、融资诈骗、违规套现等违法活动。

（五）强化技术防范，加强风险控制

网络金融安全防范中，技术防范是关键。金融企业应制定全面周密的软硬件装备升级换代方案，及时引进和应用符合国家安全标准具有较高安全系数的金融电子化软件平台和金融电子设备核心技术，保证计算机应用软件的不断升级，维护网络系统健康运行。要配备性能良好的内外网络防火墙、病毒防御与杀毒软件，定期升级，严格网络登录口令管理等。要采用数字证书等较高级别的网络加密技术，设置交易中的客户身份认证和交易密码。此外，要进一步加大投入，研发网络安全系统、语音鉴别系统、电子转账系统、智能卡识别系统、管理信息系统等网络信息安全产品，提高金融装备国产化水平，夯实金融安全基础。

网络金融机构要参照相关的法规条例，制定各项安全管理制度，包括业务操作规程、计算机网络、数据库、病毒防治、密钥等安全管理制度。

（六）加强互联网金融投资者权益保护

互联网金融由于具有明显的普惠性，涉及的公众投资者通常数量众多，且金融知识、风险识别能力参差不齐，因此，加强投资者教育，完善投资者保护机制是政府部门监管工作的重中之重。具体来说，包括健全投资者适当性制度，严格投资者适当性管理，建立多元化的纠纷解决和赔偿机制，强化投资者教育。

（七）积极推动国际监管合作

互联网金融兼具互联网和金融两个行业的双重特征，且普遍存在跨界、跨领域经营的情况。从国际通行实践看，不宜对互联网金融采取单一主题监管和机构监管的方式，而是应以功能监管和行为监管为主，加强部门之间的合作，以避免出现监管真空地带，同时保证监管的灵活性。由于互联网金融兴起的时间并不太长，目前各国的互联网金融监管均处于探索期，这为各国监管机构共同参与互联网金融监管国际标准的制定提供了良好的契机。因此，亚洲各国应积极推动互联网金融的国际标准制定和监管合作，充分利用金融稳定理事会

(FSB)、国际证监会组织(IOSCO)等国际组织的纽带功能,依据本国互联网金融发展过程中所遇到的情况和问题,提出在互联网金融国际监管合作中的诉求,促使国际监管标准能够照顾各方关切、平衡各方利益。同时,监管机构应逐步完善双边或多边安排,以促进各互联网金融监管机构交换有关互联网金融市场和参与者的信息,有效防范跨境市场操纵和监管套利行为。

参考文献

1. 谢平、邹传伟. 互联网金融模式研究. 金融研究. 2012(12):11-22.
2. 罗明雄、唐颖、刘勇. 互联网金融. 北京:中国财政经济出版社. 2013.
3. 谢平、邹传伟、刘海二. 互联网金融手册. 北京:中国人民大学出版社. 2014.
4. 李耀东、李钧. 互联网金融:框架与实践. 北京:电子工业出版社. 2014.
5. 谢平等. 互联网金融报告 2014.
6. 汤皋. 规范互联网金融发展与监管的思考. 金融会计. 2013(12):55-59.
7. 魏鹏. 中国互联网金融的风险与监管研究. 金融论坛. 2014(7):3-9.
8. 张芬. 国外互联网金融的监管经验及对我国的启示. 金融与经济. 2012(11):53-56.
9. 吴凤君. 众筹融资的法律风险及其防范. 金融与法律. 2014(9):54-58.
10. 蔡则祥. 中国金融结构优化问题研究. 南京农业大学. 2005(10):41-45.
11. 王松奇. 中国金融体系的现状与问题. 经济导刊. 2014(1):1-2.
12. 王一鸣. 基于互联网的应收账款交易平台融资探讨. 农村金融研究. 2014(5):1-5.
13. 赵胜来、陈俊芳. 金融结构指标_类型及其演进. 上海金融. 2005(12):25-26.

第九章

中小企业融资风险管理

学习目标

- 掌握融资风险的含义及主要特征,理解中小企业融资风险的主要来源
- 掌握中小企业融资风险的表现形式,了解不同的融资风险所造成的不良后果
- 了解中小企业融资风险管理的基本原则
- 熟悉中小企业融资风险管理的具体措施,并能够进行实际应用

案例导读

2012年2月3日,浙江温州立人教育集团有限公司董事长董顺生被公安机关依法采取刑事强制措施,揭开了这个当地"明星企业"高额民间借贷导致资不抵债的面纱,这个涉资45亿元左右、牵涉逾7 000人的全国民间借贷大案被推入公众的视线。

温州立人集团成立于2003年,注册资本金3.2亿元,法人代表董顺生。集团下属36家独资、控股、参股企业,分布温州、上海、内蒙古、江苏等地,经营范围涉及教育、房地产、矿产等。1998年8月,董顺生瞅准泰顺县教育资源匮乏之商机,联合6名股东合资60万元,租用一家陶瓷厂,首创民办育才高中,他任校长。2001—2003年,又相继开办育才初中、小学和幼儿园。多年来,育才学校投入资金数亿元,形成了学生4 760人、教职员工1 000多人的规模。高中、小学为温州市现代化学校,初中为省级示范学校。办学之初,董顺生为了解决资金之匮,通过亲朋好友吸收民间借贷。但办教育是个长远事业,短期难以获得回报,办学前几年,育才一直亏损。

为弥补教育之亏,从2003年起,董顺生抓住当时矿产、房地产业等暴热、暴利的机会,相继到内蒙古鄂尔多斯、江苏淮安等地开拓矿产、房地产,走"以矿补教"、"以房补学"

之路。在集团融资上,董顺生一方面积极面向校内融资,鼓励教师和工作人员把资金放贷给立人集团,获取高息回报;另一方面开始向社会融资,通过设定融资门槛,然后逐步放开、有计划地进行利息浮动以及不时地提前还本付息等策略,给当地民众造成了放贷风险低、收益高的感觉。十多年来,尽管利息较高,对董顺生资金成本压力超大,但他一直稳兑利息。有时他甚至提前支付利息,谁想拿回本利,随叫随还,从不拖延。

立人集团债务危机苗头在2009年就出现,当时欠款已经达10亿多元,通过月息3分左右的高息勉强维持,2011年4月至5月起,立人集团就已到了资金链断裂的边缘。为了把这场"豪华游戏"玩下去,立人集团推出4分、5分甚至6分利高息揽储。由此,大批不明真相的群众纷纷跟入越滚越大的队伍中。长期以来,立人集团向公众吸存基本上是翻版国外"庞氏骗局"的游戏,即不断吸纳新投资者的钱,并将其付给前期投资者。前期投资者获得巨大的投资回报,吸引后期投资者投入。

2011年爆发的温州民间借贷危机,让立人集团资金链濒临断裂。10月31日,董事会宣布自11月1日起停止支付所融资金本金和利息,集团进行资产重组,并提出了债转股、认购待售待建房产、5年内分期偿还债务等解套方案。2012年2月3日,董顺生等6名立人集团高管因涉嫌"非法吸收公众存款罪"被采取刑事强制措施,这意味着案件进入了司法程序。

除了立人集团、债权人、地方政府在这场困局中存在输牌的风险外,银行也不例外。由于房产抵押贷款是相当部分债权人放款资金的来源,到底有多少涉案资金来自房地产抵押贷款很难精确统计。

案例详情链接

根据2012年3月1日新华网"45亿元巨额民间借贷泡沫是如何吹破的?"的内容编辑整理。

你是不是有下面的疑问

1. 立人集团爆发融资风险的关键因素有哪些?
2. 评估立人集团的融资成本是否合理?
3. 立人集团的主要经营方式有哪些?
4. 立人集团的融资模式有哪些?

第一节 融资风险概述

一、融资风险的含义

风险可以理解为当某一随机事件按其概率发生成为行为主体不曾预期到的现实状况时,该行为主体则有可能遭受因现实与预期不一致而引发的不确定性,其损失的可能性的大小去决定于现实与预期结果之间的差异大小。而融资风险则专指企业在融资或筹资过程中面临的风险。融资风险一方面表现为预期收益的不确定性,另一方面表现损失发生的可能性。

概括来说,中小企业面临的风险主要来自经营风险和融资风险两个方面,其中后者占更大的比重。融资风险也称筹资风险,指的是企业筹融资过程中面临的风险损失的可能性。该风险表现在两个方面:一是预期收益具有不确定性,二是损失有可能发生。具体化到企业日常生产经营,风险则体现为企业筹资失败、融资成本太高以及所筹集资金未能达到预期收益等多种可能性。一般来讲,狭义范畴的融资风险指的是债务风险,因为企业一旦通过举债借入资金,就必须在按期还本付息的前提下,承担着由于其资本收益率以及借款利率不确定而带来的风险。

二、中小企业融资风险特征

(一)融资风险变动性

融资风险是在一定条件和时期内可能发生的各种结果变动过程。从实际看,每一项融资的收益和风险都无法精确计量。因为事物的未来发展趋势不可能做到事先明确地掌握。一般来说,企业融资就是为了实现资产在"资金—原材料—产品—销售收入(现金)"这一过程中得到增值,而往往在这一过程中,价格、销量、成本等,都可能会发生预想不到并且无法控制的变化;另外,由于每一家中小企业所处的地域和市场情况不同,管理人员的素质与经营能力不同,技术水平与产品质量不同,致使会出现不同的融资盈利水平和结果。

(二)融资风险不确定性

中小企业的融资行为是有代价、有成本的。企业的偿还能力与其盈利能力、营运能力、资本结构和现金流量等因素密切相关,而企业的盈利能力、营运能力、资本结构和现金流量等在未来都具有不确定性,即未来的结果会有多种可能,无法确知其具体结果,只能掌握大体趋势。同时,由于在经济生活中存在着大量的不确定性因素,中小企业的资金借贷、发行债券等活动都具有博弈的性质,其结果难以确定。又由于经济环境、经济条件也处于不断地变化之中,加之信息的不对称、企业对未来的情况无法确知,等等。这种不确定性对企业的融资行为有重要的影响,可能会使企业的预测与未来的结果出现重大偏差,甚至使企业的计划完全落空。因此,不确定性往往蕴藏着风险,风险的概率往往难以准确计量。

(三) 融资风险随时间变化的转移性

企业事先预计的融资成本很可能不准确,例如,企业融资是用来解决流动资金的不足,筹措的资金用于生产,但当产品生产出来后,由于市场发生了变化形成了滞销,原来预计可以收回的货款,不能按时收回;或者由于种种原因,合伙投资人的资金一时无法到位,或者由于价格上涨,原计划投入的资金已经不敷运用;等等。这样随着融资的使用过程接近尾期,融资成本才能越来越清楚。所以,随着时间的延续,事件的不确定性在缩小,等到融资的使用过程结束了,融资的成本才能确定。从这点来说,融资的风险总是"一定时期内"的风险。

(四) 风险也具有两面性

从实际情况看,风险可能会给融资企业带来灾难性的超出预期的损失,也可以给企业带来超出预期的收益。所以,风险不一定总是负面性质,总是一种"危险"。例如,当企业预测融资的预期未来风险时,由于不确定因素的存在,预期的结果与实际产生的结果会发生偏差。这种偏差有两种可能:其一是预期的风险结果要比实际的要好,这时风险的影响就是正面的、好的;其二是预期的结果要比实际的结果差,这时风险的影响就是负面的、差的。一般来说,企业对风险的损失的关心程度要比风险的收益强烈得多,因此,企业研究风险时主要侧重于减少损失,主要从不利的方面来考察风险。

三、中小企业融资风险的来源

(一) 经营风险大,抵押资产少

中小企业在经营中面临着原材料价格上涨、产品同质化、激烈的市场竞争等经营风险,这就导致中小企业生产规模小、资金少,抵抗风险能力弱。因此,在面对众多不确定性因素和较高的经营风险状况下,中小企业归还贷款能力降低,再次融资的困难和风险都变大。由于缺少资金支持,中小企业的厂房、机械、场地等固定资产少,当中小企业的项目失败时,其可抵押资产变现也无法归还贷款。所以,银行对中小企业施行严格的贷款审批以降低自身的风险。

(二) 银企之间信息不对称性

中小企业普遍存在发展资金短缺、财务信息不规范、可抵押资产不达标准等问题,银行在给中小企业信贷资格审查时看到的众多信息表明对其融资的风险大。但是,中小企业增长潜力大、产品生产周期短和占领市场速度快等信息却没有被银行考虑,信息的不对称使银行对中小企业信贷筛选不能按照其投资项目进行科学全面评价,进而影响银企之间的信贷合作。

(三) 中小企业信用意识薄弱

中小企业的生产周期短,企业的信息变更、兼并可能性比较大,使得银行依据信用记录向中小企业贷款的策略失去效果。中小企业整体的信用意识淡薄,个别有较强信用意识的中小企业在整个环境中也出现贷款困难,这种现象明白地解释在 2011 年的融资风波中优质中小企业为何也贷不到款了。因此,增强中小企业的信用意识,有利于降低其融资风险,增加融资机会。

（四）金融经济的外部性

中小企业的融资渠道分为正规金融与非正规金融，正规金融主要指的以四大国有银行为主导的金融机构，是中国"钱袋子"的主力军。中小企业在融资时也会向中小金融机构、担保机构、民间借贷等非正规金融机构借贷资金促进企业的发展。正规金融的主力军作用决定了中小企业的融资仍然要以正规金融机构为主，而正规金融机构依据严格的借贷细分标准放贷，信息不对称使其很容易将中小企业排除在外。正是由于金融经济存在外部性使得信贷制度表现一定的缺失，因此，面对制度上的局限性，依靠外部力量的介入可能是改善这种状态的快速有效方法。

第二节 中小企业融资风险的表现形式

一、政府经济政策变化导致的融资风险

中小企业大多生产经营的稳定性较差，政府经济金融政策的变化，都有可能对其生产经营、市场环境和融资形势产生一定的影响。如投资于产业政策限制的行业，其直接融资和间接融资的风险都较大，如果企业经营得不到正常的资金供给，企业就难以为继。又如，在货币信贷紧缩时期，市场上资金的供应减少，中小企业通过市场筹资的风险增大。一是筹集不到资金；二是融资成本提高、融资数量减少。直接影响了企业资金链的连续性，并增大了中小企业的经营风险。中小企业需要根据政府经济金融政策的变化做出敏锐的反应和及时调整。

二、经营性亏损导致的融资风险

企业融资的目的就是提高企业自身的素质，增加盈利能力。但融资风险的不确定性决定了融资行为可能致使企业经营性亏损，并由此产生融资风险。这种融资风险形式包含两种情况：其一是企业资金全部是自有资金，经营亏损就会造成自有资金的垫支，增加了企业的财务风险，造成企业资金周转失灵；其二是企业的资金有一部分是外部融资得来，如果经营管理不善，产生了亏损，企业只好用自有资金垫支支付融资的本金和利息，难免就要出现赔本经营，形成财务风险，陷入资金难以为继的泥潭。

中小企业对经济环境的依存度较大，除了对国家产业政策和金融政策有着较强的敏感性外，还受到市场的冲击。经营风险的增大又使中小企业的经营稳定性遭到破坏，进而更难满足市场融资的条件，融资更加困难。

三、资金运用不当导致的融资风险

企业生产经营的过程其实就是一个永不停息的资金流量的过程，企业融资就是为了实现资产在"资金—原材料—产品—销售收入（现金）"的这一过程中得到增值，在这一过程中企业的财务收支每时每刻都会发生，企业的债务也会发生在生产经营的各个不同的阶段。当企业集中付款和偿债同时进行时，企业的经营收益小于负债利息时，就有可能造成企业融资风险产生；或者企业融资得来的资金用错了方向，将短期融资作为长期资金营运，财务管

理跟不上,现金流量减少,危及企业经营发展;或者企业将四处借来的资金分别投入到太多的项目上去,一些漂亮的厂房拔地而起,机器设备以及后续投入所需的资金,还不知道在什么地方,最终无力支付巨额融资利息时,企业的信用也因此会全面崩溃。如果这种风险不能很快地控制住,便会使企业失去信誉,影响企业的形象,使企业从此一蹶不振。

四、因汇率变动导致的融资风险

改革开放以来,特别是中国加入 WTO 后,利用外资规模不断增加。据统计,2010 年中国实际利用外资金额达到了 1 057.4 亿美元,同比增长 17.4%。随着世界贸易规则在中国经济活动中的推行、对外开放的进一步扩大、投资环境的日趋完善,越来越多的国外资本开始把中国作为重要的潜在市场。外资的大量进入,为中小企业融资打开了国际资本的大门。在这种情况下,如果企业融资采取外币融资,当借入外币贬值时,企业便可得到额外收益,因为借入外币虽然贬值,企业仍要按照借入金额归还本金,按照原利率支付利息,这样就使实际归还的价值降低。但是,当企业借入的外币在借款期间升值时,到期偿还本息的实际价值就高于借入时的价值,企业就要蒙受因汇率变化引起的损失。

五、不熟悉国际融资规则导致融资风险

随着中国加入 WTO 后改革开放的进一步扩大,很多中小企业利用国际资本市场的融资手段以及产业全球化分工和转移的机会进行融资已取得了长足的进展,但其中也出现了许多问题。以美国为例,在美国非上市中资公司中,有很多经营多不太成功,其主要表现为:首先,对美国商业操作文化和行为规范、行业管理运作机制以及物业运作方式的了解不够。例如,一家中国企业 20 世纪 90 年代初期在华尔街买了一栋 72 层的大楼,但买下后发现有石棉,需花巨资拆除,此外,商业物业管理要求按 A 级装修。这家企业因缺少后续资金只好将楼廉价转让给美国的房地产开发商。其次,对美国经济体制、法律体系、社会制度和市场规范缺乏了解。例如,有一家中资公司因不熟悉美国的劳工法,在兼并一家工厂后发生工人罢工事件,不仅生产无法正常进行,公司还得照样给工人发工资。还有一家中资公司对美国的环境保护规定了解不够,结果在厂房即将落成时被罚款停建。再次,管理机制没有接轨,不善于利用当地人才资源优势。不少在美国的中资企业都是国内派人管理,但这些派出人员中不少人对美国企业的管理方式并不熟悉。最后,不善于利用美国成熟的资本市场。不少中资企业的经营理念还是"有多少钱办多少事",不善于利用金融资本借贷运作方式促进企业发展,还有些中国公司在美国上市失败的一个重要教训就是选择中介机构不当。不少试图到美国上市的中国企业因选择了不良的中介公司而吃了大亏。有的企业买了不干净、有连带责任的"壳",不仅上市受阻、融资难以进行,而且还惹来一大堆麻烦,这些麻烦包括遗留的政府罚款、各种隐藏的债务以及环保和劳工等方面的责任承担等。

六、管理效率低下所导致的融资风险

因管理理念落后、内部管理基础工作缺乏和管理环节薄弱、人员素质普遍不高,对市场的潜在需求研究不够,产品研制的技术力量有限,对市场的变化趋势预见性不足,高开业率和高废业率,等等,使得中小企业的直接融资和间接融资都会面临诸多融资障碍。

七、信用危机所导致的融资风险

有的中小企业会计信息不真实、财务做假账、资本空壳、核算混乱,有的中小企业抽逃资金、拖欠账款、恶意偷税、信息内部化、不透明,不但增大了银行金融机构和其他投资者向中小企业贷款和投资的成本,也给中小企业的融资带来困难,中小企业的融资存在很大的不确定性。

第三节 中小企业融资风险管理措施

一、中小企业融资风险管理基本原则

融资风险是企业为了避免各类融资风险的产生,或者控制风险的扩大和蔓延,而对企业生产经营活动、融资活动等进行的自我完善和管理。中小企业在融资前必须充分重视对融资风险的分析,掌握融资风险管理的基本原则。

(一)转变观念,重视风险

融资风险是客观存在的,实现"零风险"是不现实的。企业可以做到的是通过主观努力,掌握控制风险的技能,把风险降到最低。为此,中小企业首先必须切实转变观念,强化融资风险意识,处理好融资风险和收益的关系。

(二)分析预测,科学评价

面对不确定因素和风险时,关键是要对这些不确定因素和风险进行科学的分析和预测,这是风险防范和控制的前提,是风险管理过程的关键和基础。风险分析和预测是在正确的理论指导下,根据客观事物发展变化的规律,对其未来发展趋势做出的科学推断,科学的预测要具备三个方面的条件:一是掌握大量的信息,这是预测的依据;二是要具有正确的理论指导和科学的预测方法和手段,如损益平衡分析法、概率分析法、比率分析法、综合融资成本分析法、决策树法、偿债时间分散法等;三是要具有丰富的经验和推理判断能力。

(三)统筹兼顾,预防为主

风险管理的过程必须要注重以预防为主,提前预测风险可能出现的趋势,对症下药,降低直至消除融资风险。为此,中小企业必须建立严格的、制度化的融资风险管理体系,完善风险规划、风险管理、财务管理制度,选择高素质人员参与融资项目的领导和管理,切实把握融资风险的来源和征兆,未雨绸缪,防患于未然。

(四)合理组合,分散风险

中小企业在融资工具的具体选择方面,既要注意到不同融资工具的配比,又要充分考虑各种融资工具的风险性,如果能将各种融资工具合理搭配并利用其转换能力,将会大大降低融资风险,提高融资成功率。分散风险的方法很多,如保险、合资、合作以及承包等均是有效的方法。此外,通过组建股份制公司的方法融资,可以将企业经营的高风险分散到众多的投资者身上。对一些资金需求较多、建设周期较长的融资项目,寻找较为熟悉且实力强、信誉

好的企业进行合作,用联合投资的方法也能玉箫分散和化解风险。

二、中小企业融资风险管理的措施

(一)利用财务分析,避免经营中融资风险

中小企业的融资活动是根据客观实际发生变化的,这就要求中小企业经营管理者要精通财务管理,随时注意融资中的变化,注意企业的财务变化,正确估计企业的偿债能力。而偿债保本收益就是企业在支付利息和所得税前的利润刚好可以支付利息费用时的经营收益。支付利息和所得税前的利润小于利息支出,表示经营亏损,有融资风险;支付利息和所得税前的利润大于利息支出,表示经营处于盈亏临界点,无融资风险;支付利息和所得税前的利润等于利息支出,表示经营处于盈利,无融资风险。

偿债保本收益是企业维持正常生产经营的最低收益,这时候企业净利润为零,企业处于筹资风险临界状态。运用偿债保本收益计算方法估算自身的偿债能力,有助于企业合理安排资金结构,进而有效防范融资风险。

(二)合理安排收支,避免资金运用不当引起的融资风险

在日常生产经营过程中,企业一方面融资到期要还本付息,另一方面还要根据正常的生产经营需要随时支付资金,这样一还一支如果集中在一起,就很有可能带来资金紧张,问题不能及时解决,持续下去便会引起财务风险。为避免这种财务风险的发生,企业可以采取以下办法解决。

(1)"套头筹资"法。即短期融资归还的日期应与相应的流动资产变现日期尽量相同,短期融资绝对不能用于长期投资,这样就可以做到及时偿还债务,不至于资金紧张。"套头筹资"法要求企业各项短期融资的筹措和偿还要与流动资金的变现相一致。

(2)分散融资和分散归还法。中小企业还可以根据自身的特点,选择采取分散融资、分散归还的办法,做到融资、偿还的支出在时间上交叉进行,力戒集中,以保证企业有充足的偿还和经营支付能力,避免财务风险的发生。

(三)合理选择外汇工具,避免汇率变动引起融资风险

在国际金融市场上,主要有四种办法来控制外汇风险:

(1)货币远期合约。货币远期合约是在未来某个时间实现的外汇交易协议。例如,一家小企业三个月以后将收到一笔外汇货款,为防止未来外汇价格的不利变动,该企业就按当前市场上形成的外汇远期价格将这笔外汇卖出去,三个月后实际交割。这样,不管三个月后汇率怎样,其本币现金流量已经固定。这种远期交易避免了汇率发生不利变动的影响,当然,也放弃了汇率有利变动中得到额外利益的机会。远期汇率是由即期汇率和两个国家的利率差决定的。如果两个国家的利率不同,未来也不可能相同,那么同一笔资产投资于不同国家的收益率本不相同,但是金融市场的作用又必然要使之一致起来,实现的途径就是使两个国家货币的远期汇率与即期汇率有所差别。远期合约市场是银行间市场,或者说是一种场外交易。大部分远期合约的期限低于两年,而且期限越长,买卖价差就越大。

(2)货币期货合约。货币期货合约的基本特征与远期合约大致相同,只是在期限、数量和条件上完全标准化,可以在期货交易所中进行集中竞价和撮合交易。货币期货合约在美

国芝加哥期货交易所和纽约金融交易所、伦敦金融期货交易所、新加坡国际金融交易所、多伦多期货交易所、悉尼期货交易所以及新西兰期货交易所均有交易。货币期货的期限最长为一年,因而在为长期外汇风险暴露进行套头保护上,也是有局限性的。

(3)货币期权合约。从卖方来说,期权合约是承担了在规定时间以某种价格进行交易的义务;而对买方来说,是获得了进行此种交易的权利,但并没有进行交易义务。这就是说,期权合约的收益/风险关系是不对称的,为此,期权的买方要向卖方支付一个期权价格。货币期权的购买者付出了这个代价,一方面,他就可以在未来某个时候按已经确定的价格换得所需货币,防止了将来汇率发生不利变动的风险;另一方面,又保留了汇率发生有利变化时在市场上获利的机会。标准化的货币期权合约在正规交易所中交易,交易对象限于国际主要货币。在商业银行交易市场上,有其他货币的期权交易。根据客户防范各种各样不对称风险的需要,场外市场还提供各类异型期权。

(4)货币互换。双方当事人达成协议,互相交换两种货币的本金并为对方支付利息,到期后再将本金换回。这种交易的实际作用,是交易双方能够以自己现有的一种货币,来换得另一种货币一定时间的运用。在此过程中,交易双方不但规避了汇率风险,也不蒙受利率差距可能带来的损失。货币互换也是场外交易,通过银行等中介机构进行。其优势是可以对长期外汇风险进行套头交易,并且更有效率。

(四)跨越文化障碍,避免国际融资风险

不同国家有着不同的社会文化风俗、社会制度、经济环境和法律体系,其中文化是企业国际化经营最大的障碍。中小企业如果能跨越文化障碍,有效地寻求沟通理解,无疑为规避利用国际金融市场融资风险打下良好的基础。

(1)谨慎选择中介机构。美国美林证券、摩根斯坦利等专业投资银行主要担任承销任务,此外,由它们代理上市的费用较高。因此,来美国上市的中国中小企业可寻找一些信誉较好但成本较低的中介机构。同时,要重视律师、会计师和金融顾问等三方面人才的作用。有些到美国上市的中国企业往往只注重找金融顾问做方案而忽视法律督导,结果造成违规操作的责任负担。

(2)加强国外行业动态和信息的系统性收集、整理和分析工作。在美国继续产业结构调整、全球产业大分工的今天,加强对美国各行业和名牌厂家信息的系统性收集、整理和分析研究工作可给中国同类企业进入美国市场提供更多的机遇。

(3)有意识地在一些世界金融中心扶植一批从事资本市场运作的中介服务机构,充当中国企业走向世界的纽带和桥梁。中国除充分利用香港作为亚洲金融中心的地位外,还应在伦敦和纽约等世界金融中心培育有利于中国企业融资的资本市场环境。此外,还应加速培育几家具有国际水平和实力的投资银行、基金管理公司和企业咨询公司等,为中国中小企业走向世界提供渠道和平台。

(4)培养自己的管理队伍。中国中小企业走向世界,人才是关键。除了充分利用当地的人才资源外,中小企业应加速培养自己的管理队伍。由于中美两国在思维方式、文化观念、社会体制、法律规范、市场运作和管理方式等方面存在巨大差异,从国内派来管理中资企业的人员中不少人实际上不具备在美国管理企业的能力。解决这一问题的办法一是加速培养自己的"国际工商管理硕士",二是吸收中国留学人员和华人华侨中的优秀人才加入中资企业的管理队伍。吸引留学生回国服务固然非常重要,但吸收他们就地参与中资企业的管理也是一项重要举措,而且在某种程度上也许能够起到更好地为中国经济建设服务的作用。

对导读案例的分析[①]

(一)"立人案"的典型特征

1. 时长量大、人多面广

这起全国民间借贷大案涉及约 50 亿民间资金、牵涉逾 7 000 人。董顺生在 1998 年创办育才高中时就已经开始民间借贷,至事发之时已达 13 年之久。其集资地域从温州地区扩张到上海、内蒙古鄂尔多斯、江苏盱眙县等 36 个项目的所在地。集资对象下至普通百姓、学校教师,上至机关干部、司法人员、企事业单位工作人员。

2. 产业困败、资不抵债

立人集团主要涉及三个产业:教育、房地产、矿产。育才教育所属学校并不盈利,教育系统欠债约 5 亿元。集团多处房地产在二、三线城市,在"楼市寒冬"下有的滞销,有的刚刚动工。一些矿产项目受"节能减排"的限产挤压,产量减少,回报率降低。这些资产不能带来预期效益,加上立人集团的高额借贷以及所需支付的高利息,集团早已资不抵债。

3. 融资复杂、处置困难

立人集团有集团、学校、后勤部及外地的房地产、矿产公司等 10 多个融资平台,融资方式有集资、借贷、入股、借贷捆绑入股等多种形式,甚至各种融资方式交错。借贷债权人的结构呈"树干型",有的是几百万、数千万元的主干大户,有的是经"打包"、"抱团"形成的支干大户,一个债权人背后可能连着多个层级、多名隐形散户,处置清偿时债权人和债权金额的追溯十分困难。

(二)立人集团崩塌的原因分析

1. 融资渠道单一

银行为了规避风险,在借贷时会提出信誉保证、资产抵押或提供担保等约束条件,而中小企业通常规模小、实力弱、风险大,因而从银行融通的资金有限。在其他融资渠道中,未涉及资本市场的企业能够方便使用的就是利用留存收益以及民间借贷资金。而对于自成立之初便是经营困难的温州立人集团而言,民间借贷几乎是困境中的唯一选择。另外,紧缩的货币政策以及金融垄断力量的存在,也使得企业的中长期项目被迫转向民间借贷,进而走向了高利贷性质的"非法集资"。在我国民间金融体系不甚健全的情况下,这条融资渠道给立人集团带来了巨大的风险。

2. 融资成本过高

自创立以来,立人集团资金链虽有三四次濒临断裂,但因为一直对到期的本金利息照付不误,外界很少知道其真实的资金状况。稳定的利息,让大批群众跟风融入其中,立人集团需要负担的融资成本也越来越高。据估算,十多年来,立人集团支付的利息累计高达 35 亿元。立人集团 3—5 分的月息要求其年利润率达到 36%—60%,而绝大多数企业不可能有如此高的盈利,自然也承受不起如此高的资金成本。随着利息率的不断提高,当其自身的投

---

① 许乾乾、张舒:《中小企业融资风险——基于温州立人教育集团的案例分析》,《商业会计》,2013 年第 11 期。

资和经营收益无法支付利息时,为填补资金缺口,维持还款声誉,立人集团采用"拆东墙补西墙"的手段,通过提高融资利率,吸纳新的投资者注入资金,再用这些资金支付前期投资者的本息,前期投资者获得巨大的投资回报,再度吸引后期投资者投入。同时,高额的利息费用在很大程度上削弱了集团的中长期项目的资金供应能力。

3. 资本结构不合理

2012 年 4 月 17 日,浙江泰顺县政府在立人集团债权人代表会议上通报立人集团负债额共计 59.587 亿元,其中民间融资账面负债共计 50.752 0 亿元,银行贷款欠账等三项 8.835 亿元,应付债权人利息达 35 亿元以上。在立人集团宣布停止支付其融资本息时,董顺生对立人集团自我资产评估为 59.6 亿元,但据有关会计事务所初步审计评估,立人集团早已资不抵债。由此可以看出,立人集团其实是长期处于负债经营的状态,且其资产负债率接近或大于 100%,资本结构的不合理对立人集团的债权人而言同样承受了巨大的风险。

4. 经营方式不当

立人集团的民间借贷资本绝大部分都是三年以内筹资期限的负债,短期资本数量巨大,资本流动性很强。然而,立人集团得以发展的基础事业——教育业,是中长期投资项目,短期内不会很快收到回报,甚至很可能无法获利;另一方面,立人集团投资的房地产业,由于投入资金高度密集、资金流动性小、回收期长,使立人集团不可能在短期内获得充足的资金补给,反而容易因投资失误导致资金不能按时收回,使企业陷入被动局面,加剧债息负担。长期不断的中长期项目投资与筹集短期资金的矛盾潜藏着巨大的运营风险。由此,立人集团陷入了"短融长投"的尴尬境地,不当的经营方式使其多次面临流动资金不足、资金链断裂的危险。

5. 外部环境影响

2008 年,美国次贷危机引发的全球性金融危机对我国中小企业的影响主要表现在出口受冲击、生产成本居高不下、生产规模缩小、流动资金不足等方面。对于存在着巨大融资风险的立人集团,金融危机的到来加速了它的灭亡。一方面,在大的经济环境不景气的背景下,立人集团的"庞氏骗局"难以像以前一样顺利进行;另一方面,立人集团为了分散风险而进入的房地产和矿业领域,在金融危机的影响下也相继崩溃。在 2011 年,房地产销售不畅,煤矿也由于节能减排被政府限产,营业收入锐减,立人集团的资金链最终断裂。

(三)"立人案"的启示

"立人案"是立人集团迫于资金压力,以高息回报为诱饵大量吸收民间借贷,但因其融资金额数目过于庞大,投资收益难以抵债,最终资金链断裂而引起的无法清偿本息的民间借贷大案。"立人案"带给我们的启示是:中小企业应当更多关注自身的融资行为和经营模式,防范风险,为企业发展的融资需求设置合理的资本结构,选择符合企业实际的投资项目。

复习思考题

1. 立人集团的融资渠道有哪些?其结构是否合理?
2. 融资成本对于企业的融资风险带来哪些风险?应如何控制?
3. 立人集团资本结构如何?存在哪些潜在风险?

4. 立人集团的经营方式对于融资风险产生哪些不良影响?
5. 立人集团融资风险的爆发受哪些外界环境的影响?

实训练习

2011年年初,温州三旗集团因不能偿还银行高达1.23亿元的欠款,资金链断裂,只能转向民间借贷,最终无法收场。知名餐饮连锁企业波特曼的法人代表严某因银行压贷,向民间高利借贷几百万元,最终无力偿还。5月,江南皮革有限公司因银行续贷门槛抬高,资金周转困难,企业陷入债务风波。9月20日,温州信泰集团董事长胡福林离境出走,因银行贷款的缺失而涉及的民间借贷达1.3亿元。9月27日,乐清永久弹簧制造公司由于银行无法实现续贷承诺,担保公司及债主的催款使得企业停产整顿。截至2011年10月据温州市政府提交的报告,仅较为知名的企业跑路老板已多达93人之多,而陷入财务危机濒临倒闭的企业更不在少数。里昂证券调研报告称,温州民间未偿贷款总量可能高达8 000亿—10 000亿元,坏账总额最高可能达1 500亿元。

虽然温州债务风险出现后,国家出台了一系列宏观政策进行调整,如中国银监会以及各地政府出台的"国九条""银十条"的补充细则等措施,各商业银行也相应地制定了一些具体措施,如工行的"一户一策""一事一策"专业扶持;农发行做好中小企业贷款"五不"的保证;建行温州分行将中小企业贷款利率下降10个百分点,最高上浮不超过30%;农业银行温州分行则规定中小企业贷款利率上浮幅度最高不得超过基准利率的30%等。至此,中小企业融资难有了一定的缓解。但这些扶持是行政色彩多于市场运作本身,亦无法从根源上解决中小企业融资难问题,当经济环境、宏观政策再次发生变动时,中小企业债务风险仍会出现。

1. 查阅相关资料,基于金融结构视角剖析中小企业融资风险的防范与管理措施。
2. 查阅相关资料,分析如何运用金融创新手段破解中小企业融资难困境,更好地防范风险?
3. 查阅相关资料,分析政府如何从政策层面支持中小企业对融资风险的科学管理?

关键术语

融资风险 分散投资套头筹资 货币远期合约 货币期权合约货币互换

本章参考资料

1. 许乾乾、张舒. 中小企业融资风险——基于温州立人教育集团的案例分析[J]. 商业会计,2013.6(11):128-129.
2. 邵志燕. 金融结构缺陷与中小企业融资困境——基于温州企业债务风险的启示[J]. 浙江金融,2012.5:34-37.
3. 董利歌. 我国中小微企业融资风险分担模式研究[D]. 湖南工业大学硕士论文,2013.5:10-11.
4. 赵国忻. 中小企业融资[M]. 北京:高等教育出版社,2008.
5. 何广文等. 中小企业投融资[M]. 北京:中国人民大学出版社,2012.

第十章

中小企业投资管理

学习目标

- 掌握中小企业投资的相关概念及特征,了解中小企业投资的主要方式
- 掌握中小企业投资项目的主要形式,掌握投资项目选择和策划的基本方法
- 掌握中小企业对外投资的方式
- 了解中小企业对外投资存在风险,学会应用对外投资风险的管理程序

案例导读

1. 浙江安吉福浪莱公司由传统制造业进入生物产业

安吉福浪莱工艺品公司是浙江省湖州市一家从事竹制品生产的民营企业。现有职工600多人,产品以出口为主,年销售额约2 000万美元。该公司先后在美投资设立两家公司,一家从事竹制品销售的传统业务,另一家在美从事医用生物制品研发及销售业务。在初始阶段,医疗用品需要美监管部门认证,市场开拓难度较大,前期投入远远大于利润,但该公司坚持以传统业务为支撑,走转型升级的道路。2012年,随着各项产品认证完成,该公司医用生物制品业务开始快速增长,产品先后打入中、美、欧盟、印度、非洲市场。据该公司测算,传统竹制品利润在15%左右,而生物科技产品毛利率在50%以上。因市场前景广阔、利润丰厚,该公司已经在国内投资2亿元新建生物制品生产基地,以美国子公司为平台开拓国际市场,争取营业收入每年翻一番,走出一条由传统产业向高科技产业进军之路。

2. 河北金环公司并购美公司品牌开拓国际工程市场

河北金环钢结构有限公司是河北省石家庄市一家民营企业,在国内拥有多项建筑工程承包和设计资质,职工近千人。2008年,为开拓国际市场,金环公司与美国一家老牌钢

结构公司洽谈品牌授权,意外得知该公司因受金融危机影响,资金链断裂,面临破产倒闭的困境。于是,该公司果断将品牌授权谈判改为收购谈判。收购完成后,金环公司留用了全部美方管理人和雇员,使美公司起死回生,并购取得了双赢的效果。随着美经济复苏和国际市场拓展,公司业务开始快速增长。美国公司原先只有200余名雇员,目前雇员人数增长到330余人,年营业收入已达7 500万美元。

3. 青岛金王公司投资美页岩油气开发

青岛金王公司是山东省一家民营企业,公司原先以蜡烛制造及出口为主业,员工1 000余人。2008年金融危机后,美页岩油气资产价格处于低位,一些油气公司资金链紧张,寻求"东家"。金王公司果断抓住机遇,收购了一家美页岩油气开发企业,涉足美页岩油气开采行业。公司先后投入9 000余万美元,目前资产已达数亿美元。金王公司在被其收购的美方公司基础上,高薪聘用页岩油气技术人才,立足于做一个页岩油气开采的"作业者",步步深入到美页岩油气开采的核心领域,学习掌握页岩油气的开采技术,成为全美第一家实际参与页岩油气开发的中资企业。

案例详情链接

商务部驻休斯敦总领馆经商室. 我国民营中小企业在美投资成功案例及经验. 国际商务财会,2013(7).

你是不是有下面的疑问

1. 这些民营中小企业是如何进行海外投资的?
2. 民营中小企业海外投资的成功经验有哪些?
3. 在海外投资过程中需要防范哪些风险?

进入内容学习

投资管理就是对企业投资行为的可行性,以及企业投资行为对企业经营活动的影响等进行科学的研究,帮助企业的经营者进行科学的投资决策。

第一节 中小企业投资管理概述

一、中小企业投资概念及其分类

中小企业投资,是中小企业将自己拥有的货币资金转化为资本的行为过程,是当期投入一定数额的资金而期望在未来获得回报,所得回报应该能补偿投资资金被占用的时间、预期的通货膨胀率及未来收益的不确定性。

从投资的资产形态上分析,投资可分为实物投资、资本投资和证券投资。实物投资是以货币投入企业,通过生产经营活动取得一定利润。资本投资和证券投资是以货币购买企业发行的股票和公司债券,间接参与企业的利润分配。

从投资方向和范围上划分,中小企业的投资有对内投资和对外投资之分。对内投资是指把资金投放在企业内部,为扩大再生产购置各种生产经营用资产,即购建固定资产、无形资产和其他长期资产。对外投资是指企业以现金、实物、无形资产等方式或者以购买股票、债券等有价证券方式向其他单位的投资,是对外扩张行为。

从生产经营关系方面考察,中小企业投资可分为直接投资和间接投资。直接投资是指把资金投放于生产经营环节中,以期获取利益的投资。间接投资又称证券投资,是指把资金投放于证券等金融性资产,以期获得股利或利息收入的投资。直接投资在非金融性企业中所占比重较大,而随着中国证券市场的完善和多渠道筹资的形成,间接投资也越来越广泛。

二、中小企业投资的特点

1. 产业发展程度一般较低

产业低度化,是指企业和劳动力被配置在劳动生产率相对较初级的产业。中小企业投资的第二产业项目,较多生产效率低下、加工程度粗浅、产品附加值低;从中小企业投资的第三产业项目看,中国中小企业较多集中于传统的服务性行业,如批发零售业、修理业等初级化的服务行业,而一些新兴的服务业如金融保险业、咨询业等,则发展非常缓慢。

2. 投资分布比较分散,产业集群较少

从区域角度考察,中小企业进入的领域主要是产业政策允许的行业和产业,但地域分布比较分散,难以进入激烈竞争的大市场,形成的中小企业产业集群也较少。

3. 投资专业化分工水平较低

中国企业产业分工不明确,无论是大企业还是中小企业,都是"大而全"、"小而全",专业化分工水平较低,从而分散企业有限的资源。

4. 投资风险大

中小企业的经营环境具有不确定性,其生产经营有很大风险,因而投资决策风险性极大。同时,中小企业受资金量的限制,又不可能将资金分散投资在多个项目上,往往专注于某一项投资,不能有效地分散投资风险,加剧了投资的风险。

三、中小企业的投资方式

(一)直接投资

直接投资也叫生产性投资,是指企业把资金直接投放于生产经营性资产,以便获取利润的投资,如购置设备、兴建厂房、开办商店等。直接投资的目的除了获利之外,还有扩大生产规模、增加市场占有率等方面。

1. 直接投资的特点

(1)对企业的长远发展具有影响。企业进行直接投资的目的除了获利之外,还为了增加企业的产量和销售量,从而扩大市场份额,提高自己的竞争力。因此,企业的直接投资和企业的长远发展战略是联系在一起的。企业为了提高产品的质量,就会采用更先进的生产工艺和生产设备;企业要通过规模化来降低企业产品的生产成本,就会对生产效率更高的设备进行投资。因此,企业的直接投资决策,关系到企业的长远发展,甚至影响到企业的命运。

(2)投资大,周期长。企业的直接投资金额一般都较大,其考虑的是长期的利益。另外,企业购买的固定资产要在很长时间内才能收回投资,因此直接投资的周期也较长。

(3)投资风险大。企业直接投资面临着很多不确定的因素,如需要增加多少流动资金、能够生产多少产品、产品的销售价格是多少等因素都是未知的。因此,直接投资能否取得理想的效果主要取决于企业对未来各方面预测的准确程度,而预测是无法做到百分之百准确的。所有这些不确定的因素使得企业的直接投资面临很大的风险。

(4)投资的流动性差。企业的直接投资主要是对厂房、机器、设备进行投资。这些资产单位价值较大,且难以应用于其他场合,一旦购入就很难出售,即便能够出售,其价格也往往是大打折扣。

2. 中小企业直接投资的原则

(1)要明确自己的优势和劣势。企业的直接投资是一项周期长、风险较大的投资。因为企业的直接投资是通过生产新的产品,或者扩大原有产品的产量而获利,所以企业的直接投资往往是和企业的市场竞争联系在一起的,而市场竞争反过来又对企业的投资能否成功具有重要影响。因此,中小企业在进行直接投资时,必须了解自己的优势和劣势。

(2)要和企业自身的能力相适应。企业在进行直接投资决策时应该对影响其成功的各种因素进行深入分析,尤其应关注以下几个方面:

第一,企业主营业务发展水平。企业主营业务的发展水平主要决定企业的投资方向和投资规模,即决定企业是否应该扩大原有的生产规模,扩大后的规模应该多大;还是应该采取多元化扩张战略,对其他市场领域进行投资,以获得新的利润增长点。企业主营业务的发展水平对于企业的市场竞争力具有决定性的作用,也是企业能否发展壮大的关键所在。因此,中小企业在进行投资决策时应该明确企业主营业务发展水平处于一个什么样的竞争位置。

第二,资本实力。企业直接投资的特点之一就是投资量大,因此企业考虑资本实力时不仅要考虑初期的投入,而且还要考虑正常运转中需追加的周转资本。企业所需资本可通过内部积累与外部融资取得。内部积累不仅包括企业的现有资产,还包括未来的盈利状况。企业自有资金不足时需借款,这时需要考虑企业的融资能力、资本结构、能否顺利筹措所需资金、风险是否可以承受等因素。

第三,人力资源水平。企业的直接投资,无论是扩大原有市场领域,还是通过投资进入新的生产领域,都意味着企业规模的扩张。企业的人才结构应该随着企业规模的扩张进行调整,根据企业的需要配合相应的生产管理人才、市场销售人才、科研开发人才及熟练技术人才等。企业的人力资源水平是企业在投资决策时必须考虑的因素之一。

第四,管理控制能力。企业的直接投资,意味着企业生产规模的扩大,企业人员的增加,还意味着企业组织结构的复杂化,这就给企业的管理控制能力提出了更高的要求。因此,企业在进行投资之前应该从其组织能力、决策能力、信息反应能力、资源配置能力、成本控制能力、管理人员的层次结构等方面对企业的管理控制能力进行评价。评价的结果可以作为内涵发展的基础,也可以作为判定能否从容应对新经营领域中将出现的问题并取得良好的经营成果,以及决定是否进行外延发展的重要依据。

(二)间接投资

间接投资又称证券投资,是指把资金投放于金融性资产,以便获得股利或者利息收入的投资,如购买政府公债、购买企业债券和企业股票等。间接投资的主要目的是获取利润。中小企业采用的间接投资方式主要有如下几种:

(1)投资于金融企业,开办或参股银行、保险公司。民生银行、华夏银行等股份制银行、城市合作银行、地方发展银行中相当一批战略投资者来自中小企业,这类投资是真正的产业投资。

(2)投资于股票、债券(包括国债)等金融资产。我国每年的股票债券投资规模以千亿计,来自中小企业的比重较高。这类投资具有"中间投资"的色彩,对于出资人来说,投资行为已经完成,实现了货币到资本的转化,但从融资主体来看,真正的投资可能尚未开始。

(3)投资于产权市场,通过产权交易和企业并购,获得产业能力。一大批中小企业通过参与国有企业重组并购,在不进行项目建设的情况下实现了资本扩张和产业能力扩张。

这三种投资方式的共同点在于,它们都不直接进行固定资产投资,从宏观经济的角度分析,它们介于投资行为和储蓄行为之间,具有某种"中间性",且有的方式更接近于储蓄行为。

第二节　中小企业投资项目管理

一、中小企业的投资项目

中小企业因原有资产规模有限,需认真分析各类投资的特点及对企业发展的影响,选择符合自身特点的投资项目,以推动企业更好地成长。

(一)技术投资

技术投资是一项适应社会主义市场经济发展需要的重要方式,随着我国加入世贸组织,我国经济与世界经济联系愈加紧密,技术投资对于增强中小企业的国际竞争力具有重要的现实意义。技术投资,特别是研究与开发投资的能力差别已成为中小企业与大企业进行差异化竞争、有效地巩固市场的重要手段。技术投资指企业用于研究与开发、引进技术等方面的投资。研究与开发投资,是企业运用基础研究、应用研究的成果,为开发新产品、新材料、新设备、新工艺或是完善老产品、老设备、老工艺而进行的投资。通过研究与开发投资,新技术得以通过试生产进入批量生产,投资性质也由技术投资转变为固定资产投资。引进技术投资是指企业购买、消化现成的技术成果,如特许权、专利、专有技术等知识产权所进行的投资。相比研究与开发投资,该投资成本较低、风险较小,但在选择销售市场和销售时机等方面则可能会受到转让方一定的制约。

一般而言,中小企业自身所具有的研究与开发力量较弱,引进技术对于企业在较短时间内、以较低的风险和成本缩短与先进企业的差距有积极作用,但中小企业要进一步发展,仅仅将引进技术作为唯一的投资手段是不够的,必须加强研究与开发投资,实施适度超前发展战略,才能在市场竞争中真正取得主动。

根据技术创新的程度的差别,中小企业技术投资的方向可以分为技术引进、技术模仿、技术改良和技术创新。其中,国外技术引进称为技术引进,国内技术引进称为技术转让。上述四种投资方式均可由企业单独或联合实施。

企业进行技术投资,应从技术的适用性、独创性和经济性等多方面加以评价,以确定投资方向。就中小企业而言,应注意以下几点:

(1)具有一定的独创性,能较好地受到专利法或其他知识产权法的保护,不易为大企业及其他中小企业模仿或采用。

(2)能适应特殊的专业生产需要或市场规模不大、不宜进行大规模生产,不适宜大企业的采用。

(3)能较好地适合多品种、小批量生产产品(这正是一般中小企业应具备的能力)的需要,对生产的规模经济性要求不高。

(4)对于需投入较多研究开发费用、周期较长的技术,宜采取技术引进或联合进行研究开发的方式,小型技术、专用技术和适用技术应作为投资重点,以形成自身的技术特色。

(5)中小企业技术投资的目的一般是为本企业产品更新换代服务,因而需要加强与技术改造投资的衔接,但同时也不排除企业把技术投资的成果作为知识产品直接对外转让,特别是那些需求量较大、产品销售具有较强的区域性、容易被仿冒的技术,可以在本企业已有一定市场份额的前提下直接向外转让。把技术作为产品销售或向外投资,这是中小企业技术投资的新领域。

(二)产权投资

产权投资是投资者为取得企业产权而进行的投资活动。作为投资对象的产权,既可以是企业的所有产权,也可以是其部分产权,其内容包括所有权、使用权等。产权投资实质上是对资产存量进行重新调整和配置的活动。我国企业巨额资产存量中,有相当高的比例属于闲置资产或低效资产,加上可用资金短缺,进行建设投资周期较长,这使产权投资的进行具有较大的潜力。产权投资可以根据投资者与被投资者各自的需求,确定相适应的投资方式。一般常见的有企业兼并、企业合并、企业承包或租赁、企业联合等。

(三)股票投资

股票是股份公司(企业)为筹集资金而发给其股东,证明其所入股份的一种所有权凭证。投资者可以取得股息和红利,或通过转让所持股票获取差价收入。

中小企业可通过两种方式进行股票投资,一是直接购入某一类或若干类股票,这需要对绩优股、成长股等不同表现的股票做一适当组合,在分散投资风险的前提下取得较好的收益;另一种方式则是通过认购投资基金进行投资。投资基金又称证券投资信托,一般由专门机构管理,由个人投资者和一部分机构投资者认购,基金投向债券、股票和其他方面,根据投资收益确定分红方案,能较好地分散风险。

(四)债券投资

债券是政府或企业为筹借资金而向投资者提供的一种债权凭证,经借款人发行、投资者认购并持有,一般事先规定偿还期限、计息、付息办法,到期归还本金,债券票面利率则预先规定投资者在持有债券期间可以获得的利息收益。

中小企业在选择债券作为投资对象时,应遵循兼顾安全性、流动性和收益性的原则。一般可选择国库券、金融债券和信用状况良好的企业债券、融资券作为投资对象。国库券、金融债券因发行主体信誉高、发行量大,且易于变现,可作为投资的首选目标。此外,在购买债券时,应注意分析利率走势,如果预计近期利率降上升,则可购买浮动利率债券。

二、中小企业的投资项目选择

在了解了诸多投资项目后,选择什么样的项目和企业来进行投资成为中小企业投资运作成败的关键一步。因为一旦接手一个先天就有缺陷的项目,会面临非常高的失败风险。在分析某个投资项目是否可行时,要依次分析考察四个因素:人、市场、技术和风险。

第一,分析考察人,要考察被投资项目和企业的创业者(项目提供者)的素质,这是投资分析考察的主要因素。分析考察包括创业素质、奋斗精神、经营能力、管理能力、敬业精神和诚信度等多个角度。考察他在其从事的领域里是否掌握市场全貌并懂得如何去开拓市场,是否懂得利用各种手段去筹措资金,是否有将技术变为现实的能力,是否有较强的综合管理能力,是否能组建一个由具有各方面专长的人才组成的相辅相成的管理层。

第二,分析考察市场。任何一项技术和产品如果没有广阔的市场潜力,就不能达到投资所追求的将项目企业由无到有、由小到大、由弱到强孵化哺育成长的目标。因此中小企业在进行投资时,必须根据自己的经验和对市场的认识,分析判断其投资项目和技术的市场前景,如产品是否能被市场接受和喜欢?其市场渗透力有多大?市场前景有多广阔?市场寿命有多长?市场是否有同类但技术不同的产品?

第三,分析考察技术。分析判断项目技术是否有超前性和突破性?使技术设想成为实用产品的生产工艺是否复杂?生产投资多少?需要什么设备?生产成本高不高?原材料供应有无问题?与同类但技术不同的其他产品比,本技术产品的技术优势何在?等等。

第四,分析考察风险。必须考虑其所投资的产品和技术在成长发展过程中各个阶段存在的风险,综合判断哪些风险是可以控制的,哪些是难以控制的,哪些是可以回避的,哪些是不可以回避的。如果是进行风险投资,风险投资种子期风险最大,除十分看好并有足够把握将项目或风险企业推动培育而使其顺利发展,一般很少在这一阶段投资。

也有人认为,在考察投资项目和企业时,要利用冰山原理进行尽职调查。尽职调查的主要内容大体分为三类,可以把这些内容形象地比作浮出水面的冰山(见图10-1)。

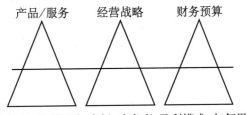

图10-1 尽职调查内容示意图

融资企业做什么(产品或服务)?怎么赚钱(经营战略)?能赚多少钱(财务预算)?这些都是表层上的问题,是冰山露出水面的部分,而投资者必须在尽职调查之前就心中有数。一旦确定该项目具备投资价值,尽职调查工作展开,风险投资者就必须努力挖掘出这三个问题中潜在的东西。毕竟,对于一座冰山而言,露在水面上的部分连整个冰山体积的二分之一都不到,水面以下、看不清楚的东西还有很多,必须一一挖掘出来。

三、中小企业的投资项目策划

(一)市场调查分析与预测

市场是企业发展的基础,任何一个投资项目,都必须有明确的目标市场,否则只会以失败而告终。在明确目标市场之后,投资项目的策划者必须对市场的基本情况进行一定的了解,以确定项目的可行性和盈利能力,这就是市场调查分析与预测。市场调查分析预测是指在投资项目进行之前,对投资项目的资金、原材料、产品、技术、劳务等市场的容量、饱和程度、竞争性及其未来趋势的分析预测。市场调查与预测能够帮助企业准确把握投资项目的可行性和未来趋势,降低企业面临的风险和不确定性,从而有效地控制投资成本。

(二)设计初步的项目方案

在经过市场调查与预测之后,投资人应当初步拟定投资项目建设规模、产品方案、设备选择、工艺路线、投资概算、资金来源途径、预期财务效益及预测可能存在的投资风险,为投资行为奠定操作的指导基础。

初步的项目方案内容主要涉及项目背景、方案设计理念、土地利用、规模概况和资金估算等几个方面。通过初步的项目方案,投资企业可以对整个项目的可行性进行一个初步论证,使得项目操作的各个部门对该项目有一个基本的认识,并协调各部门资源进行统筹配置和统一管理。

(三)全面系统的技术要素分析

投资行为实质上是一个要素的配置过程,企业要在投资项目启动之前,先对各类技术要素进行全面的分析,包括土建规划与设计方案、设备选择、国外引进设备或国产设备的型号、数量、价格及其先进性、适用性、可操作性、工艺流程和工艺路线、设备安装调试、辅助配套、调节监控系统、技术方案比较、投资估算等方面的内容。同时,对项目建设投资、建设期利息、流动资金也要进行较准确的分析估算。

(四)资金投入计划及建设进度安排

在投资行为当中,资金分配是一个非常关键的问题,要做到资金投入的数量和时间与建设进度相匹配。如果再投资行为当中出现资金链断裂的情况,损失将是十分惨重的,停工损失、商业机会损失等都是必然的,而且,企业形象也会受到很大的负面影响。但是,建立巨大的资金储备成本又太高。所以,资金投入计划及建设进度安排应该做好妥善的安排。

(五)资金筹措

与日常的经营行为相比,一个投资项目所涉及的资金运用额度往往是巨大的,投资者往往难以完全依靠自有资金来完成投资行为。所以,投资项目很有可能会涉及一些资金筹措的问题。在进行投资项目策划时,资金筹措也成为必要的研究内容,主要包括两个方面。

(1)资金的筹措渠道和方式。企业可以通过各类渠道筹措资金,在实际业务中可以根据企业自身的状况来自行选择。如企业的投资项目收益情况预期较高,企业又不愿意把利润分割出去,同时具备一定的抗风险能力,企业就可以选择银行贷款;如投资项目风险较高,企业想降低风险,则可以通过引进战略投资者等渠道来实现筹资。筹资方式上也是多样化的。企业根据自身状况亦可进行不同的选择。

(2)进行资金的成本分析。任何资金筹措的行为必然包含着一定的成本,比如银行贷款需要利息,发行债券需要筹措费用等,这一系列的成本都必须依靠投资项目的收益来补偿,如果投资项目难以补偿这些成本,则这些筹资方式是不合适的;如果各种筹资方式都难以从项目投资收益中得到补偿,那么我们认为这个项目是不可行的。

(六)财务效益分析

企业投资的目的是获得利润,但具体获得多少利润,在投资项目策划时就应该做一个基本预测。这些预测主要是一些指标的测算,主要包括测算投资利润率、财务内部收益率、借贷偿还期、投资回收期等。虽然这些预测并不能够排除在投资项目运行过程中可能出现的意外事件,也不可能做到完全准确,但是,财务效益分析与预测是十分必要的,至少它能够告诉我们,该投资项目期待的是什么,企业的财务状况将在一个怎样的框架下运转。

(七)投资项目风险分析

投资项目风险分析主要指项目盈亏平衡状况、与项目效益密切相关的因素变化对项目的影响程度、风险因素定性分析预测等。作为一个中小企业,要进行较大规模的投资行为,必然面临着一定的风险。有些风险我们可以采取一定的方案进行规避,但是,不可能完全消除所有的风险。这时,我们要积极地面对风险,对风险可能性的大小,风险可能造成的毁损程度进行系统的分析,并对可能的风险提出相应的对策。

第三节 中小企业对外投资

一、中小企业对外投资的动机

中国中小企业的对外直接投资行为可分为以下几种类型:

(一)市场保护寻求型

中国制造业能力的增强和产品出口数量的增加,给进口国带来了较大的竞争压力,所以针对中国产品的贸易壁垒也不断增多,除了关税壁垒外,反倾销、反补贴和临时性保障措施以及非关税的贸易保护措施使用数量和频率不断增加,增大了中国企业产品出口的难度和成本,刺激了部分中小企业通过对外投资方式进入东道国或周边国家,以保护和寻求扩大产品的国际市场。

(二)低成本寻求型

中国是劳动力要素丰裕的国家,具有劳动力成本优势,从而也形成了劳动力密集型产品的价格优势。但,中国企业在世界市场上还是具有寻求更低生产成本的空间,因为对于许多工业制成品来说,除了需要劳动力要素外,还需要其他生产要素,而这些要素在中国国内并一定是丰裕的,在过去企业不具备对外直接投资能力情况下,只有通过贸易的方式来获得这些生产要素,但贸易方式并不是企业的最优选择。所以,在具备对外直接投资条件情况下,较多企业也会进行对外投资行为以从东道国直接获取生产要素。同时,在一些发展中国家劳动力要素的成本比中国还要低,所以相比较而言,中国企业仍可以通过对外直接投资活动在全球范围内寻求更低的生产成本。

（三）技术接近和效益寻求型

在中国制造业生产能力迅速增强的过程中,中国企业的技术水平也不断提升,但不可否认的是,与发达国家相比,中国中小企业的优势在于产品的制造加工等劳动力密集性环节,在产品的研发技术、生产管理和营销管理等方面仍存在较大的劣势。对于存在技术劣势的中国企业来说,提高其技术和管理水平有四种基本方式:(1)以许可证形式购买外国企业的技术;(2)对进口产品所包含的新技术进行分析研究并掌握这种技术;(3)通过外商对本国的直接投资利用其技术外溢效应;(4)在技术领先和输出国或地区进行研究类的直接投资,以在研发网络中获得技术领先国的新技术的溢出效应。

（四）全球发展战略寻求型

对于实施跨国经营战略的中小企业,在全球范围内寻求战略资源和网络已成为其对外直接投资的重要目的之一。因为中国许多中小企业正处于成长和发展阶段,国际化经营和战略意识不强,所以对全球发展战略的考虑也不多。但是,随着中国中小企业群体的崛起,对全球发展战略的关注度在快速提升,正试图通过产品贸易、外包式生产、对外直接投资、股权与非股权式兼并等经贸合作的方式谋求全球发展战略,而其中对外直接投资已成为许多企业关注的重点。

二、中小企业对外投资的优势和劣势

（一）中小企业对外投资的优势

1. 决策优势

与大企业相比,中小企业在投资决策过程中受到的行政干预较少,对市场反应迅速,决策灵活,其决策行为更接近于市场决策。对于中小企业来说,反应迅速就是优势,在面临激烈的市场竞争中,敏锐把握市场变化,可使其在大公司作出反应之前做出决策,较快适应和开拓国际市场。

2. 管理优势

中小企业组织紧密,沟通的障碍少,灵活性高,创新的环境更为宽松和自由。中小企业的经营管理者更具有企业家精神,更倾向于开拓新的投资市场。海外直接投资的经营状况在很大程度上取决于企业管理者的投资态度和经营态度,中小企业的经营者在对外投资中,大多经营积极,决策谨慎,敬业精神较突出,因为中小企业绝大部分是以自身积累投资,经营者更关心本企业的经济效益。

3. 成本优势

20世纪90年代以来,我国许多中小企业抓住世界产业结构调整中劳动密集型产业向发展中国家转移的契机,在纺织、服装、玩具等行业形成并不断扩大低成本的竞争优势,取得了较大的国际市场份额,创造大量的经济剩余。这种经济剩余有利于提高生产要素(如资本与技术)的生成能力,为产业结构的提升奠定物质基础。

4. 企业集群优势

中小企业集群是指基于专业化分工和协作的众多中小企业集合起来的组织,这种组织结构介于纯市场组织和科层组织之间,比市场组织稳定,比科层组织灵活,既具有大公司规模经济的优势,又具有中小企业柔性生产的特点,其具有的技术扩散效应以及核心能力的传播与共享等优势,可以最终形成分散状态下的单个中小企业所不能达到的高效率。在实践中,这种集群优势已经大大提升了我国东南沿海地区中小企业的整体国际竞争力。

(二)中小企业对外投资的劣势

1. 信息收集能力弱

我国中小企业对国际信息的收集、处理和反馈功能都比较弱,国内为之服务的信息明显滞后。同时,面对经济全球化潮流,许多企业反应迟缓,缺乏危机感,没有长远发展的眼光和对未来形势的客观判断,因而迎接市场挑战的能力较差。

2. 国际竞争力差

我国中小企业在产品、价格、分销乃至整个营销战略和管理方面都仍处于较低级的经营阶段,与国外发达国家的中小企业相比还有相当大的差距。从我国中小企业出口的产品结构来看,主要是劳动密集型产品。

3. 技术开发能力低下

除了一些高新技术企业,多数中小企业的研究开发投入偏少,技术装备水平和产品技术含量低,影响了其进一步的发展。

4. 员工素质偏低

中小企业员工的整体素质与国际化的经营要求相差较大,许多企业难以适应国际化经营中的法律、政策以及各种技术要求等,跨国经营人才缺乏。同时,很多中小企业缺乏宏观战略规划,企业的经营活动缺少明确的方向感。

三、中小企业对外投资策略

对外投资已成为世界经济全球化的主要发动机。对外投资的蓬勃发展主要得益于世界宏观经济环境的稳定,信息技术革命的日新月异,贸易自由化、投资自由化以及金融自由化的不断推进,只要这一趋势不变,实施国际化战略的中小企业的对外直接投资,仍将作为全球化的引擎,推动世界经济向前发展。

中小企业通过对外直接投资进行扩张的方式主要有两种:

(1)新建企业(Greenfield Investment)。即在投资目的国家或地区建立独资企业,其所有权全部属于投资者,投资者提供全部资金,独立经营,获取全部利润。

新建企业其优点是可以有效克服进口限制,比出口能更深入地打入目标国市场,盈利机会要比使用许可证贸易更多。并且可以更深入地熟悉当地的销售网络和经营方法。其缺点在于创建新企业耗资大、速度慢、周期长、不确定性大。特别是在许多国家实施各种吸引外资政策的影响下,新建企业成为国际企业实施全球化战略的一种重要方式。但随着时间的推移,其弊端的日益显现,新建企业在对外直接投资中的主体地位已为另一种形式(合并与收购)所取代。

（2）兼并和收购(Mergers and Acquisitions,M&A)。企业兼并与收购,简称企业并购。企业兼并是指在竞争中占优势的企业购买另一家企业的全部财产,合并组成一家企业的行为。企业收购是指一家企业通过公开收购另一家企业一定数量的股份而获取该企业控制权和经营权的行为。就世界范围而言,实施国际化扩张战略的企业的跨国并购领域越来越广泛、规模越来越大。空前的并购规模将有可能导致一个行业、一个区域甚至全球经济模式的重大转变。

企业并购的优点在于可以使企业迅速进入目标国市场,可以迅速扩大产品种类,可以与"当地化"战略相辅相成,也可以从被"吃"企业的资产价值低估中获取好处。其缺点在于并购过程中价值评估困难;并且各国企业在地理、传统、文化、企业形象等方面存在差异,并购很难使两个企业间的差异很快得到大的改善,并购后往往会出现貌合神离的局面,导致企业面临经营控制不灵的风险;同时,企业并购使企业出现两极分化,会造成"太少的企业、太少的竞争和太高的价格"的格局,从而形成产品市场价格上涨,要素市场失业者众多,而企业则会出现惰性滋生,创新动机减弱,以及因规模过大而产生效率低下等问题。

第四节　中小企业投资风险管理

一、中小企业投资存在的风险

1. 利率风险

利率风险是指由于利率变化导致中小企业投资损失的可能性。随着国家的金融政策和宏观政策以及市场行情等因素的变化,利率会发生升降,也会导致中小企业投资收益也不稳定。

2. 汇率风险

汇率风险是指由于币种之间的汇率变化导致中小企业投资损失的可能性。中小企业在对于一些跨币种结构性外汇理财产品进行投资的时候应该时刻警惕汇率风险。比如,以澳元投资美元的理财产品,银行在运作过程中一般需要先将澳元兑换成美元,待产品到期后,再将运作本金和收益兑换回澳元。在没有风险对冲措施的情况下,两次汇兑的时间错配便会引发汇率风险。

3. 购买力风险

购买力风险是指由于货币购买力下降引起中小企业投资损失的可能性。通货膨胀是指因货币供给大于货币实际需求导致货币贬值,引起物价持续上涨的现象。在高通货膨胀时期,货币会贬值,同等价值货币的购买力会减少。通货膨胀一旦在中小企业投资到期之前发生,就会引起中小企业投资所获的现金购买力下降。

4. 政策风险

政策风险是指国家宏观经济政策的变化导致中小企业投资损失的可能性。比如,一些中小企业由于没有考虑到国家某些政策限制而盲目地进行一些违背国家政策的投资,最后企业可能在还没有实现投资回收的时候被国家要求停产。所以,中小企业在打算对相关企业进行投资的时候,应该对国家相关政策进行认真的研究。

5. 市场风险

市场风险是指由于市场供求变化导致中小企业投资损失的可能性。一些中小企业看见市场上某种产品获利很好,于是就跟风对这种产品的生产进行投资,最后导致这种产品的供过于求,产品价格下降。同时,生产该产品的原料也由于这种产品的大肆生产而供不应求,价格上升。这样,一方面原料价格上升,一方面产品价格下降,导致投资这种产品的中小企业的利润下降,一些企业甚至会因此很难回收自己的投资。

6. 技术风险

技术风险是指由于某种生产技术变得落后而导致中小企业投资很难获得预期收益的可能性,具体有两方面的含义:一是技术的成熟度和可靠性经不起市场的检验,导致收益下降;二是围绕这个技术投资的收益预先难以确定。

7. 经营管理风险

由于中小企业管理问题以及企业决策者的自身素质较低,导致中小企业在进行投资的时候会因决策失败引起企业投资损失的可能性。经营管理风险的另一个表现在于,中小企业不注重自身商标的保护,导致最后丧失自己的商标使用权;由于设备原材料供应出现问题、组织生产不合理、新技术试验失败、贷款回收不及时、产品推销不力等,都会导致中小企业的利润不确定。中小企业决策者管理水平低,缺乏财务、管理知识,会增加中小企业的投资风险。

8. 财务风险

财务风险是指由于中小企业举债经营给企业的财务成果带来的不确定性。举债经营简单地说就是指企业在一定量的自有资金基础上,为了扩大再生产,通过向外筹集资金如发行长期债券,向银行长期借款等,以保证企业正常生产经营活动对资金的需要。企业的举债经营会对自由资金的盈利能力造成影响,还有可能导致中小企业自身陷入财务困境,面临破产的风险。中小企业的举债经营伴随着财务风险。

二、中小企业投资风险管理的内容

中小企业投资风险管理的内容包括风险识别、风险估计、风险评价、风险决策、风险处理、风险管理后评价六个环节。

1. 风险识别

在风险事故发生之前,人们运用各种方法系统的、连续的认识所面临的各种风险以及分析风险事故发生的潜在原因。只有全面、正确地识别投资面临的各种风险,才能有的放矢,针对风险进行估计、评价、决策,使风险管理建立在良好的基础之上。通过风险识别应尽可能全面地找出影响企业投资风险管理目标实现的所有风险因素,采用恰当的方法予以分类,逐一分析各个风险因素的产生根源。

风险识别方法,可以分为宏观领域中的决策分析(可行性分析、投入产出分析等)和微观领域的具体分析(资产负债分析、损失清单分析等)。常见的方法有:(1)生产流程分析法。生产流程分析法,又称流程图法。生产流程又叫工艺流程或加工流程,是指在生产工艺中,从原料投入到成品产出,通过一定的设备按顺序连续地进行加工的过程。该种方法强调根据不同的流程,对每一阶段和环节,逐个进行调查分析,找出风险存在的原因。(2)风险专家调查列举法。由风险管理人员对该企业、单位可能面临的风险逐一列出,并根据不同的标准进行分类。专家所涉及的面应尽可能广泛些,有一定的代表性。一般的分类标准为:直接或间接,财务或非财务,政治性或经济性等。(3)资产财务状况分析法。即按照企业的资产负债表及损益表、财产目录等的财务资料,风险管理人员经过实际的调查研究,对企业财务状况进行分析,发现其潜在风险。(4)分解分析法。指将一复杂的事物分解为多个比较简单的事物,将大系统分解为具体的组成要素,从中分析可能存在的风险及潜在损失的威胁。失误树分析方法是以图解表示的方法来调查损失发生前种种失误事件的情况,或对各种引起事故的原因进行分解分析,具体判断哪些失误最可能导致损失风险发生。风险的识别还有其他方法,诸如环境分析、保险调查、事故分析等。企业在识别风险时,应该交互使用各种方法。

2. 风险估计

风险估计是对投资中的风险进行量化,据以确定风险大小和高低,为确定风险的影响程度奠定基础。风险估计要解决两个问题:一是确定风险事件发生的可能性(损失概率);二是确定风险事件导致损失后果的严重程度(损失程度),如风险事件导致经济损失的具体数额等。

3. 风险评价

风险评价是依据风险估计确定的风险大小或高低,评价风险对企业工程项目投资目标的影响程度。该阶段主要是综合评价风险影响,为风险决策提供依据。

风险评价的方法在很大程度上取决于企业管理者的主观因素,不同的企业管理者对同样货币金额的风险有不同的评价方法。这是因为相同的损益对于不同地位、不同处境的法人具有不同的效用。所谓效用,是指利益或收益存在于主体心目中的满足欲望或需要的能力。

常用的风险评价方法有以下几种:(1)成本效益分析法,研究在采取某种措施的情况下需要付出多大的代价,以及可以取得多大的效果。(2)权衡分析法,将各项风险所致后果进行量化比较,评价各项风险的存在与发生可能造成的影响。(3)风险效益分析法,研究在采取某种措施的情况下,取得一定的效果需要承担多大的风险。(4)综合分析法,利用统计分析的方法,将风险的构成要素划分为若干具体的项目,由专家(如企业各专业团队主管等)对各项目进行调查统计评出分值,然后根据分值及权数计算出各要素的实际评分值与最大可能值之比,作为风险程度评价的依据。

4. 风险决策

风险决策是在风险评价的基础上,针对各种风险的影响程度,制定相应的风险管理措施,拟定多种风险管理方案,统筹考虑企业工程项目投资现状和长远目标,决策选择最佳方案、最佳风险管理措施或措施组合。

风险决策的目的是如何使收益期望值最大,或者损失期望值最小。期望值是一种方案的损益值与相应损失可能性(概率)的乘积之和。

5. 风险处理

风险处理是根据风险管理决策的要求,针对不同类型、不同规模、不同概率的风险,采取相应的对策、措施或方法，使风险损失对企业生产经营活动的影响降到最小限度。风险处理的方法主要有风险预防、风险规避、风险分散、风险转嫁、风险抑制和风险补偿等。

风险规避是指中小企业在经营过程中拒绝或退出有明显风险的经营活动，是一种避重就轻的消极处理方式，意味着要放弃某项活动，以达到回避因从事该项活动可能导致的风险损失。通常在两种情况下进行：一是某特定风险所致损失频率和损失幅度相当高；二是处理风险的成本大于其产生的效益。

风险分散一般是通过实现资产结构多样化，尽可能选择多样的、彼此不相关或负相关的资产进行搭配，以降低整个资产组合的风险程度。

风险转嫁指利用某些合法的交易方式和业务手段将风险全部或部分地转移给他人的行为，例如采用担保或保险的方法。

风险抑制是指企业承担风险之后，当风险无法转嫁出去时，则要在企业自身的经营过程中予以消除或缩小，要加强对风险的监督，发现问题及时处理，争取在损失发生之前阻止情况恶化或提前采取措施减少风险造成的损失。

风险补偿是采取各种措施对风险可能造成的损失加以弥补，常用的风险补偿方法有：(1) 合同补偿，即在订立合同时就将风险因素考虑在内，如将风险可能造成的损失计入价格之中，订立抵押条款和担保条款等；(2) 保险补偿，即通过保险制度来减少企业风险；(3) 法律补偿，即利用法律手段对造成企业风险损失的法律责任者提起诉讼，尽可能地挽回一部分损失。

6. 风险管理后评价

风险管理后评价是分析、比较已实施的风险管理方法的结果与预期目标的契合程度，以此来评判管理方案的科学性、适应性和收益性。在投资过程中，企业风险管理者应不断监督检查上述五个环节尤其是风险处理的情况，协调影响投资的内外力量，对风险管理效果进行分析，分析设计的要素包括是否遗漏风险因素、投资环境条件是否变化、是否出现新的风险因素、采用措施是否恰当、决策是否合理、风险管理计划是否需要补充和完善、风险计划执行是否到位、哪些方面需要加强、风险管理是否达到预期效果。

对导读案例的分析[①]

民营中小企业投资美国的成功经验来自以下几个方面：

1. 决策迅速，灵活经营，善抓机遇

在"走出去"过程中，民营中小企业"小、快、灵"的特点非常鲜明。面对市场环境的差异和变化，民营中小企业反应敏捷，往往能够迅速做出和调整决策，主动适应市场。河北金环公司能抓住美国公司资金链断裂的时机，由品牌授权谈判转为收购谈判直至最终并购成功，体现了民营中小企业决策迅速、经营灵活的特点。青岛金王公司抓住了金融危机的历史机遇，在页岩油气资产价格处于低地位时期投资该领域，获得了丰厚的回报。

2. 整合双方资源，扬长避短，优势互补

中美两国企业在人力资源、市场、资金、技术等方面有很强的互补性。中国企业往往具

---

① 商务部驻休斯敦总领馆经商室：《我国民营中小企业在美投资成功案例及经验》，《国际商务财会》，2013年第7期。

有成本优势,而美国企业具有品牌和技术优势。"走出去"中资企业如能整合中美两方企业的资源,扬长避短,往往能发挥1加1大于2的效果。例如,安吉福浪莱公司以美国子公司为平台,在美通过各项生物制品认证,建立市场渠道,特别是依托休斯敦医疗中心这个全美最大的医疗科研生产基地,与掌握美生物专利技术的人才合作,形成企业核心竞争力,在中国建立高标准高效率的生产基地,迅速打开了国际市场。河北金环公司与美国子公司联手开拓国际工程市场,利用发展中国家对美国公司及美国品牌的认可心里,将美方品牌资源和中国的成本优势相结合,公司先后进入了伊拉克、卡塔尔等国市场。

3. 聘用当地人才,实现本地化经营

本地化经营是中资企业"走出去"的必由之路,人才本地化是营销本地化、研发本地化、管理本地化的前提和基础。美国是各方面人才的巨大宝库。当地人才可以在法律、财会、营销等方面帮助我企业适应美国的市场环境。尤其是通过聘用美方有经验的专业技术专家,民营中小企业可以迅速缩短与美本土企业之间的技术差距。例如,青岛金王美国公司目前有员工34人,其中技术人员29人,大部分都是在页岩油气开采领域具有丰富经验的美籍技术专家。河北金环公司聘用的外籍工程师已占该公司技术人员41%。

4. 守法经营,低调行事,融入社区

民营中小企业在美投资呈数量众多、规模不大、行业分散的特点。中小规模的投资只要不涉及敏感领域,就不易引起美方的限制和关注,不存在"树大招风"的问题。美国的法律体系和司法程序复杂,尤其强调知识产权保护。守法经营是民营中小企业在美生存发展的基础。企业要长期稳定发展,就要融入社区,要主动承担社会责任,保持良好的社会形象。例如,青岛金王公司在投资页岩油气资产时一直保持低调,聘用数家律师事务所处理相关事务,公司管理人员深入社区与当地居民做面对面的沟通交流,对投资取得成功有很大的帮助作用。

复习思考题

1. 外界环境对中小企业投资有哪些影响?在金融危机背景下中小企业对外投资有哪些优势及劣势?
2. 中小企业对外投资过程中如何进行投资项目的选择和管理?
3. 如何防范中小企业对外投资过程中可能存在的风险?

实训练习

我国中小企业的投资主要由对内投资和对外投资两部分组成。对内投资是指向企业内部注资,并形成生产经营性资产,对外投资是指向其他企业注资以期形成收益。我国中小企业投资主要存在以下五个方面的问题[①]:

1. 投资缺乏整体战略意识

大多数中小企业将精力集中于企业的生存与发展上,强调发展速度而不考虑企业前景方向与战略定位。由于企业发展较快,管理层没有时间指定详细的战略规划。即使有的企业制定了所谓的战略规划,本质上只是企业的长期经营目标,例如企业利润、营业额的具体

---

① 涂远:《中小企业投资决策研究》,《企业改革与管理》,2014年第20期。

指标等,而对于自身的经营环境分析,包括机遇与挑战、自身的优势与劣势以及竞争对手的情况,大部分中小企业并没有考虑。

2. 投资人员配备不合理

大部分中小企业的长期投资缺乏合理的人才配置,只是由若干个技术人员组成企业发展部,目的在于寻找高回报项目,而不关注是否需要制定详细的工作计划和企业战略规划。合理的项目投资人员配备比例应该:市场营销人员占整个团队成员的40%;经济理财人员占30%;技术环保人员占30%。但是,大多数中小企业缺乏对这三个方面因素的考虑,也不会考虑到市场营销人员、经济理财人员、技术环保人员这三种项目投资人员的合理配置,因此中小企业的投资决策质量难以提升,项目投资成功率不高。

3. 忽视项目管理的重要性

对于既定的投资项目,中小企业缺乏一定的项目管理意识。为了节省成本,大多数企业不会用专业人员进行项目监督,只是任意派两三个人员进行必要的管理。由于企业派出的人员非专业,缺乏项目管理素养与整体项目规划思路,导致项目建设的安排不合理,出现不该有的延误与延期,从而增加了项目的后期投资,使项目成本进一步增加,项目建设质量也得不到应有的保障。

4. 投资风险大

投资风险总是客观存在的,中小企业所面临的投资风险主要分为市场风险和公司风险。市场风险是企业不可控制的外部宏观环境变化所造成的威胁,即不可分散性风险;公司风险是企业内部管理不善、决策错误等造成的利益损失,即可分散性风险。与大企业相比,中小企业存在着专业人才缺乏、管理人员素质有限、资金有限、投资较随意等一系列管理缺陷,企业管理水平较低,对市场风险和公司风险的应对能力较弱,这就导致其比大企业面临更大的投资风险。

1. 查阅相关资料,分析中小企业如何提高投资效率。
2. 查阅相关资料,分析中小企业如何进行投资项目风险识别、决策和管理。
3. 查阅相关资料,分析政府如何从政策层面支持中小企业投资活动。

关键术语

直接投资 间接投资 产权投资 股票投资 债券投资 对外投资 风险识别 风险估计 风险评价 风险决策 风险处理

本章参考文献

1. 付刚、钱亚玲. 中小企业财务管理工具箱[M]. 北京:中国纺织出版社,2008.
2. 郑雨尧. 中小企业投资管理——理论与实务[M]. 上海:上海财经大学出版社,2007.
3. 商务部驻休斯敦总领馆经商室. 我国民营中小企业在美投资成功案例及经验[J]. 国际商务财会,2013.7:7-8.
4. 涂远. 中小企业投资决策研究[J]. 企业改革与管理,2014.20:107.
5. 何广文等. 中小企业投融资[M]. 北京:中国人民大学出版社,2012.

教师反馈及教辅申请表

北京大学出版社本着"教材优先、学术为本"的出版宗旨,竭诚为广大高等院校师生服务。为更有针对性地提供服务,请您按照以下步骤在微信后台提交教辅申请,我们会在 1~2 个工作日内将配套教辅资料,发送到您的邮箱。

◎手机扫描下方二维码,或直接微信搜索公众号"北京大学经管书苑",进行关注;

◎点击菜单栏"在线申请"—"教辅申请",出现如右下界面:

◎将表格上的信息填写准确、完整后,点击提交;

◎信息核对无误后,教辅资源会及时发送给您;
如果填写有问题,工作人员会同您联系。

温馨提示: 如果您不使用微信,您可以通过下方的联系方式(任选其一),将您的姓名、院校、邮箱及教材使用信息反馈给我们,工作人员会同您进一步联系。

我们的联系方式:

通信地址:北京大学出版社经济与管理图书事业部北京市海淀区成府路 205 号,100871
联 系 人: 周莹
电　　话:010-62767312 /62757146
电子邮件:　em@pup.cn
Q Q:5520 63295(推荐使用)
微信:北京大学经管书苑(pupembook)
网址:www.pup.cn